福建水利
改革发展研究

福建省水利政策研究编委会　编

中国水利水电出版社
www.waterpub.com.cn

内 容 提 要

　　本书收集全省水利系统调研文章 41 篇，内容丰富，涉及到水利改革发展诸多方面的成就、问题、对策、措施，既有高层次、综合性的论述，也有专业性、技术性较强的专论；既有经验性总结，也有前瞻性、针对性、可操作性较强的规划思路和工作建议。相信本书的出版，对广大水利工作者学习理论、研究工作、科学决策，推进新时期水利改革发展有一定的参考价值。

图书在版编目（ＣＩＰ）数据

　　福建水利改革发展研究 ／ 福建省水利政策研究编委
会编. -- 北京 ： 中国水利水电出版社，2013.12
　　ISBN 978-7-5170-1545-1

　　Ⅰ．①福… Ⅱ．①福… Ⅲ．①水利经济－经济改革－研究－福建省 Ⅳ．①F426.9

　　中国版本图书馆CIP数据核字(2013)第304857号

书　　　名	**福建水利改革发展研究**
作　　　者	福建省水利政策研究编委会　编
出 版 发 行	中国水利水电出版社 （北京市海淀区玉渊潭南路 1 号 D 座　100038） 网址：www.waterpub.com.cn E - mail：sales@waterpub.com.cn 电话：(010) 68367658（发行部）
经　　　售	北京科水图书销售中心（零售） 电话：(010) 88383994、63202643、68545874 全国各地新华书店和相关出版物销售网点
排　　　版	中国水利水电出版社微机排版中心
印　　　刷	北京嘉恒彩色印刷有限责任公司
规　　　格	160mm×235mm　16 开本　24.5 印张　307 千字
版　　　次	2013 年 12 月第 1 版　2013 年 12 月第 1 次印刷
印　　　数	0001—2500 册
定　　　价	**48.00 元**

　　凡购买我社图书，如有缺页、倒页、脱页的，本社发行部负责调换

序

党的十八大报告把水利放在生态文明建设的突出位置，在宏观总体布局、水资源保护管理、水生态文明建设、水利基础设施建设、防灾减灾体系建设以及水利改革创新等多个方面作出一系列重要论述和重大部署，进一步完善了我国新时期治水方略，深化了水利工作内涵，拓展了水利发展空间，充分体现了我们党对水利工作的高度重视，提出了更高的要求。新形势下的水利工作如何为福建实现百姓富、生态美的目标提供支撑保障，成为水利改革发展面临的重大而紧迫的课题。

水是生命之源、生产之要、生态之基。水生态文明是整个生态文明的重要组成部分和基本要素。福建位于欧亚大陆东南边缘，依山面海，水系密布，既是气候资源优越之区，又是洪涝台风灾害频繁之地。水资源相对丰富，但时空分布不均，呈现出北多南少，山区多、沿海少的地区性明显差异，工程性、水质性缺水问题日益突出。同时，福建山高坡陡，属于南方红壤区，自然生态环境的先天脆弱，易造成山体滑坡、泥石流等水土流失现象。新中国成立以来，特别是改革开放以来，福建省委、福建省政府对水利工作高度重视，历届福建省水利厅班子和水利系统广大干部职工不懈努力，水利建设取得了显著成就，在防御洪涝干旱、台风等自然灾害，满足工农业生产、社会发展和提高人民生活水平等方面发挥了巨大的经济、社会和生态效益。近年来，随着中央、福建省委1号文件出台和福建省水利工作会议召开，福建省围绕打造放心水、平安水、高效水、生态水，编制实施大水网规划，大力推进水土流失、中小河流治理和蓄水工程、农村饮水安全工程建设，民生水利项目遍地开花，各项水利建设亮点纷呈，水利改革发展不断取得新成效，为全省经济社会发展发挥了重要作用，作出了重大贡献。

坚持全面、协调、可持续发展看问题，是科学发展观的基本要求。我们在看到福建水利建设取得积极成效同时，也要正视面临的较大挑战：水旱灾害频发，防洪减灾体系不完善，洪涝台风灾害仍然是心腹大患；农村饮水安全覆盖面不宽，农业灌溉用水利用率较低；水资源时空分布不均，地区差异较大；自然水生态系统总体还比较脆弱，水利设施调蓄功能和森林植被防护功能不足，一些水污染对水环境建设造成较大压力等。针对水利改革发展中存在的困难和问题，福建省委、福建省政府明确提出，福建未来5～10年水利改革发展总体要求是全面落实2000亿元投资，全力实施"十百千万工程"，从根本上扭转水利建设滞后于经济社会发展的局面，到2020年基本建成防洪抗旱减灾体系、水资源合理配置和高效利用体系、水资源保护和江河健康保障体系、有利于水利科学发展的制度体系。

为坚持贯彻落实中央和省委、省政府提出的新时期水利改革发展和水利现代化的新要求，近期，福建省水利系统领导和干部坚持从实际出发，积极开展了深入而广泛的调查，总结了一批反映水利改革与发展的实践成果，为此本书精选了其中优秀论文41篇，编辑出版发行，供广大水利系统同仁学习参考。不足之处，也请批评指正。同时大家集思广益，不断探索实践，坚持不懈奋斗，才能为经济社会发展提供有力的水利支撑，才能为生态文明建设提供有力的水利保障，真正让"水利"利发展、利民生，实现强水利、美生态、富百姓伟大的中国梦！

福建省水利厅厅长　魏克良

2013年7月

目　录

关于实施福建现代农田水利化示范工程建设的研究报告

刘子维　董国华　黄明聪　余绍然

【摘　要】本文从福建农村水利建设现状实际出发，围绕新时期农村水利建设任务，提出了实施现代农田水利化示范工程建设建设目标、内容、重点以及对策措施。

【关键词】农田水利　示范工程　对策措施

为进一步贯彻落实 2011 年中央、省委两个 1 号文件及全省水利工作会议精神，加快现代水利工程体系建设，努力实现我省"放心水、平安水、高效水、生态水"目标。课题组多次组织相关人员进行深入调研，认真讨论研究，形成福建积极推进农田高效用水，进一步改善农田水利基础设施，以典型示范为重点，推进福建现代农田水利化建设。

一、实施现代农田水利化示范工程建设的重要意义

随着经济社会的发展，我省的农田水利建设不断从传统水利向现代水利转变，农田灌溉也不断从原来的大水漫灌、串灌升级到精确灌溉、高效灌溉。从 20 世纪 50～60 年代我省重点推广渠道防渗，到 70 年代引进低压管灌技术，80 年代中后期引进新材料、新工艺，推广薄壁 UPVC 低压管灌，80 年代末至 90 年代初期试验推广喷灌、滴灌等节水灌溉新技术，再到 90 年代将节水工程技术、农业技术和管理技术有机结合，形成了综合节水灌溉技术。农田逐步向高产、稳产的高标准农田

推进，农田灌排条件持续改善，抗御旱涝灾害能力显著增强，逐步提高了农业综合生产能力，为我省粮食安全、经济作物增产作出了积极贡献。为适应现代农业发展需求，提高农业生产发展基础设施水平，进一步实现农田水利建设向现代的跨越式发展和高效用水，拟在初级水利化县建设的基础上，开展现代农田水利化示范工程建设，引导各地加大农田水利建设投入，提高全省农田水利建设与管理水平。

二、现代农田水利化示范工程建设的总体目标

1. 现代农田水利示范工程要坚持农田水利为主，坚持田间灌排为主，坚持试点示范为主。示范工程要建成节水高效、生态优化的现代农田水利，实现灌排设施齐备、节水效益明显、科技含量较高、布局合理规范、管理体制健全等目标，使之成为稳定高产、抗灾保收、节水高效、生态优化的农田。

2. 现代农田水利化示范工程基础设施建设符合水利等相关行业技术标准，建设管理规范，工程质量合格，运行管理良好，充分体现规范、节水、高效的原则。

3. 现代农田水利化示范工程农田水利建设和管护机构健全，主体明确，责任落实，建立适应现代农业发展要求的长效管理体制和运行机制，建立规范的农民用水户协会，实行用水户参与工程建设管理、运行管理和灌溉管理的体制机制。

三、现代农田水利化示范工程的主要建设内容

1. 灌溉工程。以节水高效、生态优化的田间水利工程建设为主。采取的措施可以是渠道防渗、低压管灌、喷微灌等，可以是其中一类形式的单一示范，也可以是多种形式的综合示范，但均应达到相关规范标准要求。

2. 排水工程。排水工程要与灌溉系统统一规划，标准达到规范要求。要做到排水系统健全，排水出路通畅，断面设计

合理。排水沟应与同级渠道或生产路平行布置，形成一路一渠一沟格局。排水沟道清挖要做到边坡均匀、沟道顺直，采用块石、混凝土等材料进行护砌。

3. 配套工程。桥、涵、闸、放水口等建筑物配套齐全、实用、安全。配套建筑物要尽量标准化、系列化。有条件的示范工程可以利用科技手段，开展信息自动化建设，提高管理水平。

四、现代农田水利化示范工程建设规模与资金补助

1. 建设规模。示范工程控制灌溉面积宜在 300～1000 亩，且应相对集中连片。山区原则上不低于 300 亩，沿海原则上不低于 500 亩。每年全省实施现代农田水利化示范工程 6～8 个。

2. 投资规模。单个示范工程的投资规模不宜超过 300 万元。

3. 补助标准。省级财政对现代农田水利化示范工程补助规模，山区县不超过项目总投资的 70%，沿海县不超过项目总投资的 60%，其余资金由地方各级财政和农民筹资筹劳落实。

五、现代农田水利化示范工程申报条件

1. 当地政府及群众积极高，具有一定的自筹能力，群众愿意投工投劳参与工程建设。

2. 示范工程的水源有保证。现有水源工程、骨干渠道运行正常。

3. 示范工程位于基本农田保护区，已基本达到高标准农田建设要求。

4. 村委会或农民用水合作组织健全，具有组织农民参与建设和承担建后管护责任的能力。

5. 优先安排已通过初级水利化县建设的县（市、区）。

6. 示范项目宜以水利普查的灌区单元为参考依据。

六、实施现代农田水利化示范工程建设的保障措施

1. 强化组织保障。为了确保示范工程的顺利实施，必须强化示范工程的组织领导。项目所在县必须成立示范工程领导小组，所在乡镇作为项目法人负责具体实施。省水利厅负责项目实施方案审批，以及实施的检查督导和监督；省财政厅负责项目资金的下达及监管。设区市水利局参与项目实施方案审批，负责项目实施的检查督导和监督；设区市财政局负责项目资金的下达及监管。

2. 强化资金管理。现代农田水利化示范工程建设项目按资金确定建设规模，资金来源均为各级的土地出让收益。项目建设资金必须严格按照批复的建设内容和标准使用，专款专用，所在县设立示范工程专户，市、县配套资金必须同时进入专户。建设资金采用县级财政报账制，依据工程进度进行拨款。不得以任何方式挤占、截留、滞留、挪用建设资金。

3. 强化前期工作。在各设区市水利局、财政局联合推荐的示范工程基础上，省水利厅、财政厅联合编制现代农田水利化示范工程实施计划并上报给省政府，争取得到省政府的批准。示范工程设计要选择有资质的设计单位，设计人员必须深入实地调查勘测，使设计方案符合实际情况。示范工程的规划布局、工程规模、建设标准、技术方案要科学合理，坚持标准化、科学化设计，完善水闸、沉沙池、跌水、放水口、量水等配套设施，保证示范工程整体功效发挥。示范工程要有总体平面布置图，清晰、准确标注各类工程，使项目落到实处。

4. 强化建设管理。示范工程要加强建设管理，实行项目法人负责制、招标投标制、建设监理制及合同管理制。建设单

位要严把质量关，建立健全质量管理和监督机制，实行质量终身负责制，确保工程质量和按期完工。项目建成后，必须在醒目位置设立"现代农田水利化示范工程"标志。

5. 强化建后管护。示范工程建成后，必须落实好建后管护队伍及管护经费来源，原则上推行农民用水户协会管理，作为示范区管理主体。对于高效节水灌溉示范工程可以经营户或农民用水户协会作为运行管理主体，负责灌溉设施的运行管理及维护。管理主体在负责工程设施正常运行的同时，保证及时灌溉、安全度汛，以及工程日常维护。要建立健全工程运行管理规章制度，并严格按照规章制度执行，将工程的运行管理落到实处，确保工程效益的长期发挥。

（作者单位：福建省水利厅农村水利处）

强化水资源监管
促进生态文明建设

丘汀萌　　卞宏达　　王清贵

【摘　要】本文从福建水资源现状实际出发，深入分析当前水资源管理中存在的主要问题，提出了强化水资源监管、促进生态文明建设的政策建议和保障措施。

【关键词】水资源监管　生态文明　政策措施

党的十八大把水利放在生态文明建设的突出位置。明确提出全面促进资源节约，大幅降低能源、水、土地消耗强度，提高利用效率和效益，加强水源地保护和用水总量管理，推进水循环利用，建设节水型社会。强调要加大自然生态系统和环境保护力度，推进荒漠化、石漠化、水土流失综合治理，扩大森林、湖泊、湿地面积。强调要完善最严格的水资源管理制度，深化资源性产品价格和税费改革，建立资源有偿使用制度和生态补偿制度，积极开展水权交易试点。这一系列重要论述和重大部署，对水利工作、水资源管理提出了更高的要求。因此，福建如何按照生态文明建设的要求，强化水资源监管，实现经济社会发展与水资源、水环境承载能力相协调，保障福建科学发展、跨越发展，努力建设美丽福建、生态福建，给子孙后代留下天蓝、地绿、水净的美好家园已成为当务之急。

一、福建水资源现状及问题

福建省雨量充沛，水资源比较丰富，多年平均水资源总量为

1180.56 亿 m³，2010 年全省人均水资源占有量 3500m³，为全国平均水平的 1.5 倍。2010 年全省用水总量 202 亿 m³，人均综合用水量 549m³，万元工业增加值用水量 130m³，城镇人均每天生活用水量 224m³，农田灌溉亩均用水量 683m³。生活、工业、农业和河道外生态用水结构为 12：40：46：2。新中国成立以来福建水利为经济社会发展提供强有力的支撑和保障。但水资源问题也不容乐观。一是水资源分布不均，开发利用程度不高。南平市人均水资源量达 9207m³，光泽县高达 18800m³，而厦门市人均水资源量仅为 915m³，莆田、泉州、福州市人均水资源量分别为 1121m³、1468m³、1705m³。全省水资源可利用总量为 391 亿 m³，现状水资源利用率为 17.15％。二是水资源利用效率和效益不高，浪费现象时有发生。全省规模以上工业水重复利用率为 61％，农田灌溉利用水系数为 0.51，全省供水管网综合漏失率为 23.6％，社会的节约保护的意识不强。三是河流水质状况有所下降。根据省水文水资源勘测局初步监测结果，按全指标评价：全省国家级水功能区 116 个，达标率仅为 71.6％；省级水功能区 475 个，达标率仅为 60.6％。四是水生态系统退化。湿地面积不断减少，水体自净能力下降，河道自然功能退化，生物多样性受损，部分河口海水上逆，水库呈现富养化现象增多。

二、全面推进水资源管理、节约和保护，促进水生态文明建设

要紧紧围绕生态文明建设战略部署，以落实最严格的水资源管理制度实施大水网建设为抓手和切入点，全面实行水资源"三条红线"管理，保障福建经济社会发展对水资源的需求和维护河湖生态健康。

（一）加快水资源配置工程建设，保障福建经济社会发展对水的需求

把水资源作为我省一项重要生产要素，统一规划、科学布

局，合理配置。按照"北水南调、西水东济"的总体布局，科学规划建设蓄、引、调水工程，构建"分区配置、三水并举、南北相接、纵横相济"的福建大水网。提高不同流域、区域之间水资源配置能力，保障福建科学发展跨越发展对水资源的需求。

（二）加强水资源总量控制，促进产业结构合理布局

1. 加强用水总量控制管理，强化水资源统一调度。建立流域管理与区域管理相结合的管理制度，加快制订闽江、九龙江、晋江、汀江、交溪、木兰溪、敖江等流域水量分配方案，建立省、市、县三级行政区域的取用水总量控制指标体系，实施流域和区域取用水总量控制。严格取水许可管理，取用水项目必须符合国家产业政策和行业用水标准。强化水资源统一调度，统筹生活、生产、生态用水需求。

2. 建立规划水资源论证制度，引导产业结构合理布局。建立规划水资源论证制度，国民经济社会发展规划、城市总体规划、工业园区规划、产业发展规划等规划的编制和重大建设项目布局，应当与当地水资源条件相适应，从源头上遏制水资源的不合理开发和使用。

3. 严格实行水资源有偿使用制度，积极推进水价改革。建立合理的水资源费和水价调整机制，按照补偿成本、合理收益、优质优价、公平负担的原则，制定水利工程供水价格和城市用水价格，积极推进供水计价方式改革，积极推进水权交易试点，充分发挥价格杠杆在水需求调节、水资源配置和节约用水方面的作用。

4. 严格地下水管理和保护。将地下水作为战略资源。加强地下水动态监测，逐步完善地下水监控网络。实行地下水取用水总量控制和水位控制。开展地下水调查评价，划定并公布地下水禁采区和限采区。规范机井建设审批管理，严格打井队资质审核和施工报批。强化地下水源地保护，防治地下水污染。

（三）严格落实用水效率控制，促进产业优化升级

1. 加强节水管理，促进产业技术更新改造。建立健全节约用水管理机构，配备专职人员，加强节水监督管理，全面树立"节水、减污、增效、生态"的节水理念。严格执行新建、改建、扩建建设项目节水设施与主体工程同时设计、同时施工、同时投入使用制度，限期整改无节水设施的取水项目。完善节约用水奖励机制，推广节约用水新技术、新工艺、新产品。对高耗水、高排放、高污染企业要限期进行节水工艺技术改造，加快淘汰落后生产工艺和设备，提高企业水循环利用率和废水处理回用率。加大农业节水力度，完善和落实节水灌溉的产业支持、技术服务、财政补贴等政策措施，推进灌区续建配套与节水改造工程、山地雨水集蓄工程，大力推广管道输水、喷灌、微灌等农业节水灌溉技术。在缺水地区，鼓励发展污水处理回用、雨水、海水等非常规水源开发利用，实施一批海水淡化示范城市（海岛）和工业园区。

2. 强化计划用水，大力推进节水型社会建设。实行计划用水管理，用水效率低于最低标准的和不符合节水要求的，依法核减用水计划指标，并限期整改达到国家要求。建立重点用水户监控制度，强化对用水过程的监控管理。推进用水定额动态管理体系建设，制订我省计划用水和节约用水管理办法，修订完善《福建省用水定额》。加强对企业执行用水定额情况的监管，对用水大户开展水平衡测试，挖掘企业节水潜力，逐步降低单位产品取水量。大力发展节水型工业、农业、服务业，建设一批节水型示范城市、灌区、企业、学校、社区等。

（四）严格落实水功能区纳污限制，保障人民群众饮水安全

1. 严格水功能区监督管理。确立水功能区限制纳污红线，从严核定水域纳污容量，严格控制入河排污总量。建立各行政

区域交界断面水量水质控制指标和管理制度，明晰各行政区取排水和水生态环境保护的责权。各级政府要把限制排污总量作为水环境保护、流域水污染防治和污染减排工作的重要依据，明确责任，落实措施。建立水功能区水质达标评价体系，完善监测预警监督管理制度。切实加强水污染防控，加强工业污染源控制，加大主要污染物减排力度，提高城市污水处理率，改善重点流域水环境质量，防治江河湖库富营养化。严格入河排污口监督管理，对排污量超出水功能区限排总量的地区，限制审批新增取水和入河排污口。

2. 加强饮用水水源地保护。合理规划与布局饮用水水源地，加强重要水源工程和备用水源建设。科学划定饮用水水源保护区，取缔水源保护区内各类违法活动，有计划外迁县级以上水源保护区内的居民，一时难以搬迁的，推进建设居民集中区污水截污和处理设施。完善饮用水水源保护区地方政府负责及部门协作机制，落实饮用水源地日常监管责任，全面实施饮用水水源地安全保障达标建设，制定供水应急预案，健全水源地水质水量监测体系和环境预警应急处置机制，建设和保护水源涵养林，加强水源保护区污染综合整治，尤其是加大农业和农村面源污染治理力度，通过水源安全防护等工程建设，有效防治面源污染。逐步建立以财政转移支付为主的生态补偿机制，由下游受益地区对因生态保护而造成损失的流域上游地区进行补偿。

3. 加大污染河段的整治。地方政府要开展污染河段的专项治理，坚持预防为主、综合治理，以解决损害群众健康的水环境问题为重点，强化水污染防治，改善水环境。对水功能区考核不达标的、跨行政河流交接断面水质达标考核不达标的，或重点污染物排放总量超出水功能区限制排污总量的地区，暂停区域内新增重点污染物排放项目的水资源论证和环境影响评价等审查审批。

4. 推进水生态系统的保护与修复。研究建立生态用水及河流健康指标体系，开展重要江河湖库的健康评价试点工作。开发利用水资源应充分考虑基本生态用水需求。加强江河湖库水域、岸线和滩地管理，从严控制江河湖库水域占用，国土开发、城镇建设、工农业生产应当优先保护江河湖库水域，确保合理的水面率，促进水生态良性循环。编制和实施重要区域和流域的水生态修复与保护规划，加强对重点水库、重要生态保护区、江河源头区、水源涵养区、流域重要河道和湿地的水生态保护和修复，扩大湖泊、湿地的面积，保护生物多样性。

三、对策措施

（一）水资源管理体制改革

建议成立省、市、县三级水资源管理委员会，在同级党委政府的统一领导下，通过采取统一规划、统一管理、统一调配、统一监控等措施，加强水资源统一管理。按照流域管理与区域管理相结合的方式，组建闽江、九龙江流域水资源管理局，统筹流域的水资源管理。

（二）水资源监控管理平台

逐步建立和完善省、市两级水资源监控管理平台，健全省、市、县三级水资源监测网络，加快推进水资源管理系统建设，全面提高水资源监督管理和应急监测、调度能力。实行工程可供水量预警管理，根据重点工程蓄水情况、供水现状及经济社会发展和生态环境保护需要，实行重点工程可供水量预警管理，保障供水安全和生态安全。

（三）建立水资源考核机制

要研究建立最严格水资源管理考核制度，对各地落实水资源管理年度目标和重点任务情况进行监督检查和年度评估考核，考核结果作为对各级政府和相关部门及其主要领导干部年度综合考核评价的重要依据。

（四）加大资金投入

要拓宽投资渠道，建立长效、稳定的水资源管理投入机制，不断加大公共财政对水资源管理的投入，保障水资源节约、保护和管理的所需经费。加强对水资源规划、水资源管理系统建设、水资源监测、节水改造和技术推广应用、饮用水水源地保护建设、地下水资源保护、水生态修复、水资源管理装备以及中水回用、雨水利用等非常规水资源利用工程等工作的支持。

（五）健全水利政策法规体系

要研究制定《福建省水资源条例》、《福建省节约用水管理办法》等地方水利法规规章，进一步健全水资源配置、节约、保护和管理等方面的水利政策法规体系，强化水行政执法工作，全面推进依法治水、依法管水，保障最严格水资源管理制度的有效实施。

（六）加强水情水生态宣传教育力度

要积极开展多层次、多形式的水情、水生态文明宣传教育，提高全民水忧患意识和水资源节约保护意识，形成珍惜水、节约水、保护水的良好风尚。积极完善公众参与机制，通过听证、公开征求意见等多种形式，广泛听取意见，建立公众参与的管理和监督制度。对在水资源管理、节约、保护中取得显著成绩的单位和个人给予表彰奖励。

（作者单位：福建省水利厅×××）

福建省水利工程招标投标制度建设现状及对策建议

张宝华　陈振华　陈庆华

【摘　要】本文从福建水利工程建设现状实际出发，认真剖析当前水利工程招标投标中存在的主要问题，提出了加快水利工程建设招标投标制度建设的对策和建议。

【关键词】水利工程　招标投标　制度建设

按照省纪委关于征集构建高效廉洁发展环境研讨论文的通知要求，驻省水利厅纪检组组织省水利厅相关处室人员专题研究，结合水利建设实际，确定"完善招投标制度"作为重点课题，在省水利厅机关、省水利水电建设工程交易中心、福州市闽江下游防洪工程建设公司和莆田、宁德市水利局召开了课题调研座谈会，察看了水利厅和莆田市发展服务中心招标投标现场，并走访了省发改委相关处室，围绕近年来水利工程建设招标投标的主要做法、存在的困难与问题以及对策措施等方面，与招标投标的建设业主、施工企业、监理、代理等各方进行了深入研究和探讨。

水利工程建设项目招投标活动涉及环节多、资金量大，情况复杂，容易发生违纪违法问题。自从中央增加基础设施建设投资以来，特别是在全省认真贯彻落实《中共中央　国务院关于加快水利改革发展的决定》新形势下，省委、省政府确定了10年2000亿元的水利投资目标，随着我省水利建设投资大幅度增加，各地大上水利项目，目前全省在建500万元以上大中型工程项目就有 286 个。在这种投资量增多、廉政风险凸显的新情况下，如何进一步加强招标投标工作，从制度层面不断规范招标投标活动，既确保工程安全、资金安全，又防控廉政风险、确保干部安全，具有十分重要的作用和意义。现结合近几年来水利工程招标投标的实际情况，对我省当前水利工程招投标中的主要做法、存在的问题及其治理对策进行分析与探讨。

一、近几年水利工程招标投标主要做法

（一）不断规范招标投标制度建设

福建省通过加强制度建设，逐步规范市场秩序。根据《中华人民共和国招标投标法》和福建省《福建省招标投标条例》，省水利厅制定出台了《福建省水利工程建设管理若干规定》、《福建省水利工程建设项目招标投标行政监督实施细则》、《福建省水利工程建设项目招标投标行政监察实施办法》等制度，针对招标代理、设计、监理等监管过程发生的问题出台了一系列规范性文件，包括《福建省水利厅关于进一步规范全省水利工程勘察设计和建设监理招标投标工作的意见》等，今年以来，认真贯彻落实《福建省人民政府关于进一步推进招标投标市场健康发展的意见》，努力从制度建设层面不断规范招投标市场各方主体行为，确保水利工程招投标工作规范有序。2008年以来，仅省水利水电建设工程交易中心累计完成招标投标801 个项目 1164 个标段。收到投诉仅有 20 件次，投诉率仅为1.7％左右，投诉件办结率 100％。

（二）不断完善招标投标方式方法

为了让水利工程招标投标方法更加科学有效，对福建省常用的两种评标办法进行规范完善，先后出台了《福建省水利工程施工招标投标综合评价方法（试行）》和《福建省水利工程施工招标投标经评审的最低投标价中标方法（试行）》，其中综合评价方法适用于投资额比较大、技术难度较高的水利工程，

而经评审最低投标价中标方法则适用于投资额不大，技术难度一般的水利工程。同时省水利厅在广泛调研和听取意见的基础上，针对投资额在 1000 万以下、技术难度较小的小型水利工程研究出台了《福建省水利工程施工招标投标在合理造价区间随机抽取中标人办法（试行）》，该评标方法对投标人的资格进行符合性审查后通过摇球随机确定中标人，具有招标过程时间短、防止串标围标、投诉少等特点。

（三）不断加强招标投标监督管理

一是将信用档案作为规范市场的一个重要抓手，省水利厅作为全省开展信用体系建设的试点单位之一，从 2007 年开始建立"水利系统建设市场自然人和法人信用档案"。目前信用档案已为 384 家企业参与我省水利建设的 384 家企业建档，其中省内 274 家，省外 110 家，通过与建设、公安、检察、法院、监察以及各级水利部门的互联共管，充分发挥信用档案的监督作用，仅莆田市水利局去年来就对 19 家企业进行通报批评，对 5 家企业进行不良行为记录，对 3 家企业处以罚金，对 12 人次进行不良行为记录，收到了很好的诚信效果。二是加强交易平台监管。成立于 2000 年 2 月的省水利水电建设工程交易中心，是全国第一批水利工程建设的有形市场。近年来通过设立全场通信信号屏蔽、全程电子录像监控等手段不断完善软、硬件设施建设，得到监督监察部门、招标人、投标人等各方的一致认可。三是开展专项治理督查。去年以来，按照省纪委要求，组织开展包括工程招投标在内的建设工程专项治理，我省共自查 755 个水利项目，滚动抽查 219 个项目，发现问题 207 个。省水利厅先后组织三次督导检查，清查出的问题已全部整改。今年还组织对水利工程建设中挂靠借用资质投标违规出借资质问题进行专项清理。四是加大处理调查投诉力度。近年来，我厅纪检组监察室与有关部门共同查处了"福建省木兰溪郑坂段防洪工程中标人业绩造假"、"莆田东吴路堤工程中标单位废标"、"莆田平海湾跨海供水应急工程投标单位资格预审不合理"等多起招投标违规案件。今年10月与福州市水利相关部门联合查处一起投标违规案件，依法取消企业违规中标候选人中标资格，涉及标的5000万元。

二、目前招投标遇到的问题及原因分析

（一）从建设业主招标情况看，有规避招标、虚假招标现象

一是不予招标。假借抢险救灾应急工程名义、混淆资金和建设项目性质、借口项目技术复杂而使依法应招标的工程项目免于招标直接发包。特别是少数领导干部插手招标，利用种种借口把工程直接指定关系户承包。二是规避招标。将造价达到招标限额的工程项目，采用化整为零、分期申报立项、分期实施等方式拆分、肢解，形成单项项目造价低于招标限额；有的将其工程预算价压低到招标限额以下，确定施工单位后再变更追补预算；有的将其主体工程招标，附属工程、细部工程则自主发包，从而使依法应招标的工程项目避开招标，以违规行为执行合法程序，扰乱招标投标市场。三是改变方式。千方百计找理由把应当公开招标的项目改为邀请招标，把邀请招标的项目变为议标或直接发包。四是设置门槛。随意抬高资质要求，随意设置业绩要求，限制潜在投标人，以达到关系人中标的目的。

（二）从施工企业投标情况看，有围标串标、骗取中标现象

一是串标。投标人之间相互勾结，私下达成协议结成利益同盟，串通投标报价轮流获取中标。二是围标。一些包工头为了提高中标几率，通过挂靠、戴帽、借资质、买资质、重金收买竞争对手等等，在投标中以多个投标人的面孔参加投标，通过数量上的优势进行围标。三是骗标。一些无资质或资质不够

的施工企业和包工头为了参加投标和获取中标，以他人名义投标，或伪造资质证书、营业执照、银行资信证明，私刻其他施工单位公章和法人代表私章，虚构业绩等，骗取投标资格，骗取中标。四是抢标。一些投标人为争取项目采取恶意压价手段，报低价抢标，而中标后又在造价上与业主周旋，甚至偷工减料，以次充好，造成"豆腐渣"工程。五是转包违法分包。有些施工单位不具备施工资质和能力，但为了承揽水利工程，就通过社会关系和上交管理费等方式，借、租、买用他人资质挂靠他人企业参与竞标，取得中标资格后，就把中标项目一揽子或肢解后以零售方式进行转包、违法分包，获取差价暴利。

（三）从招标代理情况看：有通风报信、鱼龙混杂的现象

一是明招暗定。有的招标代理与业主、施工企业串通，操纵评标过程，甚至组织施工单位进行围标，比如为内定中标人"量体裁衣"制作招标文件、制定评标标准和方法，暗示评委打高分等，想方设法使内定中标人中标，造成"内定标外陪标"现象。二是排外招标。有的招标代理按照项目建设单位的要求，利用招标信息发布时间差，设定诸如提高市场准入门槛、提高技术规格等有倾向性招标条款，制定"利内弊外"的评标标准和方法，要求参加投标企业提供巨额保证金等或外地投标人中标后须把部分标额分包给本地企业等等，对外地、外系统的潜在投标人进行限制或排斥。三是招标代理从业不规范。由于从事水利行业招标代理准入门槛低，导致招标代理市场鱼龙混杂。有的不熟悉水利专业，代理行为无法达到要求；有的缺乏水利造价专业人员，代理的招标书或招标预算控制价未按水利规范编制，存在严重的"粗、漏、缺"，引发投诉。还有的利用高价卖标书、收取图纸费等手段乱收费，增加投标成本。据反映，清流县某水利工程项目总投资 1500 多万元，三个标段的标书出售达 200 多万元。

（四）从专家评标情况看，有缺乏公正、营私舞弊的现象

有的评标专家在去评标地点的过程中被包工头"中途拦截"，搞权钱交易，帮助其获取中标资格。有的评标专家平时得到某些"包工头"的小恩小惠，双方有良好的感情基础，一旦被抽派为评标专家后，主动与"包工头"联系，为特定的"包工头"打高分，把竞争对手毫无标准地打最低分，努力为特定对象中标提供帮助。有的评标专家帮助业主评委为"内定中标人"提供支持，偏袒倾向十分明显。从评标过程来看，虽然有屏蔽和全程录像等手段监管，但由于评委特别是业主评委的行为对评标结果的公正公平性存在一定影响，还有待进一步改进监管手段。

（五）从监管角度情况看，有监督乏力、惩治不力的问题

目前个别水利工程建设项目招投标监管体制存在一头多管、同体监督的弊端。有的项目业主、招标代理机构和施工企业同属一个行政主管部门，容易发生政府权力部门化现象。这种错综复杂、层次不清、经济关系不够明确的监管体制，必然带来监督部门的缺失和监管工作的缺位，不利于有效纠查招投标活动中的违法违规问题。同时由于招投标的违法违规行为的隐蔽性，给打击不法行为带来了一定难度，更难办的是工程建设多头监管，执纪执法部门协调机制尚未形成，掌握的执法执纪尺度也不一样，综合打击力度不够。另外，主管部门接到一些投诉，发现问题后往往只进行通报批评等轻微处理了事，使违法乱纪行为得不到应有的严肃处理，招投标领域的违法违纪现象难以遏制。

三、对策与建议

（一）加强水利建设工程领域的廉政建设

一是要认真推行领导干部廉政承诺，按照水利厅党组关于水利建设重大事项领导干部廉政承诺的规定和要求，凡涉及工

程项目招投标等重大问题时，坚决防止领导干部及其子女、亲属干预和插手招投标活动。特别是领导干部一定要带头遵纪守法廉洁自律，凡是应该公开招投标的水利项目都必须进入有形建筑市场，不能因私利强调项目的特殊性而规避公开招投标。二是要推行工程建设项目施工廉政双合同制度。业主与施工单位、监理单位签订工程合同时，要同时签订廉政合同。

（二）推行网上电子化招投标评标新模式

我们在莆田市服务发展中心招标投标现场调研中发现，该市网上电子招投标值得借鉴。他们的主要做法是开发建设公共资源业务系统，全面推行网上招投标，对原有的招标、投标、评标及标后监控进行改革创新，利用 CA 数字安全证书确保电子交易有效、安全地进行，招标文件实现模板化、招投标环节实现电子化、招投标过程实现无纸化、招投标流程实现保密化，最大限度减少招投标工作中的人为干扰，努力使阳光操作常态化。去年以来，该中心已操作 1135 场项目实现网上电子化招投标，包括各种类型的水利项目招投标，交易金额 52 亿多元，目前没有出现投诉问题，较好地做到了工程项目招投标公开公平公正。在省公共资源交易中心尚未组建的情况下，建议我省水利系统大胆借鉴莆田市的做法，推行网上电子化招投标评标新模式：一是通过网络下载和上传标书，保密投标企业，防止围标串标；二是通过外网建立和公示企业信息库，杜绝投标企业对证件业绩等相关证明进行造假；三是采用电子数字认证技术，杜绝一标书多投；四是采用电子评标异地评标等方式，防止评标专家事先被买通；五是标书电子化管理，节约投标和管理成本。莆田市通过电子标书形式，每标平均费用仅 100 元左右，比其他招标形式节约 90% 以上。通过全面推行网上电子化招标投标评标模式，真正实现水利工程招投标阳光操作，筑起电子和网络科技"防火墙"，提高公开公平公正新水平。

（三）完善信用体系等制度建设

积极推进信用体系建设，打造诚信平台。一是要建立和完善企业档案信息制度。加强对投标人行为的规范，实行中标人及项目经理资格审查制度，对项目中标人及项目经理的资格情况一律进行严格审查并公示审查情况。二是要建立水利工程建设黑名单制度。按照水利部颁布的不良行为认定标准和公示制度，对企业的市场行为进行信用评价，将招投标当事人在招投标和合同履行阶段各种失信行为记录在案，特别对违法违规行为进行严格记录，并向社会有关媒体上公开发布，同时将信用状况与其投标活动挂钩，营造守信得彰、失信受惩的良好市场环境。三是要建立市场准入和清出制度。严格水利建设市场主体准入条件，加强企业备案核查工作，同时通过加强企业年检和专业技术人员执业资格注册等管理手段，对达不到规定要求以及有违法违规行为的企业和专业技术人员，坚决依法予以降低资格等级或清出建筑市场。四是要充分发挥施工、监理、设计等协会的重要作用，加强水利建设各方从业人员的岗位培训，做好从业信誉评价工作，不断规范从业行为。五是要建立评标专家管理制度。实行综合评分法的技术标最高最低分评标专家说明制度。定期对专家库进行清理，对评标专家工作情况进行评价，对不符合评标专家条件的人员及时终止其评标专家资格。六是要建立标后管理各项制度。如项目经理、总监在岗检查和合同履行跟踪检查制度，实行中标项目经理、总监进行动态跟踪管理制度。同时推行工程项目代建制、招投标仲裁制度、新闻媒体监督制度等。总之，要通过制度深化水利市场诚信体系建设，努力使水利工程招投标工作制度化、规范化。

（四）强化水利工程招投标全过程监督检查

一要对招投标活动进行全程监督。在尚未实施电子评标之前，行政监督、监察部门都要派人对招投标活动的全过程进行强力而有效的现场监督。二要加强标后管理。工程建设要改进

"五大员"在岗情况检查方式方法，每个中标项目经理、总监都要上网公示，中标合同签订后半年或主体工程完工后才能更换，隐蔽工程必须全程录像。特别是要坚决查处项目挂靠、转包问题，防止出现"一级队伍中标，二级队伍进场，民工队伍施工"的现象。三要派出纪检监察干部参与水利工程现场监督，并赋予组织制定制度、参与会议、查阅资料、参与咨询、参与决策等职责，强化纪检监察部门在水利工程项目招投标及其工程建设全过程的监督作用。四要认真受理投诉，加大惩治力度。建立健全水利工程招投标投诉受理和查处机制，畅通举报投诉渠道，完善实施实名举报反馈、回复制度，认真受理水利工程投诉，严惩规避招标，假招标、串标、围标等违法违规行为，特别是要严肃查处水利工程招投标中的贿赂案件，增强法律的威慑性和严肃性，用严明的纪律维护水利建筑市场的良好秩序。

(作者单位：福建省水利厅纪检组)

当前福建省水利改革发展的
若干问题与建议

游祖勇　高平　兰伟龙

【摘　要】本文认真总结了福建贯彻落实 2011 年中央和省委
　　　　　一号文件以来水利发展所取得的主要成效，全面
　　　　　深入分析当前水利改革发展中存在的主要问题，
　　　　　提出了当前和今后加快推进水利改革发展的思路
　　　　　建议。

【关键词】水利　改革发展　若干问题　思路建议

水是生命之源、生产之要、生态之基。党的十八大报告把
水利放在生态文明建设的突出位置，在宏观总体布局、水资源
保护管理、水生态文明建设、水利基础设施建设、防灾减灾体
系建设以及水利改革创新等多个方面作出一系列重要论述和重
大部署，并对水利工作提出了更高要求。新形势下的水利工作
如何解决水利改革发展面临的顶层设计滞后、投入机制不稳
定、体制改革有待深化、水法制建设相对滞后、管理人才严重
缺乏等重大问题，成为当前进一步推进水利事业又好又快发
展、实现现代化目标的紧迫课题。

一、我省水利改革发展的主要亮点与成效

2011 年，中共中央国务院《关于加快水利改革发展决定》
1 号文件出台后，福建省委、省政府把水利摆上全省经济社会
发展全局位置，把水利投资作为全省基础设施投资的重要领
域，明确了新时期治水方略，提出了我省今后 10 年水利改革

发展目标，即全面落实 2000 亿投资、全力实施"十百千万工程"、基本建成"四大体系"、为福建发展提供放心水、平安水、高效水、生态水。近 3 年来，全省各级各部门转变思路，创新观念，科学规划，顶层设计，以推进现代水利为主线，大力度出台政策，大资金投入水利、大改革推动发展，全省水利工作取得许多新突破和新成效，为实现水利现代化奠定良好基础。

（一）健全完善水利配套政策

近年来，在省委、省政府《实施意见》出台的基础上，逐步出台配套政策法规。先后制定出台《关于加快推进重大水利项目建设十项措施》和《关于进一步推进农村饮水安全建设的意见》等 35 件覆盖面广、针对性强、含金量高的省级水利改革发展配套政策措施，内容涉及水利投资、建设、管理等各个方面，并推动《福建省水土保持条例》等法规草案进入了立法程序。全省各地各部门贯彻落实中央 1 号文件和省委、省政府《实施意见》认识到位、部署及时、宣传深入、落实有力，均结合实际制定印发了推进本地水利改革发展的实施意见，出台了一系列政策措施，初步奠定了水利投入机制、工作运行机制、配套改革体系等方面的政策基础。

（二）创新水利工作领导机制

省委、省政府创新加强水利工作的领导机制，成立了由省委书记、省长任组长、省委副书记任副组长，省直 24 个成员单位组成的省水土保持工作领导小组，着力推进全省水土保持工作；成立了由省政府主要领导担任主任、省政府分管领导担任副主任，省直 24 个成员单位组成的全国第一家省级水资源管理委员会，加强了全省水资源的宏观管理和协调工作；成立了省重大水利项目建设协调小组，由省委常委、副省长任组长，办公室设发改委，全力推动重大水利骨干项目的立项、建设。各市、县（区）也相继设立领导小组，推进当地水利重点改革发展。高规格、高效率运转工作机制，为全面贯彻落实水利改革发展各项政策举措提供了强有力的组织保障。

（三）不断拓宽水利投入渠道

出台从土地出让收益中计提10％用于农田水利建设的具体实施办法，确定省级统筹30％，并明确今后若地方土地出让总收入扣除相关成本后没有收益，也至少要提交土地出让总收入2％的保底线，上缴省级国库进行统筹，不执行者将按照《财政违法行为处罚处分条例》予以处理；制定《水利建设基金筹集和使用管理实施细则》，修订《重大水利工程建设基金征收使用管理实施办法》；出台《福建省水利建设贷款省级财政贴息资金管理暂行办法》、《省级以上水利建设资金监管暂行办法》，全省逐步实现工程项目单一由政府投入向多元化、多渠道投入转变，从临时的财政预算投资向建立水利投入稳定增长机制转变。同时还加大了"一事一议"财政奖补力度，积极吸引金融和社会资金投资水利建设。

（四）着力推进重大水利项目

水利发展，规划先行。我省组织《福建大水网规划》编制工作，着力构建"分区配置、三水并举、南北相接、纵横互济"的大水网总体布局，规划新建大中型水库54座、扩建大中型水库5座、新建引调水工程75处等，项目总投资达862亿元，目前《福建大水网规划》已得到省政府正式批复实施。同时《福建省"十二五"大中型水库建设规划》中5座大型、258座中型建设列入全国规划；《中小河流治理建设规划》中的253个项目纳入全国规划；《福建省河口海岸滩涂开发治理管理规划》、《福建省闽江北水南调（平潭引水）工程规划报告》等一批专项规划也按序时进度要求如期推进。全省认真学习贯彻时任国家副主席习近平同志关于长汀水土流失治理的重要批示精神，全力落实省委省政府的部署，掀起新一轮水土保持生态建设高潮。

（五）深入推动水利体制改革

我省坚持水利改革与发展两手抓，不断深化水利体制改革，破除水利发展体制性障碍。在水利融资体制改革上，成立福建省水投集团作为省级水利融资平台，并给予财政、税收、土地收储、项目开发等优惠政策。在水资源管理体制上，省政府出台《实行最严格水资源管理制度实施意见》，进一步严格水资源"三条红线"管理，加快建立用水总量控制、用水效率控制、水功能区限制纳污控制制度，深化水务一体化改革。在基层水利服务体系建设上，出台《加强基层水利服务体系建设指导意见》，大力推进基层水利服务体系建设。各地相继出台文件，加强以乡镇水利工作站为重点的基层水利服务体系建设，明确了机构、编制等关键问题，基层水利服务体系建设取得重要进展，全面提升了基层水利服务能力和管理水平。

2011 年以来近 3 年，全省上下围绕中央、省委 1 号文件和水利工作会议精神，凝聚合力，狠抓落实，创新突破，截至 2013 年上半年全省水利总投资达 483 亿元，成为全省水利历年来投入最大、项目最多、发展最快、影响最好的时期。

二、当前水利改革发展中面临几个亟待解决的问题

当前，全省大兴水利的序幕刚刚拉开，大规模的现代水利建设方兴未艾，但我们依然面临许多亟待解决的困难问题，水利改革发展中仍然存在一些突出矛盾。概括起来主要有以下几个方面。

（一）中央水利投入政策执行不够到位

保障水利与经济社会协调发展，就必须建立水利投入稳定增长机制，较长时期增加水利建设投入，实现水利可持续发展。我省提出今后 10 年水利投入 2000 亿元，并制定出台了一系列政策性文件，但各地在执行中存在不平衡：一是政策不够

落实。如省委、省政府明确要求的"从土地出让收益中提取10％用于农田水利建设"，多个设区市未能足额提取，其中有两个设区市至去年底提取为零，水利建设基金、水资源费等水利规费减免过多，不能足额征收等；有的政策不配套，如省里出台《关于加快推进重大水利项目建设十项措施》，各地均未出台相关配套政策；有的政策缺失，如中央明确要求各地建立水土保持补偿费、水生态补偿机制、农业水费财政直补惠农机制、农村供水用电价格执行居民生活和农业排灌价格等，我省目前尚未出台有关政策。国家开发银行福建分行提供10年600亿元信贷规模意向，目前实际货款4.5亿元。二是配套资金不够到位。我省农水、水库、水土保持、中小河流治理、海堤等水利项目不同程度地存在地方配套资金不到位的问题，特别是海堤项目中央补助40％、省级仅配套1000万元，地方配套近70％，不少地方难以落实。三是资金项目安排不够科学。不同区域、不同项目资金投向存在一定程度不够合理，如个别地方中小河流治理更多地把重点放在城关、小城镇周边水生态水环境治理，不能很好地优先解决防洪排涝减灾及水土保持等方面的突出问题和薄弱环节；个别地方对水库除险加固补助政策理解到不到位，导致许多必须加固的水库项目没有及时申报，未列入中央投资计划，而一些列入计划的项目补助资金又超出实际需要；个别立项建设的水利项目没有很好地开展经济、社会效益的综合评估，导致有限资金没有用在刀刃上，发挥资金最大效益。四是水利工程年度投入计划安排与年度建设任务完成考核不相协调，资金下达与工程进度不能很好衔接。如水利部下达各省的年度项目（资金）任务大多在5月、6月后，有的甚至到10月以后。省市下达到县（市、区），一般都要到6月、7月份，有的到9月以后，然后业主开始设计、招投标和征拆等前期工作，不少项目如严格按程序运作就要拖到第四季甚至到次年才能开工建设，年度计划任务当年完成不少项目难度很大。

（二）水资源监管仍然存在薄弱环节

近年来，我省进一步理顺水资源管理体制，注重水资源合理配置，有的设区市强化了水资源统一管理。但是水资源监管仍然存在一些薄弱环节：一是多龙管水依然存在，如大部分城市防洪排涝由水利、市政等多部门管理，如福州城市内河涉及十几个部门多头管理，主体职责不明确，城市开发建设项目对科学防洪排涝造成影响水利部门无法监管。二是水质监管职责不清、边界较模糊，监管不到位。如环保部门负责规模以上工业企业排污口监测，建设部门负责污水处理厂污水处理达标建设，农业部门负责畜牧业、养殖业、农产品用水排污监测，水利部门负责而水功能区水质监测，而江河入河口、入海口、水生态、地下水及市县边界水质监测，边界较模糊，监管不到位，监测设施设置位置不科学。三是水污染尚未得到有效控制。城市和农村生产、生活用水排污监测，大量农药化肥排放，造成部分地区农业面污染、工业尤其是"五小工业"污水排放以及地下水超采引发塌陷、沉降等地质灾害问题，没有得到根本的解决。四是水资源保护项目立项难，国家尚未开口，水资源保护和水环境建设项目建设资金筹措难度较大。

（三）水生态环境不容乐观

我省水生态环境与实现新时期强水利、美生态、富百姓目标相比还有较大差距，"生态立省"任重道远：一是现代水生态文明意识不够强。不少水行政部门主动大力开展水生态文明建设意识还比较薄弱，部分地方认为水生态、水景观、水利风景区建设不是水利部门主要职责或正业，水生态文明理念还没有完全反映到水利规划、设计、建设、管理等环节的政策制定和工作实践中。二是水利工程设计施工观念仍较传统。水利工程设计大部分沿用传统水利观念，注重工程的防洪灌溉发电供水功能，没有很好地兼顾水生态修复、水景观再造和水生物多样性；水利工程施工先进技术还无法广泛采用，海堤、江河堤防、水库大坝施工建设实行大多还"三面光"，没有很好体现亲水平台、人水和谐、回归自然和修复河流生态系统理念。三是水生态管理保护措施不够有力。水域、水体、水工程周边侵占性使用、无序开发、过度开发，低价甚至无偿享用水资源、水环境现象随处可见，群众信访件不断增加。在河道、水域内弃土弃渣、乱倒生活垃圾现象还没有得到根本遏制，影响行洪安全，破坏水生态环境。四是水利信息化基础设施依然薄弱，水利信息技术水平不够高，信息共享水平偏低，运用程度不高，水利信息数据采集网络覆盖面偏小。水资源保护和管理信息化建设刚刚起步，特别是水功能区入河排污口、饮用水源地水质监测站网不完善，水生态和地下水监测站网不足，水环境监控、移动监测和应急监测设施设备缺乏，突发性水污染事故预警、预报和防范能力建设滞后。

（四）水利产权产业政策不明确

目前我省存在一些制约水利产业发展的因素：一是水利资产产权不清。除发电水库外，相当部分国有水利资产产权不清晰，权责不明确。如许多水库尤其是中小型水库没有开展确权划界，存在资产权、管理权、使用权、收益权"四权"不清，影响工程综合效益、水利工程设施建管、水利执法和水利资产抵押质押贷款，制约水利产业发展。二是水价改革不到位。农业综合水价难以做到计量收费、定额管理、超额加价，工业、生活用水没有按供求关系调整水价，实行动态水价和超额累进加价制度，导致水资源大量浪费，特别是长期以来我省水利工程原水供水价格没有明确的标准，水费标准难以达到合理水平，导致收费难，拖欠水费甚至拒交时有发生，影响供水水管单位良性发展。三是推进水产业发展政策不落实。全省水权交易和水资源有偿使用制度尚未建立或不够完善，水生态补偿仅在一些地方开展试点，在区分水权权限、明晰产权主体、推进水权交易转让方面没有迈出新步。四是水利企业经营效益面临诸多困难。大部分水利企业规模小，净资产少，经营模式单一，综合实力不足，水利投资企业投资多为公益性、准公益性，抵抗风险能力脆弱，水利服务业、旅游产业发展滞后。

（五）水利建管机制不够完善

我省水利长期存在的重建轻管问题，重视争取国家投资，加大地方财政对水利设施投入，加快水利工程建设，忽略面向社会履行水利工程和资源管理职能。一是河道管理主体不明确。国家已出台《中华人民共和国河道管理条例》多年，我省没有出台与之相配套法规或规章，全省河道管理无法可依，管理主体不明确，职责不清，全省河道管理岸线规划缺失，致使不少侵占河道、非法采砂、违法搭建，影响防洪、污染河水现象时有发生。二是水利工程管理体制不健全。部分水利工程管理责任不明确，管理主体缺失。目前以发电为主的水利工程责任主体明确，小（2）型以上水库大多都有水管单位，农村饮水安全工程管理主体正在探索。但以农业灌溉为主的水利工程以及一些防洪工程、海堤、小山塘等公益性项目不同程度存在管理主体缺失，没有实行有效良性运行管理。三是管护经费不落实。由于改革不到位，遗留问题没有根本性解决，一些公益性、准公益性水利工程定性不明确，定编不落实，人员经费和管护经费"两费"不到位，一些地方小型水利工程还存在管理缺位、无人管理情况。

（六）水利法制建设相对滞后

推进依法治水首先要解决有法可依的问题，从我省水利法制建设进展情况看：一是立法进度滞后，现行6件地方性法规中有2件（福建省水法实施办法、福建省水土保持法实施办法）因其母法更新需要重新修订，《水文条例》、《河道管理条例》、《节水管理办法》、《水利风景区管理办法》等重要水利规章尚未制定，水利地方性法规和规章与周边省份相比总体滞后。二是水利执法弱势，执法机构规格低，与环保、林业、海洋渔业、城市执法相比，水利执法有效性、机制性、权威性还不够；水利综合执法力量薄弱，防洪、水土、水政分散执法，经费、装备、手段均不能适应执法要求；水利政策法规机构建立滞后，人员队伍不足。三是水法制意识淡薄，个别地方有法不依、执法不严问题还明显存在。

（七）水利队伍人才无法满足水利改革发展需求

水利人才培养滞后，省里高校目前尚无水利专业院系，个别高校设置的水利专业招生人数少，福州大学每年招收水工专业学生不足百人，全国高校水利专业的学生大部分集中在省市水行政主管部门和企事业单位，县市水利部门基本无人问津，同时基层水利工作地点偏僻，工作和生活环境差、待遇低，难以引进和留住人才，导致水利人才分布不合理。目前水利系统人才缺乏；特别是水利施工、监理人员奇缺，远远无法满足大规模水利建设发展的需求。基层水利服务体系不健全，乡镇水利工作站建设缺乏有效激励机制，水利技术管理力量不足的问题依然非常突出。

三、几点建议

我省水利改革发展取得明显成效，特别是贯彻落实 2011 年中央 1 号文件以来，在不少方面取得重大突破。但在推进过程中确实存在不少薄弱环节和需要进一步解决的问题，以上是调研中基层关注反映较多的问题，不一定准确，不一定全面，仅供参考。就这些问题，我们提出以下建议。

（一）加快水利信息化建设，带动促进水利现代化

水利信息化是水利现代化的重要基础和标志，是引领和带动水利现代化的重要手段。2011 年中央出台 1 号文件明确指出："推进水利信息化建设，全面实施'金水工程'。加快建设国家防汛抗旱指挥系统和水资源管理信息系统，提高水资源调

控、水利管理和工程运行的信息化水平，以水利信息化带动水利现代化。"当前和今后一个时期，加快推进水利信息化，促进并带动水利现代化，是一项事关水利发展全局的重大战略任务。为此建议：一是制定完善《全省水利信息化规划纲要》。根据党的十八精神和省委、省政府确定的未来 10 年水利改革发展目标，按照"统一规划，各负其责；平台公用，资源共享；以点带面，分步建设"的思路，逐步建立起与国民经济基础设施地位相适应的、能有效促进水利事业可持续发展的水利信息化体系，使现代化信息技术在水利勘测、规划、设计、科研、建设、管理等各项工作相互融合，推动水利管理方式转变和水利管理体制改革，运用先进科学技术、现代工艺设施、新型仪器设备、科学管理方法和网络化信息系统装备水利、管理水利、优化配置和高效利用水资源，有效保护水环境，严格控制水污染和水土流失，推进水利现代化，实现可持续发展。二是加强基础数据采集和信息资源共享。加强水资源管理、水土保持、水环境监测、防汛减灾等重要领域监测站点的布局和建设，构建完善的数据采集、处理、传输与发布的基础设施体系，提升水利信息化水平。当前要加强与联通公司合作，全面完成中型以上水库监测站点建设，并与省级信息综合平台联网，实现对全省水资源基本情况的实时监测，为省委、省政府防汛抗旱指挥决策提供准确的第一手资料。加快水利自动化建设，实现供排水自动化、水文水位雨量观测自动化、建立水质水量自动监测信息网络和水利工程视频监控系统，建立城市防洪排涝视频监控，与交通视频信息共享受。定期不定期地牵头组织开展台海两岸防汛救灾和防台风方面的交流与合作，加强信息资源的整合与共享，形成常态化合作机制，共同为海峡两岸人民的安全与福祉贡献心力。三是加强水利信息技术应用。采取多策并举，通过政策引导、资金扶持、考核机制等，推进信息技术在主要江河源头区、重要水源涵养区、饮用水源保护区、防风固沙区、重要湿地区、重要海湾和重要渔业水域等重要生态功能区强制性保护中的应用，建立防汛、防台风、防山洪灾害联动预警机制和水工程险情自动检测报警体系、水环境、水土保持远程遥感遥测体系，利用现代网络、移动通信和卫星定位等技术，在流动人口进入山洪灾害危险区或发生山洪灾害危险前，及时有效提出预警。采用单兵雷达，在防汛抗灾中实现对前方灾情的及时了解和远程救灾指挥。利用先进的技术手段，包括计算技术、遥感技术、微波通信技术、地理信息系统在今后水资源管理、水土保持等方面广泛应用，促进水资源"三条红线"管理和水土流失监测工作的落实。

（二）落实政策措施，创新水利发展体制机制

保障水利与经济社会协调发展，实现新时期水利改革发展目标，就必须落实好中央和省委、省政府各项政策措施，理顺水资源管理体制，不断创新工作机制，实现水利可持续发展。为此建议：一是抓好政策落实，健全完善水利投入稳定增长机制。切实实施《关于加快推进重大水利项目建设十项措施》，加快出台落实《鼓励社会资金参与水利基础设施建设意见》、水生态补偿费、水土保持补偿费、农业水费直补惠农等相关配套政策，严格执行和落实从土地出让金中计提农田水利建设资金、水利建设基金、水资源费、地方配套资金，最大限度地发挥政策效力。二是深化水资源管理体制改革，强化水资源统一管理。充分发挥省水资源管理委员会工作职能，强化涉水事务统一管理，建立全省水资源统一规划、统一管理、统一调配、统一监控的有效机制，推进最严格水资源管理制度的落实，切实解决水资源管理中职能交叉、权责不清的问题。今后对各类水务活动实行统一管理、统一规划、统一配置、统一保护，逐步推行水源建设、城镇供水、污水处理和中水回收相结合的建设经营模式。建立和完善流域管理与行政区域管理相结合的水资源管理体制，区域水资源管理，主要以泉州水资源管理运行

模式为试点，推广实施区域水资源"三条红线"管理；跨区域水资源管理，探索组建闽江、九龙江流域管理局，作为省水利厅派出机构，负责协调流域内涉水事务管理工作，强化流域河道统一管理和水资源"三条红线"管理。三是推进融资平台建设、发展壮大省水投集团。完善市场化运营机制，增强水利融资平台核心竞争力。区别经营性、准公益性和公益性项目融资不同性质，采取不同融资条件和责任目标考核办法，出台还款模式、抵押方式、贴息、利率下浮有关政策，开展多种担保方式的水利项目贷款，增强水利融资平台的融资能力。同时要加大协调支持力度，做实做强福建水投集团。四是改进工作方式，科学安排水利项目。要合理安排水利资金投向，突出中小河流主体功能安排项目建设；对列入计划尚未开展安全鉴定的水库项目，要严格鉴定；对未列入计划，经过严格安全鉴定确需加固的水库项目，要按轻重缓急安排专项资金投入，确保把有限资金用在刀刃上，发挥资金最大效益。改进多头、重复审批，将水利项目技术审查由原来水利厅与发改委先后审查改为联合审查，减少审批环节，提高审批效率。改进项目计划下达办法，按照"二上二下"做法，采取每年第四季度根据各设区市上报项目任务，按照全省项目投资计划，确定次年投资规模和资金盘子，下达分解到各设区市，然后在次年1月前由各设区市（县、区）上报具体项目并开展项目审查后，3月底前下达计划任务和具体项目安排，以确保项目前期工作提前启动。或调整水利年度报表，按每年3月底即进入汛期前统计报送上一年完成任务数。

（三）保护水环境，大力建设水生态文明

生态与环境是维系人类社会生存、发展的两大自然资源支持系统之一。经济社会越发展，社会化程度越高，对生态环境质量要求也越高。加强水生态文明建设是水利行政部门义不容辞的职责。为此建议：一是要转变观念，牢固树立现代水生态

文明意识。围绕"生态立省"目标，树立水利现代化理念和人水和谐、水生态水文明、民生为本理念，把生态文明理念融入到水土资源开发、利用、治理、配置、节约、保护的各个方面和水利规划、设计、建设、管理的各个环节，今后省里要从水利建设基金、水利规费、水利基建经费中安排一定的比例资金用于水生态保护与修复项目，对水生态保护与修复项目进行补助。二是要创新思路，强化水利生态规划设计施工。水行政部门要延伸拓展水生态建设职能，研究制定出台《水利工程生态设计指导意见》，把水生态工程列入规划设计建设内容，对水利工程规划设计施工上提出明确具体生态建设要求，在规划设计环节上突破传统水利理念，既考虑水供给、水质量、水安全，也考虑水景观、水文化、水生态。在项目验收决算和审计环节上涵盖生态工程投入，在施工建设上要加大水利生态化和水利现代化的新技术、新工艺、新材料在水利工程建设中的运用，真正做到建一个水利工程成一个水利景观，新增一道水利风景线。三是要加强河道岸线规划。河流两侧水陆边界一定范围内的带状区域是滩涂岸线资源，既具有行洪、调节水流和维护河流健康的自然与生态环境功能属性，同时又在一定情况下具有开发利用价值的土地资源属性。保障河道行洪安全和维护河流健康，科学合理地利用和保护岸线资源，要按照统一规划、综合整治、积极保护、合理利用的原则和充分发挥河道防洪抗旱、航运、旅游、生态和景观功能的根本要求开展河道岸线规划，坚持对岸线资源保护与利用并重、治理与开发相结合，与沿河地区社会经济发展、城市发展、国土开发、港口与航道、生态环境保护相结合，与河流岸线多功能科学管理，合理利用，有效保护相结合，按照轻重缓急，合理确定近远期的规划目标和任务。要以岸线资源保护价值较大、利用程度较高、岸线资源紧缺、防洪影响和河势控制问题突出、经济发展水平较高的城市段等为重点，抓紧制定规划、明确时间要求、落实管理措施、加强监督检查。四是要完善水生态保护格局，实现水资源可持续利用。坚持节约优先、保护优先和自然恢复为主的方针，以落实最严格水资源管理制度为核心，搞好水资源优化配置，在确保水库防洪安全前提下，综合考虑水库大坝及下游影响区域，实行动态控制汛限水位，对下游影响较小区域先行尽量少放水或不放水试点工作，节约保护利用好水资源。将水电站纳入水资源配置管理，确保电站的最小下泄生态流量。完善水功能，保护水生态，大力规划建设水利风景区，实施水生态综合治理，建设良性水生态、优美水环境。五是要坚持生态治河方法，建设亲水平台。坚持从实际出发，因地制宜，尽量采用生态治河方法，河道宜宽则宽，宜弯则弯，增设过鱼通道，采用可用鱼贝类产卵或休息的护岸，修建天然弯道、浅滩，恢复湖边草场、周边湿地，人工培养出更多适宜水文地理和自然环境的动、植物，以恢复河流生物的多样性；梳理沟通河网水系，提高河道的水体流动性和自净能力，维护水系生态平衡理性治理；注重地方特色和文化传承，营造亲水环境，努力打造"水清、河畅、岸绿、景美"的良好人居环境。

（四）深化水利产权改革，大力发展水利产业

水利建设与人类社会的生存、发展息息相关，在水利建设基础上发展起来的水利产业是一个永恒的产业。制定促进水利产业发展的政策措施、明确水利产权、推进水权管理、建立科学合理的水价体系是振兴拓展水利产业、维系水利可持续发展的重要环节。为此建议：一是开展资产评估，搞好确权办证。划清水利项目的类属，区分纯公益性、准公益性和经营性项目，明确水利工程权属范围，搞好资产评估、产权界定，办理产权证书，为水利资产抵押贷款融资，发展水利产业创造条件。要根据水利工程的管理任务、水利工程的功能及单位的收益状况，确定水利工程的类别和性质，实现经营性资产和公益性资产分离，并赋予水利经营实体的法人财产权，使之真正承

担保值增值的责任，并形成明晰的水利产权制度。二是推进水价改革，明确原水价格。科学的水价体系是水利经济良性循环的重要保证，也是合理利用水资源的调解器。把水利工程原水列入商品范畴进行定价和管理，制定明确的收费标准，使原水供水价格达到合理水平，培育发展水产业，促进供水市场良性发展。充分发挥水价的调节作用，严格按照标准，足额征收水资源费；农业用水价格通过改革或直补达到成本价；水利工程供水价格按成本加微利定价；城镇供水实行超额累进加价制度；污水超标排放依法严肃处理，有效遏制水浪费和水污染，节约保护水资源。三是明晰初始水权，开展水权交易。水权是水资源的所有权和使用权，水的使用权包括水的分配、水的使用和收益，用水产权明晰，有水利于杜绝对公有水权侵占，水权制度的建立和用水产权明晰，也是水价真正走向市场化管理的基础。水权交易是水权转换，提高水资源的利用效率和配置效率以及防止水污染的一条有效途径。当前要制定出台《水权交易实施办法》，选择 2～3 个跨区域供水调水工程和跨流域上下游水资源开发利用工程，开展水资源开发利用权出让、转让和租赁交易试点，积累一些成功经验，以点带面，逐步推广。四是制定政策措施，发展壮大水利企业。进一步整合水利企事业单位经营性资产，充分利用现有金融领域政策性信贷措施，发挥水投集团的龙头作用，带动水利企业改造升级；支持水利水电勘察设计院体制机制创新，制定出台相关规定帮助协调解决项目前期工作经费，提升勘测设计产品质量，增加项目储备，规范水利行业设计市场，加强市场监管，着力推进设计施工总承包；推进水利企业整合提升，充分挖掘厅属企业经营范围、项目特点、人才优势等，实施企业转型升级，推广先进管理模式，吸收借鉴民营企业的管理经验，降低管理成本，做强做大企业；支持省水利水电工程局有限公司拓展业务，支持推进水利工程设计采购施工总承包（EPC）模式，建立和规范水利施工、监理企业信用管理；积极改善厅属企业发展环境，建立企业协调机制，帮助水利企业拓展业务，提高企业竞争力和经济效益。

（五）加强水法制建设，提高水利综合执法水平

依法行政是依法治国的具体体现，是落实依法执政要求的重要环节。水资源是我省十分宝贵的生态资源，水行政管理是政府工作的重要内容，坚持依法治水，推进依法行政，提高执法水平是摆在我们面前的重要任务。为此建议：一是加快地方水法规的立法步伐，为水利改革发展提供法律依据。根据我省水利改革发展的总体需求，认真做好水法规建设总体规划，分层次、分阶段、有步骤地建立和完善水利地方法规体系。当前要加快我省的水利配套立法步伐，积极与省政府法制办、省人大沟通协调，抓紧我省《水土保持条例》和《水资源条例》的修订出台。同时抓好《福建省河道管理条例》、《福建省水文条例》、《福建省节水管理办法》、《福建省抗旱条例》、《闽江流域管理条例》、《水利风景区管理办法》等水利立法重点项目调研工作和专家论证，组建水利水法工作班子，积极推动，进一步建立健全水资源管理、防汛抗旱防台风、河道管理、流域管理和水利风景区管理等方面的地方法规和规章。二是健全水政执法体系，为水利改革发展提供有力法治保障。进一步整合执法力量，协调机构编制部门，将省水政监察总队改为水利执法总队，提升执法机构规格，赋予防洪、水保和水政综合执法职能，树立执法权威，集中全厅涉水执法力量，强化综合执法，提高执法水平。同时采取水行政执法资格考核认证制度、加强在岗水行政执法人员业务培训以及改善水行政执法人员的装备水平等措施，打造一支业务精、作风硬、纪律严的水行政执法队伍，为搞好水行政执法提供组织保证。三是加大水法制宣传力度，创造良好的水行政执法环境。积极做好宣传和协调工作，特别是做好地方政府的沟通协调，得到他们的重视支持，

为水行政执法创造良好执法环境，形成执法合力。积极争取各级人大的支持，发挥监督职能，大力支持各级政府和水行政主管部门，加强以水资源管理、河道管理、水土保持监督和农村水电开发管理等为重点的行政执法，支持其开展专项执法活动，始终保持对水事违法行为的高压严打态势，确保水法规的各项规定措施落到实处。

（六）创新工作机制，切实解决水利工程管护问题

加强水利管理，实现建管结合，推进水利管理的规范化、制度化、科学化、专业化、法制化，建立一支高素质的水利人才队伍，是水利现代化建设的基本要求。根据我省水利管理现状，当前亟待做好几项工作：一是探索流域公司化运作机制。按照"统一规划、统一治理、统一建设、统一调度、统一管理"的原则，以流域为单元、以资产为纽带组建流域公司，通过全流域筹资、全流域治理、市场化运作，实现优势互补、盘活资产、滚动开发、加快建设。二是依法加强河道管理。抓紧出台《福建省河道管理条例》，依法行政，严格执法，防止河道水系的过度开发和低效利用。通过严格审批、有效监管、严格执法，规范各种涉河行为，以最少的资源消耗、最小的环境破坏，实现最好的经济社会效益。严格执行涉河建设项目水行政前置审查制度，对重大涉河建设项目洪水影响评价报告书、水资源论证报告书、水土保持方案报告书进行专题技术论证；严格执行建设项目占用水域"占补平衡"制度，对确因公共利益需要占用河道水域的，在科学论证的基础上，实施等效等量补偿，确保河道开发利用有序，保障河道水域面积不减少。实施垃圾入场集中处理，整治或搬迁沿河造成河流、水体污染的工业企业和畜牧业、养殖业，彻底清查排污口，严格各种排污口的设置和管理，搞好河道保洁，确保河畅水清。同时进一步确立水利行政主管部门主管城市内河的法律地位，统一组织协调城市内河管理工作。突出闽江、九龙江下游等重点河段，进

一步加大河道采砂巡查力度，强化部门协作，始终保持高压态势，严厉打击非法采砂行为，持续维护规范有序的河道采砂秩序，确保防洪安全和河势稳定。三是分类分级解决管护经费问题。进一步落实公益性、准公益性水管单位基本支出和维修养护经费。制定出台相关政策，根据各地水利工程管理的不同实际，从水利建设基金、土地出让收益10%中切出一块资金用于水利工程管理维护。按照公益性、准公益性水管单位的实际人员工资标准核定人员经费、按照定额标准核定公用经费，纳入各级政府财政预算，确保基本支出足额到位；参照水利部、财政部制定的水利工程维修养护经费定额标准，足额落实维修养护经费。四是推进农村水利协会化和山塘管理业主化。按照"自愿、自主、自治"的原则，推进农民用水户协会建设，落实小型水利工程管理主体，调动农户参与管理的积极性。推进山塘水库管理业主化。按照"一库（塘）一业主"的原则，通过签订责任状，确定业主，明确权利义务，落实管护与安全责任。五是加强基层水利工程管理人才队伍建设。要大力引进、培养和选拔各类管理人才、专业技术人才和高技能人才，与省内高校合作，增设水利专业院系，扩大招生数量，增加人才储备。不断完善用人机制，制定引进人才激励措施和基层水利工作站建设资金补助政策，强化基层水利服务体系建设，加大基层水利职工在职培训和继续教育力度，加强水利系统人才队伍能力建设，全面提升水利系统干部职工队伍素质，为加快水利发展提供智力支持和人才保证。

（作者单位：福建省水利厅×××）

打造福建省绿色水电站的思考和建议

阮伏水　　王象链

【摘　要】本文从福建水电站建设现状实际出发，认真剖析当前小水电管理中的主要问题，提出了建设生态型、惠民型绿色水电站和健康河道的对策措施。

【关键词】生态建设　绿色水电站　对策措施

一、福建水电站建设管理现状分析

福建农村水电站点多面广量大，其发展是长期以来山区群众利用当地水能资源、结合治水办电、自力更生改变地方落后面貌而探索出来的，曾经被誉为山区的"夜明珠"。福建水能资源技术可开发量1356万kW，农村水能资源技术可开发量849万kW，座数6924座。目前全省已投产农村水电站6000多座，总装机容量704万kW，约每年可提供200亿kW·h以上的清洁可再生电量，相当于每年节约700万t标煤，减少1750万t二氧化碳等有害气体排放，为我省节能减排作出重大贡献。但长期运行这些电站普遍存在设施设备老化、运行效率低、效益差等问题。随着近年来入河污染物逐年增多，河道污染及富营养化日趋严重，给我省生态建设带来负面影响。因此，如何贯彻苏省长"既要做好水资源和水生态保护，又要考虑水能合理利用，还要考虑维护群众利益"重要批示精神，让电站重新焕发活力，为生态省建设服务，意义重大。

（一）水电站改造是促进节能减排的需要

福建省"十二五"节能减排规划重要约束性指标"全省清洁能源占一次能源消费总量比重提高到 47.8％，非化石能源占一次能源消费总量比重达到 20％"。实施水电站改造，可巩固和新增发电能力，有效提高全省清洁能源比重，对完成节能减排目标任务作用明显。

（二）水电站改造是促进农村经济发展的需要

农村经济在福建省经济中占有举足轻重的作用，建设统筹城乡综合配套改革试验区，加快城市化进程，实现全面小康，必须加快农村经济社会的发展。实施水电站改造，可进一步促进当地资源优势转化为经济优势，增加农民群众收入，壮大农村集体经济，改善农村基础设施，发展农村公益事业，促进社会主义新农村建设。

（三）水电站改造是保障公共安全的需要

福建省农村水电站大部分建成于 20 世纪的 70～80 年代，绝大部分电站设施陈旧、设备老化、故障多。通过实施农村水电增效扩容改造，可以有效消除安全隐患，保障人民生命财产安全。

（四）水电站改造是改善水生态的需要

早期部分河段水电高密度开发逐渐显现其弊端。通过实施农村水电增效扩容改造，可以优化电站调度灵活性、匹配上下游河道流量、增大河道生态基流，达到改善水生态环境的目的。

二、打造绿色水电站对策措施

（一）思路

改变开发理念，从原来片面强调水资源充分利用到注重全面统筹资源、环境、社会协调发展，以打造绿色水电站为载体，实现社会得生态、河流得健康、百姓得实惠、电站得效应，四位一体、一举多得的发展方式。

（二）规划

"十二五"期间，开展我省老旧农村水电站改造任务，完成千座绿色水电站改造工作，实现节能减排效益、改善河道生态环境、消除安全隐患、增加发电能力、实现强农惠农。

（三）措施

一是加快水电站技术改造。要实现"四个转变"，即：从过去强调水能的充分利用，转变为有限、有序、有偿开发水能资源；从过去强调发电功能，转变为更加重视发挥水电站工程的生态功能和环境效应；从过去注重经济效益，转变为更加重视地方发展和农民利益；从过去重视新建项目开发，转变为更加注重对原有电站的增效扩容改造和持续利用。目前，财政部、水利部启动了农村水电增效扩容改造工作，安排专项资金补助。福建省要抓住机遇，抓紧出台配套政策和保障措施，争取列入全国计划。

二是积极恢复河道功能。首先对于河床式水电站，落实生态流量，加强运行调度，调整运行方式，有条件的可增设生态小机组全天候运行，通过每天都有发电水下泄，下泄的总水量不少于日生态需水总量，保证下游不脱水。其次对于引水式水电站，通过技术改造，增设泄水通道，控制保持一定的生态流量下泄。第三结合中小流域整治，在厂坝间建设生态堤坝，保证厂坝间不发生非季节性断流，同时可以建设亲水性堤岸，改善河道景观。四是建立退出机制，按照流域规划要求，在限制开发区，逐步淘汰拆除不符合生态要求的水电站。

三是切实保障生态用水。确立生态效益优于发电效益原则，对一些河流在已经出现过度开发、造成河道非季节性脱断流的项目，要适时调整水电站运行方案，采取有效措施保证生态水能和生态水量，保证下游河段不断流。首先，加强水库的水资源优化调度。通过蓄丰补枯，有效地提高下游的枯水期流量。其次，加强梯级电站运行的统一调度。除执行最小下泄流量外，在枯水期应做到电站上游的来水量当天下泄至下游，减少对下游日流量的影响。最后，维护河流生态流量。按不同流域不同河流特征，对生态流量进行适时核定和动态管理，确定电站的最小下泄流量及调控原则，放水设施的设置应有调节余度。

四是大力促进以电代燃。科学开发利用小水电，不仅可以减少石化资源消耗和有害气体排放，而且通过实施小水电代燃料生态工程建设，可以改变山区农民"烟熏火燎"的生活习性，不再上山砍柴，达到"封山育林、保持水土、保护生态"的目的。同时，结合农村改厨改厕，推动"家园清洁"活动，可以改变山区农民家居环境。如柘荣县坑里村，通过代燃电站，电价由 0.53 元/（kW·h）下降至 0.27 元/（kW·h），每年村减少薪柴消耗 $1000m^3$，代燃户开始接受并主动使用清洁、卫生、价格低廉的"绿色能源"，每年户均减少燃料支出约 300 元。

五是创设电站"生态电价"。目前农村水电站电价都是以投入建设成本来确定的，没有考虑水电站在生态保护、增效减排、惠农强农等方面的贡献。要解决开发所引发的生态环境和社会问题，保证水电站下泄生态流量、建设河道生态、受益当地农民，目前我省 0.268 元/（kW·h）的小水电平均上网电价是承担不起的。必须加大扶持力度，合理确定"生态电价"，制定科学合理的投入补偿机制，合理分摊保护和保证水生态环境的各项费用。

（作者单位：福建省水利厅农电处）

加强福建水法制建设的
几点思考

兰伟龙

【摘　要】本文从福建水法制建设现状实际出发，认真剖析
当前水利法制建设中存在的主要问题，提出了加
快福建水法制建设的对策和建议。
【关键词】水利法制　执法建设　对策建议

水是生命之源、生产之要、生态之基。水利是现代农业
建设不可或缺的首要条件，是经济社会发展不可替代的基础
支撑，是生态环境改善不可分割的保障系统，具有很强的公
益性、基础性、战略性。我省地处东南沿海，年平均水资源
总量为 1196 亿 m³，人均水资源量约 3400m³，虽然高于全国
平均水平，但时空分布不均，且工程性缺水与局部地区水质
性、资源性缺水并存。如闽东南沿海的地区人口和 GDP 均
占全省的 2/3 以上，而水资源总量仅占全省的 30％，水资源
十分紧张，水资源分布与我省经济社会发展布局不相匹配。
同时我省洪涝灾害频发、生态环境恶化等水问题已成为我省
经济社会可持续发展的重要制约因素。因此，加强水法制建
设，依法加强对水资源的管理，合理开发、利用和保护水资
源，实现水资源的可持续利用，已成为我省经济社会发展的
战略问题。

《中华人民共和国水法》颁布实施以来，我省强化配套立
法，水法规体系取得重要进展。先后制定了《福建省防洪条
例》、《福建省水政监察条例》、《福建省沿海滩涂围垦办法》、

《福建省取水管理办法》等法规规章，以及《福建省河道采砂管理办法》、《福建省水资源费征收使用管理规定》、《福建省水库大坝安全管理规定》、《福建省水库大坝安全管理规定》、《福建省取水许可管理权限规定》、《加强水能资源开发利用管理规定（试行）》、《福建省流域综合规划同意书和防洪规划同意书审批管理办法》、《福建省建设项目水资源论证管理补充规定》等十多项政府规章。各设区市也相继出台了一些法规规章，厦门市率先出台了《厦门经济特区水资源条例》，福州市出台《河道采砂管理办法》。初步建立了与水法相配套的水法规体系和水行政执法体系；理顺了水资源管理体制，强化了水资源统一管理；以实施取水许可制度和水资源有偿使用制度为重点，建立和完善各项水资源管理制度，使我省水资源管理逐步纳入法制轨道，为我省合理开发、利用和保护水资源，实现水资源的可持续利用提供了有力的法律保障，全省水的利用率大幅度提高，水利建设和防洪减灾工作取得重大成就。但是，总的看，我省在贯彻实施新水法中，配套立法相对滞后，执法监督工作还不够到位，全社会水法意识比较淡薄。突出表现为：

一是立法进度滞后。推进依法治水首先要解决有法可依的问题，从我省现行的水利地方性法规和政府规章看，主要有地方性法规 6 件，政府规章 10 项。其中在 6 件地方性法规中有 2 件（福建省水法实施办法、福建省水土保持法实施办法）因其母法更新需要重新修订，《水文条例》、《河道管理条例》、《节水管理办法》《水利风景区管理办法》等重要水利规章尚未制定，真正有效施行的只有《福建省防洪条例》、《福建省水政监察条例》、《福建省沿海滩涂围垦办法》、《福建省取水管理办法》。水利地方性法规和规章与周边省份相比总体滞后。从我省农业和农村工作立法情况看，水利立法也相对薄弱。随着经济社会的持续快速发展，我省水资源管理中存在一些亟待解决的问题，资源性、工程性缺水问题日益突出，跨流域调水是解决我省部分地区缺水的一条有效途径，但它是一项涉及经济、社会、环境等诸多问题的系统工程，关系上下游、左右岸和有关地区之间利益，目前缺乏统一有效的协调机制，久拖不决的现象时有出现；水能资源开发无序，不仅造成水能资源开发利用不合理，而且引发不少水事纠纷，成为安全隐患。

二是水利执法弱势。水行政管理工作点多面广，涉及行业多，任务繁重。大部分地方水行政执法力量不足，设备落后，难以满足工作需要；有些地方执法队伍经费不足，影响工作开展。水行政执法地位不高，权威尚未树立，依法治水难度较大，致使不少侵占河道、非法采砂、污染河水及饮用水水源等违法行为无法得到及时严肃的查处，助长了水事违法现象的滋生和蔓延。开发建设项目导致水土流失现象时有发生，局部地区水质性缺水和地下水过度超采问题还较为严重。

三是水法制意识淡薄。一些地方为了本地区利益，无视水法律法规有关规定，做出一些侵占河道、阻碍行洪、污染河水违法行为。部分水利工作者依法行政水平不高，对法律法规授予的水行政管理职能尚未能充分发挥。全社会水资源节约、保护的意识还比较薄弱，水的浪费现象普遍，用水效率低下，目前我省在生产生活领域存在着严重的结构性、生产性、消费性浪费。农业用水利用系数仅有 0.42，工业用水重复利用率仅有 49％，均低于全国平均水平，部分城市供水管网漏损率达 10％～20％，城市生活用水跑、冒、滴、漏较为严重。同时，我省水资源又十分紧缺，据预测遇 2010 年偏枯水年份，全省缺水可能达 12.2 亿 m^3，其中，东南沿海地区缺水将达 8.2 亿 m^3。

依法行政是依法治国的具体体现，是落实依法执政要求的重要环节。水资源是我省十分重要的公共资源，水行政管理是福建省政府工作的重要内容，坚持依法治水，推进水利依法行政是摆在我们面前的重要任务。要依法行政，立法是前提和基础。随着经济的快速发展，水利对国民经济的作用表现得越来越突出。无论是从依法治国的需要看，还是从依法治水的状况看，都要求我们坚决、全面地推进依法行政，加强水利法制建设。

一、加快地方水法规的立法步伐，为水利改革发展提供法律依据

加强水利法制建设，健全水行政执法体系是依法治水的中心环节，是可持续发展水利的保障。当前推进水法的贯彻实施，要进一步加快我省的配套立法步伐，特别是当前要紧紧把握习近平总书记关于水土保持的重要批示精神和纪念《中华人民共和国水法》修订十周年契机，抓紧我省《水土保持条例》和《水资源条例》的修订工作，争取尽早出台。同时，要根据我省水利改革发展的总体需求，制定水利立法工作计划，分层次、有步骤地建立和完善水利地方法规体系。要围绕《中华人民共和国水法》这一母法，制定相关配套的地方性法规和规章。要根据省人大下一个五年立法规划，把《福建省河道管理条例》、《福建省水文条例》、《福建省节水管理办法》、《福建省防汛抗旱（防台风）条例》、《闽江流域管理条例》、《水利风景区管理办法》等作为水利立法重点项目，抓紧申报，积极推动。要组建水利水法工作班子，加大水法调研和专家理论论证，进一步建立健全水资源管理、防汛抗旱防台风、水土保持、河道管理、流域管理和水利风景区管理等方面的地方法规，为推进我省水利改革发展，实现省委、省政府提出的未来十年水利发展目标提供有力的法治保障。

二、健全水政执法体系，为水利改革发展提供有力法治保障

依法治水、依法管水，实现福建水资源合理开发和可持续利用，进而达到兴利除害的目的，是各级水利部门的中心工作。

一是要打造一支高素质的水行政执法队伍。"徒法不足以自行"。水行政执法是实施依法治水的中心环节，要搞好该项工作，就必须打造一支高素质的水行政执法队伍。可以采取水行政执法资格考核认证制度、加强在岗水行政执法人员业务培训以及改善水行政执法人员的装备水平等措施，打造一支政治性强、业务精、作风硬、高效率的水行政执法队伍，为搞好水行政执法提供组织上的保证。我厅要根据水行政执法队伍建设的需要，设置水政水资源专业，积极为水行政执法队伍培养后备力量。

二是要争取党政部门的大力支持，创造良好的水行政执法环境。执法环境的好坏直接影响到水行政执法工作的开展和成效。在我省的一些地方，仍然存在着水行政执法环境较差，水行政执法难，有法不依、违法难究等问题。少数党政部门和领导没有摆正水资源、水利事业的位置，不能正确处理保护水资源与发展经济的关系，忽视水资源的保护，不合理干预水行政执法。要创造良好的执法环境，关键在于各级领导干部要转变观念，充分认识依法治水的重要性，大力支持水行政执法工作。要积极争取各级人大的支持，发挥监督职能，大力支持各级政府和水行政主管部门，加强以水资源管理、河道管理、水土保持监督和农村水电开发管理等为重点的行政执法，支持其开展专项执法活动，始终保持对水事违法行为的高压严打态势，确保水法规的各项规定措施落到实处。要大力加强对水行政执法的有效监督，大力推进依法行政，执法公开，严格落实

水行政执法责任，切实规范、制约和监督行政权力的行使，为水利改革发展创造更加良好的环境和条件。

三是要推进依法行政水平，全面落实水利改革发展各项任务。水政工作是水利行业依法行政的重要内容，担负着水事立法、执法、政策研究、行政复议、行政诉讼、纠纷调处、水法宣传等诸多工作，其内核规律、相关环境、发展走势成为依法行政规范与创新工作的重点。水资源是十分重要的公共资源，水行政管理是政府工作的重要内容，推进水利依法行政，坚持做到把依法行政贯穿到水利部门的各项职能和工作任务中去，才能为可持续发展水利提供法制保障。法律的生命力在于执行，依法治水不仅是指政策法规的刚性条款，更在于法规制度的落实，让刚性条款真正成为政府的行为规范和公民的行为规范，是依法治水、依法行政的真正魅力所在。

三、深入开展《中华人民共和国水法》宣传和普法教育，为依法治水创造良好的社会氛围

深入开展《中华人民共和国水法》宣传和普法教育，是推进依法治水的基础性工作。广大群众自觉守法，是搞好水行政执法的基础。因为无论是水土保持、水污染防治，还是水资源的合理开发、利用和管理以及水利建设事业，都离不开广大群众的参与、配合和支持。各级政府和水行政主管部门要结合本地区、本部门的实际，围绕推进法治政府建设和加快水利改革发展的目标任务，坚持不懈抓好以《中华人民共和国水法》等水利法规为主要内容的宣传教育。结合"六五"普法教育和"世界水日"、"中国水周"、"12·4"全国法制宣传日，大力开展水法宣传活动，充分利用报刊、电视、广播、网络、手机等大众传播媒介，在全社会持续掀起水法宣传热潮。要大力加强水利法治文化建设，广泛组织开展人民群众喜闻乐见的水利法治文化活动，切实增强全社会的水法制意识和水法治观念，形

成全社会深入学习水法规、严格遵守水法规的良好风尚。各级水利部门的广大干部职工，要带头宣传和贯彻《中华人民共和国水法》等水利法规，要通过自身的学法、知法、懂法、遵法、用法，不断提高依法行政水平，更好地服务社会、服务群众。

（作者单位：福建省水利厅政策法规处）

福建省河道采砂管理的成效、存在问题及对策措施

翁兴德　张贤铱

【摘　要】本文从福建河砂资源分布情况和河道采砂管理现状实际出发，认真剖析当前河道采砂管理中存在的主要问题，提出了加强依法河道采砂管理的对策措施。

【关键词】河道采砂　依法管理　对策措施

一、河砂资源分布情况

我省水系发达，有大小河流 663 条，总长 13569km，河网密度达 112m/km²。流域面积在 50km² 以上的河流有 597 条，流域面积在 500km² 以上的河流有 67 条，流域面积在 5000km² 以上的有闽江、九龙江、晋江、赛江、汀江 5 条，其中闽江为省内第一大江，约占全省陆域总面积的一半。我省河流多属山地型，独流入海，流短坡陡，盆地和峡谷相间呈串珠状。上游和峡谷段坡陡流急，含砂量少，下游和盆地段河床宽阔，河道弯曲，砂石资源相对丰富。

二、河道采砂管理成效

自 2006 年 2 月 1 日《福建省河道采砂管理办法》（以下简称《办法》）颁布实施以来，全省各级水行政主管部门在同级政府的领导重视和相关部门的支持配合下，以贯彻实施《办法》为契机，结合工作实际，采取措施，强化监管，使全省河

道采砂由杂乱无序逐步走上了规范有序的轨道，非法采砂得到有效的遏制。

（一）立法立规不断配套，执法依据比较充分

《办法》确定河道采砂实行统一规划、统一招标、统一办理、统一发证、统一收费的"五统一"和协作监管制度，为理顺我省河道采砂管理体制、机制打下了坚实法制基础。

《办法》实施以来，省政府先后制定出台了《福建省河道采砂协作监管职责分工》、《福建省河道采砂许可分级管理规定》等规章性文件，明确了水利、交通、海事、国土资源、公安等有关部门的河道采砂协作监管职责分工，以及各级水行政主管部门河道采砂许可权限。省人大常委会法制委出具了《福建省非法采砂机具拆除没收标准》，为闽江、九龙江下游等地迅速、高效打击非法采砂提供了有力的法律武器。根据《办法》的规定和公共资源市场化配置要求，省厅相继制定了《福建省河道砂石开采权招投标办法（试行）》等规范性文件，为各地加强河道采砂管理提供了较为充分的执法依据。

与此同时，各地也结合执法实际，相继出台各种规范性文件，加大河道采砂管理力度。福州市人大出台了《福州市河道采砂管理办法》、漳州市政府制定了《漳州市贯彻〈福建省河道采砂管理办法〉的实施意见》，福安、龙海等县（市、区）政府出台了《贯彻〈福建省河道采砂管理办法〉的实施方案》，明确河砂资源的开采实行"水利为主，交通、海事、国土资源、公安等多家配合"的河道采砂管理体制。

（二）管理体制不断理顺，部门合力有所提升

目前全省采砂管理体制主要分为两种形式：第一种是由水利部门统一管理的形式，主要以山区县（市）为主；第二种是在同级政府牵头下，组建以水利部门为主，交通、海事、国土等相关部门参与的河道砂石管理办公室进行统一管理，主要在沿海地区，如闽江、九龙江等。

同时，根据《办法》第四条和第二十五条规定，以及省政府批转的《福建省河道采砂协作监管职责分工》的要求，各地进一步结合实际，通过当地政府依法明确相关部门的职责权限和部门分工，建立部门的协作机制，强化采砂监管的合力。如2009年9月，福州市进一步加大了对闽江下游河道采砂整治工作力度，在市委、市政府的领导下，成立了专项整治领导小组，从水利、交通、公安、国土、海事、监察等部门抽调了60人组建了市联合执法队进驻马尾，实行24h值班巡逻，开展了为期一年多的专项整治，有效遏制闽江下游非法采砂势头，目前，闽江下游（福州段）河道采砂执法由福州市水政监察支队与市武警边防支队开展长期的联合执法行动，取了显著成效。

漳州、三明、南平所辖县市成立了以政府分管领导为组长，水利、国土、交通、公安等相关部门为成员的河道采砂管理工作领导小组。如南靖县成立了以县长任组长、政法委书纪、分管副县长任副组长，各相关部门为成员的领导小组，先期投入150万元，抽调人员集中办公，至2011年9月在全市率先实施河道采砂"采售分离"政府统一管理制度以来，总体运作良好，起着很好的示范先导作用。

（三）规划工作不断夯实，采砂许可日趋规范

至2006年，全省有河道采砂规划编制任务的47个市（县、区）全部编制完成，成为全国率先开展并完成市、县级河道采砂规划的省份。近年来，为保证河道安全，针对河势河床的变化，各地根据《办法》的有关规定，对河道采砂规划适时进行修编，促进河砂科学开采、规范管理。省厅先后批复了交溪（福安段）、晋江干流、闽江下游、九龙江下游河道采砂修编规划，河道采砂规划定期修编工作已步入规范化、制度化轨道。同时，为保证规划的落实，全省实行了河道采砂年度实施方案核准制度，由设区市根据经批准的河道采砂规划，核定

所辖县（市、区）河道采砂年度实施方案，并将实施方案作为年度河道采砂许可的审批依据。

规范许可审批监管工作。一是以河道采砂规划为依据，全面实施河道采砂年度总量控制制度，使河道采砂从超量无序开采扭转到总量控制、科学开采轨道上来；二是根据《办法》要求，按照"一船一证"、"一年一批"原则，规范许可发证，明确采砂办证程序：采砂业主向水利部门提出采砂申请后，必须依法到交通、国土资源、安监等部门签署意见并办理相关手续，再由水利部门负责申请材料总把关，对依法符合条件的，办理河道采砂许可证。从 2010 年开始，河道采砂许可证由省厅统一印制、统一编号，由设区（市）每年度按需统一申领，由县（市、区）按"谁审批、谁发证"的原则进行发放；三是全面建立河道采砂巡查制度。采取定期与不定期，日常与集中执法巡查相结合的方式，落实巡查任务，及时预防和制止违法行为，对不按"五定"（定作业范围、定作业方式、定作业时间、定尾碴清理、定安全责任）和"双控制"（采砂总量控制、船只数量控制）要求采砂的，一经发现，依法严处；四是为保证河砂开采经营权"公开、公平、公正"，依据《办法》和《福建省河道砂石开采权招投标办法》规定，对于可采河段，有两个以上申请人提出河道采砂申请的，依法通过招投标方式作出许可决定。

（四）管理模式不断创新，监督管理得到加强

为进一步加强河道采砂监管，各地因地制宜，采取许多行之有效措施，探索不少成功管理模式。一是闽江下游闽侯、闽清县的统一经营管理模式：由县政府专门许可成立一家国有采砂公司负责统一开采河砂；整合相关部门力量成立采砂办，对采砂区域、采砂量、违法采砂和偷运砂等行为统一进行监管和打击；采砂收入全部上缴财政，财政统一解决管理及装备、执法所需经费。福州市为有效控制总量，维护采砂秩序，针对实际工作出现的新问题，不断探索有效的管理措施：①设立固定检查点。即在运砂船必经的河段设立固定检查点，派人24h值班，负责开具、核查运砂的"准运单"和"定额凭证单"。即运砂船先到检查点开出准运单，而后到采砂船装砂，内含装砂量，以解决漏计问题，同时准运单还可作为执法检查时衡量运砂船业主是否违法的凭证；②按实计量。对不同型号的运砂船进行测量，并监督其按规定高度装砂后铲平，以解决"少开多装"问题；③控制开采总量，严格实行经批准的年度采砂实施方案，科学、规范、有计划地进行开采；④定向供砂。即企业用砂要先向采砂办申请，并签订供砂协议，保证企业用砂要求，省、市重点工程由市重点办统一负责调供；⑤整顿沿河砂场。按"统一规划，统一招标、统一发证、统一收费"的原则，砂石办与当地乡（镇）政府合作对砂场进行清理，关闭了布局不合理或侵占河道的砂场。砂场由属地政府负责组织对其经营权进行公开的招标，并负责监管。二是九龙江下游漳州市的招投标许可模式：漳州市各县（区）采取公开竞标方式作出采砂行政许可，提高了河砂资源出让收入，增加了政府财政收入，弥补了水利经费不足，也有利于防止腐败现象。此外，漳州市各地探索了几项有效的日常监管制度：①实行采砂保证金制度，以保证行政处罚和行政征收的强制力；②建立采砂业主定期汇报（采砂情况）制度，督促采砂业主守法诚实经营；③南靖、华安、诏安等县全面实行《砂石准运单》制度，南靖和龙海两地对符合开采（运）条件的采（运）砂船都安装GPS定位监控，对堆砂场安装实时视频在线监控系统，实行24h远程监控，加大了砂石流通前的全过程监管。三是安溪县的小流域管理模式：安溪县针对小流域河砂资源点多量少特点，要求采砂业主必须提供当地乡（镇）政府意见的申请书，并聘请有资质单位进行河砂资源开采可行性论证。为缓解各地经济社会发展对河砂需求矛盾，促进和规范小流域河砂开采有序进行。

2011年省厅还下发了《关于进一步规范小流域河道采砂许可的通知》，经现场人员勘测可行，并征求有关部门及涉及该利益的第三方意见后，予以许可发证，这不仅有利于水行政主管部门的日常监管，简化许可审批程序，而且有利于发挥乡（镇）政府的积极性。

（五）执法力度不断加大，非法采砂得到遏制

近年来，省厅先后组织开展了"河道采砂专项整治"、"饮用水源保护整治"和"水环境综合整治"等活动，全省各地通过整治工作有效载体，进一步增强执法力度，有力打击无证开采、超范围开采、偷采偷挖等违法行为，促进河道采砂规范有序。

福州市对闽江下游非法采砂始终保持高压严打态势。2010年1~8月，市水政监察支队与福州边防支队建立长期联合执法机制，坚持市县联动，集中力量开展了严厉打击"蚂蚁搬家"式盗采砂、非法运砂及禁止吹砂填方，取缔非法堆砂场，集中销毁"三无"采砂船等统一执法行动，市县区共查扣违法采砂船17艘、运砂船5艘、"三无"水泥船13艘、铲车9辆、运砂车41辆、捣毁采砂机具13台，共处罚款67万元，组织开展了堆砂场专项执法检查，共检查堆砂场81处，发现非法砂场45处，予以取缔。从2009年至今福州市水政监察支队与边防武警共出动执法人员24548人次，船艇1583艘次，车辆3261车次，查获非法采运砂船舶238艘。2011年7月以来，漳州市先后组织较大规模联合执法行动40余次，查处各类违法采砂案件176起，查扣非法采砂船68艘，拆除非法采砂机具123件，取缔非法堆砂场57个，行政处罚280万元，成效明显。

（六）队伍建设不断加强，执法能力有效提高

为进一步加强水政执法队伍能力建设，2008年省厅印发的《福建省水行政执法队伍能力建设实施方案》，同时与财政

厅联合印发了《福建省水行政执法队伍能力建设补助专项资金项目立项指南的通知》，经过上下近两年的共同努力，到2010年6月底前全省88支水政监察队伍全部通过能力建设验收。省级共下达专项补助资金2570万元，统一配备水政监察车84辆。通过能力建设，全省88支队伍全部实行财政全额拨款，其中有38支队伍经批准参照公务员管理。通过能力建设，全省各地不仅统一配备执法车，同时还更新完善了勘测仪器、现场证据信息采集等执法装备，执法人员人身意外伤害保险得到全面落实，执法保障能力得到提高。

（七）河砂调查全面完成，监管措施更加严厉

为全面摸清我省河砂资源状况，推动河砂资源合理开采利用，进一步整顿和规范河道采砂秩序，确保河势稳定、防洪安全、航运安全和水工程安全，维护水生态环境，2009年省政府经研究，决定在全省开展河砂资源及利用等情况调查。从2009年5月开始前后历时5个月，围绕河砂资源的规划、许可、开采、运输、供应、销售、利用、出口出省、工商登记、税费征管等十个环节，以2008年为代表年，省水利厅、福建省调查总队、交通、建设厅等十一部门和单位根据省政府明确的职责分工，分别开展部门、行业调查。在此基础上，河砂办通过实地调查、重点调查、典型调查，对各部门和单位上报的调查材料和数据进行比对、核实，经多次讨论、修改、补充、完善，于2009年9月中旬形成了《全省河砂资源及利用情况调查报告》及其25个附件，并上报省政府。通过这次全面调查，基本摸清了我省河砂资源及利用情况，发现了一些突出问题和主要原因，同时借鉴省内外，特别是长江流域河砂管理的有效做法，提出了加强我省河砂资源管理的意见建议。

根据省领导在《全省河砂资源及利用情况调查报告》上的批示要求，历经一年，经过多次的反复修改、补充和完善，2010年8月26日，省政府办公厅以闽政办〔2010〕238号出

台的《关于进一步贯彻落实〈福建省河道采砂管理办法〉的通知》（以下简称《通知》），《通知》是对 2006 年 2 月 1 日实施《福建省河道采砂管理办法》后出现的新情况、新问题而制定的补充和细化。《通知》主要从宣传、规划、监管、检查、保护、保障等几个方面进一步做出了具体规范、提出了具体要求，具有较强的针对性和可操作性，是进一步贯彻《福建省河道采砂管理办法》的重要配套文件。

三、存在问题

近年来，在全省各级政府的高度重视和水行政主管部门不懈努力以及相关部门的大力支持配合下，我省河道采砂管理工作取得了明显成效，由于河砂资源的特殊性，河道砂石既是矿产资源，更是河床重要组成，河道采砂点多线长，涉及多部门的法律关系，其管理是一项长期而又复杂、重要而又艰辛的工作。目前存在较为突出的问题有：

（一）河砂日渐减少，供需矛盾突出

我省砂石资源主要分布在河流下游和盆地地段，但经过前些年来的大量开采，砂石资源逐年减少。近年来，随着社会经济的快速发展，特别公路、铁路、市政等基础设施建设规模不断扩大，河砂需求量不断增长，供需矛盾突出，受利益驱动，超采、偷采现象仍然存在。如我省闽江下游由于前些年的过量开采和大量出口，加上水口水电站建成后，来砂量明显减少，导致下游河床整体下切。

（二）打击手段有限，监管难度较大

由于河道采砂的暴利性，决定了河道采砂监管与执法艰巨性、复杂性、危险性、反复性、流动性的特点。从福州市打击的非法采砂船上缴获的采砂账簿及收款收据显示：大型采砂船采砂收益一个晚上可达 4 万～5 万元，甚至一天达 11 万元，中型船也有 0.4 万～0.5 万元。由于水行政执法无人身强制措

施，对非法采砂行为一般只能采取暂扣船舶、罚款等手段，致使受采砂暴利驱使非法采砂业主铤而走险，随时伺机进行非法偷采。非法采砂业主往往采取捉迷藏的办法，利用节假日和上半夜 10 点至第二天凌晨 5 点的时段，采取摘掉船舷号等方式进行非法偷采，给取证工作带来相当大的难度，同时更新设备，使用自吸自采自运方式，采取采完就跑的游击战术，大大增加了监管打击难度，执法人员甚至有时执法过程还发生对峙和暴力抗法的局面。

（三）执法能力偏弱，装备建设滞后

一是人员少。县市水政大队一般 4～8 人，除河道采砂监管外，还要承担其他水政执法工作、水资源监督管理和保护，显然力不从心。二是经费少。水行政主管部门河道采砂执法与管理，靠各级征收的河道采砂管理费的返还部分维持，难以满足实际需要，直接影响到执法成效。三是执法装备缺。目前漳州市只有龙文区、龙海市各配置有一艘水上执法船只，福州也只有市本级、闽侯、闽清配有执法船，其他设区市本级以及其他县（市、区）均无水上执法装备，执法能力大打折扣。

（四）法规不够完善，处罚措施偏轻

一是对非法采砂的处罚力度不够。现行法律法规针对非法采砂行为，主要是低额罚款，违法成本与暴利相差太大，违法成本太低。

二是对盗采砂行为的刑法定性欠明确，造成取证及量刑困难。从闽侯县砂管办和公安部门抓到的 3 起盗采砂案件看，由于证据确凿，请求检察部门对涉案人以盗窃案予以批捕。但县、市两级检察院以非法采矿罪定性认为证据不足不予批捕，并建议县公安部门撤案。由于目前刑罚还缺乏专门对盗采砂的法律条文，对盗采河砂行为既可以盗窃罪定性，又可以盗窃矿产资源罪定性，法律还未就盗采河砂的这一特殊问题作出明确规定或解释，使法律对打击盗采砂的暴利行为缺乏威慑力。

四、对策措施

针对河道采砂管理中存在的主要问题，为切实加强河道采砂管理，确保河势稳定、防洪安全、航运安全和水工程安全，维护水生态环境，保证经济社会建设需要，为此，全社会应提高认识、统筹安排，以适应新时期依法管砂的需要。

（一）树立河砂资源紧缺性思想

河砂是河床的重要组成部分，河砂蕴藏量与河砂资源是两个不同的概念。河砂资源是指在不影响河道河床安全的前提下可采的储量。从严格意义上说，采砂量与来砂量应相对平衡，才能确保河势相对稳定。同时，我省的河砂资源逐年减少，特别是下游地区可开采的河砂资源明显减少，已从丰富变为稀缺，实际可开采的河砂量远小于河砂蕴藏量。因此，我们必须树立河砂也是一种紧缺性资源思想，切不可认为河砂是"取之不尽，用之不竭"。

（二）千方百计开源节流

从开展了全省河砂资源调查的成果可知，2008 年，省内河砂实际利用量也有 4244 万 m^3，而当年全省许可控制采量只有 1484 万 m^3，如果严格按许可量开采供应，则远远不能满足省内经济建设需要。为此，统筹考虑建设用砂供需问题，开源节流。一是严禁吹砂造地等浪费河砂资源的行为；二是禁止河砂出口出省，以缓解省内需求压力；三是有条件的地方开展人工机制砂试点工作。从长远来说，使用人工机制砂是必然的选择，政府及相关部门对这些企业在土地、税收、资金等方面给予扶持，激发并调动其积极性并有一定利润回报。

（三）继续加大执法力度

突出闽江、九龙江下游等重点河段，进一步加大河道采砂巡查力度，强化部门协作，始终保持高压态势，严厉打击非法采砂行为，持续维护规范有序的河道采砂秩序，确保防洪安全和河势稳定。

（四）进一步加强能力建设

为适应新时期采砂管理需要，促使采砂管理再上新水平，应进一步加强水政队伍能力建设，重点放在人员、装备和着装等方面。各级水行政主管部门要稳定现有水政人员在岗在位从事水政工作，在不断改善工作环境和生活待遇的同时，积极主动向当地党委、政府反映，力争取得支持并适当增加人员编制；加大投入，添置执法装备，特别闽江、九龙江、赛江等下游的市、县（区）配备执法船；为提高执法形象及威慑力，水政监察人员在执法过程中应该着装统一，配戴证件，以表明身份。

（五）进一步完善修改法律法规

《福建省河道采砂管理办法》属政府规章，受效力限制，罚惩力度相对较小。如《办法》第二十六第（一）项规定："未按照河道采砂许可证规定的要求采砂的，处1万元以上3万元以下的罚款"，显然，违法成本太低，无益于制止违法采砂行为；第十七条第二款规定："因吹填造地从事采砂活动的单位和个人，应当依法申请河道采砂许可证"。就目前来说，吹砂造地的行为已被禁止。因此，应积极配合省政府法制办和省人大，有必要对《福建省河道采砂管理办法》进行修改、补充和完善，并力争以地方性法规的形式早日颁布实施。

（作者单位：福建省水政监察总队）

创新思路　完善机制
着力破解水利改革发展难题

叶勇义

【摘　要】本文在深入分析厦门市加快水利改革发展中存在的实际问题基础上，提出完善工作思路，创新工作机制，破解发展难题的主要措施办法。

【关键词】思路　机制　发展思路

近几年来，我局紧紧抓住中央作出加快水利改革发展重大决策部署、国家支持福建加快海峡西岸经济区建设、批准厦门经济特区扩大到全市、出台《厦门市深化两岸交流合作综合配套改革试验总体方案》的重大历史机遇，主动融入厦门科学发展和跨越发展、岛内外一体化、厦漳泉同城化建设等经济社会发展大局，完善工作思路，创新工作机制，破解发展难题，谱写了厦门水利改革发展新的篇章。

一、创新工作思路，破解传统水利对厦门社会经济跨越发展的制约

在科学发展观的指导下，我市水利工作以深入贯彻落实中央水利决策部署为主线，以创新发展体制机制为动力，以解决水利重点薄弱环节为着力点，积极探索，不断进取。特别是2011年中央1号文件印发和中央水利工作会议召开后，紧密结合厦门水利实际，研究制定贯彻落实的实施意见，高规格召开会议传达部署中央精神，明确提出统筹建设城乡水利基础设施，加快构建城乡一体化的新的水利设施骨干框架，加快实现

农村水利向城市水利、传统水利向现代水利和可持续发展水利转变的总体思路；提出用5～8年建成五大体系的总体目标和具体措施，总体目标实现时间上比中央要求提前两年，内容上增添了"水景观体系"，既体现了中央决策精神，又符合厦门经济社会发展和海滨城市的实际，受到了社会各界的一致好评。依据这一实施意见修订完善并经市委常委会和市政府常务会讨论通过的《厦门市十二五水利发展规划》，以前所未有的力度将123个城乡水利设施建设项目列入规划，计划完成约318亿元。

二、建立部门联席协商制度，破解水利发展合力不够的问题

实现水利科学发展和跨越发展，不能只靠水利部门孤军作战，需要政府各相关部门的大力支持和参与，形成强大合力。为此，我局主动加强了与政府其他部门的沟通协调。为了更好地以规划为龙头，实施项目带动，从2008年起与规划部门建立了工作协作机制，定期不定期召开局长联席会议，共同研究和开展事关全市供水、防洪、排涝以及片区开发建设等涉水建设规划，改变了以往两个部门涉水规划互不衔接，权威性不足，约束力不强的问题。4年多来，我局与规划部门相继完成了水资源配置和输水工程规划、中小型水库功能调整规划、重点开发片区的防洪排涝规划和十大溪流流域综合治理及景观规划等重大水利规划，策划生成了一批中小河流治理、汀溪水库群综合整治、杏集海堤开口改造等一批以防洪安全、供水安全、资源配置、生态保护为重点的水利项目，实现了"在建一批、规划一批、储备一批、滚动发展"，支撑了水利发展战略目标的实现。为了共同推动水资源保护和水环境治理，我局与环保部门联合深入调研，2011年共同出台《厦门市饮用水源保护工作指导意见》，

2012 年共同出台《深化同安汀溪水库水源保护区农村综合整治和实施生态补偿意见》，并在重点饮用水源一级保护区边界共同设置界碑，建设保护性设施，建成坂头水库、汀溪水库水质自动监测站。最近，我们又商议共同建设重要水体水质监测数据发布平台。我局还与城建部门联合建立水利工程招标投标平台，完善了水利工程建设市场监管机制；与发改、财政等部门建立了水利工程项目建设现场协商制度，及时解决项目立项、资金下达和拨付等有关问题。

三、建立"四同步"和洪涝隐患排查治理机制，破解片区开发防洪排涝和城区内涝的问题

城市防洪排涝工作关系到人民群众生命财产安全、经济发展大局和社会安全稳定。厦门是濒海城市，每年都不同程度遭受洪水、海潮和内涝积水威胁，尤其随着工业化、城市化加快推进，工业集中区、文教区、新城区等片区相继开发建设，开发片区原有水系需要调整改造。2007 年以来，为解决好重要片区开发建设中的防洪排涝问题，我局不断探索新片区开发高起点、高标准、高层次、高水平的同步规划、同步设计、同步建设、同步验收防洪排涝设施。实践证明，"四同步"工作机制的建立，有效保障了新片区开发建设与防洪要求相适应。2008 年起，我市建立并较好地坚持了洪涝隐患排查整改制度，每年结合汛前安全检查，全面排查洪涝隐患点，逐一提出整改措施，落实责任单位、责任人和整改时限，并将重点洪涝隐患点列入市级督办，做到发现一处建档一处、整改一处销号一处。截至 2012 年 4 月底，列入市级挂牌督办的重点洪涝隐患点共 57 处，整治完成 50 处，整改率达 88％，较好地解决了台风暴雨袭击中的城区内涝问题。

四、建立水土保持预防监督制度，破解水土保持监督管理不力的问题

针对城市化进程中开发建设项目造成的水土流失严重、水土保持方案编报率低、"三同时"落实不到位等问题，我们通过转变思路、加强基础性工作、强化预防监督，有效遏制了开发建设中的水土流失，推进了生态文明建设，为我市创建国家环境保护模范城市作出了贡献。一是转变水土流失治理工作思路。针对我市淡水资源严重短缺和重要饮用水源水质出现下降趋势的情况，我局及时调整水土保持工作思路，把水土流失治理的重点区域由前些年果园坡耕地治理转移到重要水源地生态环境建设上来，编制完成重要饮用水源地生态保护规划，加快实施汀溪水库、古宅水库等饮用水源周边裸露地综合治理，取得明显成效。二是加强水土保持基础性工作。开展水土保持动态监测，定期组织水土流失遥感调查，发布水土保持公报，组织编制重要水源地生态保护规划和生态保护项目建议书，按照生态治理理念，开展清洁小流域治理工程建设。三是强化预防监督管理。2009年，我局与市环保局、市发改委联合出台《关于落实开发建设项目水土保持工作的意见》，把水土保持方案审批作为生产建设项目审批的前置条件，生产建设项目水土保持方案申报率明显提高，推动了水土保持工作从"事后监管与追究"到"事前监督与自律"的重大转变。

五、建立生态保护补偿机制，破解饮用水源保护与水源地群众经济发展矛盾的问题

汀溪水库是厦门市同安、翔安两区30多万人民主要的饮用水源。近几年来，针对库区上游规模养殖造成的水源污染，市水利局会同环保部门和当地区、镇政府，从制度、机制、投入等方面积极推动重点污染源的治理和生态保护补偿机制的建

立。下大力清退规模化养猪场，推行"一户一栏一沼气池"养殖模式，与1100多家散养户签订退养协议，发放退养补偿资金360万元。今年，联合环保部门出台水源保护区农村综合整治和实施生态补偿的意见，明确了生态补偿的方式、补偿资金的使用管理及考核监督办法，报请市政府批准实施。在饮用水源保护区12个村庄全面禁止生猪养殖，对如期退养的村民按一定的标准发放生态补偿金，所需资金由市、区两级财政承担；同时为饮用水源地上游村民办理养老保险和医疗保险；制定奖励措施，鼓励退耕还林，调动村民种树保护生态的积极性；把水库上游村庄列为生态农业、高优农业示范基地实施产业科技扶持。一系列补偿机制的建立和实行，必将使长期存在的饮用水源保护与水源地群众经济发展的矛盾得到有效解决。

（作者单位：厦门市水利局党组书记、局长）

福州市大樟溪流域水环境
保护立法调研报告

苏均安

【摘　要】本文在深入分析福州市大樟溪流域基本情况及主
要特点，水资源管理和水环境保护存在的主要问
题，提出大樟溪流域水环境保护立法的必要性、
可行性及主要措施建议。

【关键词】大樟溪流域　水环境　立法调研

大樟溪是福州市的战略水源。为切实保护好大樟溪流域水
环境，福州市人大常委会决定将《福州市大樟溪流域水环境保
护条例》列入我市"十二五"立法规划，并将其作为今年的调
研项目。在市人大常委会领导下，市水利局作为牵头单位，抽
调专人组成了调研工作小组。市直有关部门和永泰、闽侯县政
府给予了积极配合指导，推动调研工作顺利进行。

一、大樟溪流域基本情况及主要特点

大樟溪发源于泉州市德化县境内的戴云山脉，经德化、永
泰至闽侯江口注入闽江，是闽江下游最重要的一级支流，流域
范围涉及德化、永泰、尤溪、仙游、莆田、福清、闽侯 4 个设
区市，流域面积 4843km² （其中福州境内面积 2488km²，占流
域面积的 51.37％）；干流河道总长 234km （其中福州境内总
长 127km，占河道总长 54.27％）。流域的主要特点是：

1. 水资源较为丰富。全流域多年平均水资源量 46.30 亿
m³，占全市水资源总量的 20％以上；人均水资源量 5289m³，

是全省人均水资源量 3280m³ 的 1.61 倍，属水资源丰富地区。

2. 上游地区水资源开发利用程度较高。上游泉州片区 2008 年供水量 2.17 亿 m³、外调水量 2.51 亿 m³、总供水量 4.64 亿 m³，水资源开发利用程度已经达到 39.3%，德化龙门滩水库在中、枯水年的来水基本上被全部引走。

3. 干流水质总体良好。干流水质在丰水期和全年期为Ⅱ类，枯水期为Ⅱ～Ⅲ类，国、省控断面和支流水质累计达标率均为 100%，县级饮用水水源地水质达标率为 100%。

4. 水力资源比较丰富。全流域水力资源理论蕴藏量 105.19 万 kW，可开发水电装机容量 78.74 万 kW。目前永泰境内水力资源开发程度较低，干流规划建设的八个梯级电站中，除梧桐电站已建成、界竹口电站正在建设外，其余均尚未开发。

5. 森林茂密、植被总体良好。全流域森林覆盖率达 76.4%，水土保持和水环境保护状况总体良好。

二、水资源管理和水环境保护存在的主要问题

近几年来，大樟溪流域各级党委、政府以科学发展观为统领，以可持续发展为方向，扎实抓好生态保护、污染治理、造林绿化等水环境保护工作并取得良好成效，大樟溪流域继续保持良好生态环境。但是，随着经济社会的快速发展，水资源管理和水环境保护工作面临新的挑战：

1. 水资源供需压力开始显现。流域内已建的引水工程有德化的龙门滩，莆田的九仙溪、金钟以及福清的一都溪等 4个，设计年均引水量达 7.07 亿 m³。拟建的引水工程有：①德化彭村水库。该工程建成后将与下游龙门滩水库联合调度，向泉州市增加调水量年均 1270 万 m³。②闽江北水南调平潭引水工程。该项目已列入福建大水网规划和福建省"十二五"建设规划，并于今年 10 月动工建设。工程建成后，近期（2020

年)、远期（2030 年）从大樟溪年引水量分别为 5.26 亿 m³ 和 9.64 亿 m³。

根据水利部水利水电规划设计总院江河水利水电咨询中心初步分析计算成果，为保证生态安全，大樟溪流域开发利用的水资源量不应超过 13.20 亿 m³。但 2008 年大樟溪流域的用水总量已经达到 8.67 亿 m³（流域内用水 5.32 亿 m³、流域外调水 3.35 亿 m³）。随着经济社会发展，各地对大樟溪水资源需求还将持续增加，大樟溪水资源供需压力将日益增加。

2. 生态保护补偿制度有待进一步健全完善。受多种原因影响，流域内生态保护补偿制度尚未建立健全，当地干部群众保护水资源和水环境的积极性受到影响，既不利于当地经济社会的发展，也不利于水资源和水环境保护工作的开展。

3. 落实最严格水资源管理制度工作力度有待进一步加强。2011 年以来，党中央、国务院对实行最严格水资源管理制度作出了一系列部署安排。认真贯彻落实党中央、国务院的部署是一项艰巨复杂的系统工程和社会管理工作，抓紧建立健全最严格水资源管理各项制度时间紧、要求高、任务重，流域水资源管理"三条红线"（水资源开发利用控制红线、用水效率控制红线、水功能区限制纳污红线）指标分解、水资源管理法制化建设、水资源监测能力建设、水资源管理系统建设、水功能区划、水资源管理体制和机制创新等工作力度都有待进一步加强。

4. 部分支流水污染问题应引起重视。目前，大樟溪上游污染源主要是德化的陶瓷业，主要污染河段分布在岭尾溪的凤洋河段。下游污染源主要是永泰的长庆、赤锡、葛岭等乡镇的家庭蜜饯作坊和养殖场，主要污染河段分布在长庆溪、赤锡溪等支流。此外，部分旅游业和房地产业尚未配套相应的污染防治设施，种植业、养殖业面源污染长效管理机制尚未形成。

5. 局部水土流失现象尚未完全遏制。因"两路"（公路、铁路）等工程建设形成的"青山挂白"现象未及时恢复，加上市政建设、房地产开发、旅游业开发等因素，根据全省卫星遥感调查，流域内水土流失总面积达 66.43 万亩，占土地总面积的 19.7%。

6. 河道管理力度有待进一步加强。大樟溪（福州段）防洪岸线规划尚未编制，两岸建设项目审批缺乏依据。市政建设、工业建设、房地产开发、"两路"建设等违规占用河道岸滩现象时有发生。水环境保护和水行政执法能力建设亟待加强。

三、关于立法的必要性和可行性

近年来，我国先后颁布了《中华人民共和国水法》、《中华人民共和国水污染防治法》等法律法规，水资源管理和水环境保护的法律法规体系得到进一步健全。但是，随着形势的发展变化以及大樟溪流域情况的差异，现有法律法规尚不能完全满足大樟溪流域水资源管理和水环境保护的需要，有必要根据上位法的有关规定作进一步的补充和细化完善，主要是：

（一）上位法规定的条款比较原则，需根据大樟溪情况进行补充完善。

1. 在水环境保护方面。目前我国水环境保护的法律依据主要是《中华人民共和国水污染防治法》，《福建省流域水环境保护条例》（简称"省《条例》"）于 2012 年 2 月颁布施行。但是由于形势的发展和流域情况的差异，现有法律法规的一些原则性规定需要根据大樟溪流域实际情况作进一步细化和完善，比如关于建立完善流域生态保护补偿制度，关于建立入境河流断面保护合作机制，关于加大生态公益林管理保护力度、治理水土流失，关于完善农业面源污染长效管理机制等。

2. 在水资源管理方面。目前我国水资源管理主要依据《中华人民共和国水法》等法律法规，尚未有专门的水资源管理法律，《福建省水资源管理条例》尚处于调研阶段。但从大樟溪流域现实情况看，随着闽江北水南调平潭引水工程的动工建设，水资源管理亟须加强。尤其是去年以来，党中央、国务院对水资源管理工作给予了高度重视，继 2011 年中央 1 号文件强调要实行最严格水资源管理制度之后，2012 年 1 月国务院又发布了《关于实行最严格水资源管理制度的意见》（以下简称"国务院《意见》"）。2012 年 5 月，回良玉副总理在对全国水资源工作会议批示中强调，要像重视国家粮食安全一样重视水资源安全，像严格土地管理一样严格水资源管理，像抓好节能减排一样抓好节水工作。目前，全国各地都在以各种方式贯彻落实中央这一战略部署，有相当一部分省、市出台了水资源管理条例。因此，结合制定大樟溪流域水环境保护条例，将水资源管理列为立法重要内容，这既是大樟溪实际情况的需要，也是福州贯彻落实中央战略部署的需要。

（二）从福州经济社会发展的战略上考虑，亟须立法保护大樟溪水源

闽江北水南调平潭引水工程建成后，2010 年供水区人口约 300 万、地区生产总值约 1085 亿元，对福州起着举足轻重的作用。大樟溪作为引水工程的水源地，水资源与水环境的优劣直接关系到福州与平潭经济社会的可持续发展，关系到福州创建国家生态城市与环保模范城市。

综上所述我们认为，制定出台《福州市大樟溪流域水环境保护条例》并将水资源管理列为立法重要内容是合适的和必要的。

四、关于立法主要内容的几点建议

（一）将加强水资源管理作为立法重要内容

水是生命之源、生产之要、生态之基。我市水资源虽然总量相对丰富，但由于受地域和时空分布不均等因素影响，资源性、工程性、水质性缺水兼而有之，水资源短缺已成为我市，尤其是沿海地区经济社会可持续发展的重要制约因素。因此，管理好、保护好大樟溪水资源对我市和平潭综合实验区的经济社会发展具有重要意义。为此，建议立法明确：①各级政府要认真履责，切实保护好大樟溪水资源，确保大樟溪水质达到水功能区划标准。②大樟溪流域水资源的主要功能是以供水保障为主，流域内各种开发活动都应以是否有利于保护水源作为判断标准。凡是有可能影响水资源保护的开发项目，都应该慎建、缓建或停建。已建的项目要进行环境影响评价，建设污水处理设施，禁止污水直接排放。对水源污染影响比较大的化工、医药等企业应由当地政府制定计划逐步予以搬迁。③受水与供水地区都应采用各种措施，建立起总量控制与定额管理相结合的水资源管理体系、与水资源承载能力相协调的经济产业结构体系、与水资源优化配置相适应的节水防污和高效利用工程技术体系。④加快产业结构转型升级步伐，大力发展环境友好型和节水防污型绿色经济，鼓励发展特色生态产业，严格限制高耗水产业，落实节水"三同时"制度，确保节水设施与主体工程同时设计、同时施工、同时投产。

（二）加强水资源管理制度化建设，增强水资源管理制度刚性约束力

大樟溪流域水资源管理制度化建设任务繁重，首先要认真贯彻落实国务院《意见》精神，抓好"三条红线"指标分解与落实工作，将水资源开发利用、节约和保护的主要指标纳入当地经济社会发展综合评价体系，建立水资源管理行政领导负责制。其次，保障饮用水安全的环节多、涉及部门多，但目前却没有一个明确的主管部门。因此，建议明确饮用水安全专管部门并作为执法主体，设立联席会议制度，建设沟通顺畅、运行有效的监管协调机制。再次，要根据中央和省的统一部署，制定最严格水资源管理制度考核办法，建立水资源领域重大违法违规问题行政问责制度，加快形成转变经济发展方式的倒逼机制，建立健全有效的激励和约束机制，大幅度提高水资源利用率。最后，着力细化建设项目水资源论证、取水许可区域限批、水功能区监督管理等制度，加快水资源管理法制化进程。

（三）细化和完善水环境生态保护补偿制度

省《条例》已经就水环境生态保护补偿制度提出了原则规定，建议根据大樟溪流域现状进行细化，第一，如对补偿资金的筹措、使用、管理、监督等应作出具体规定，可量化的尽可能量化，增强其可操作性。第二，尽快建立入境河流断面水环境保护合作机制、落实"谁受益、谁补偿"、"谁污染、谁治理"、"谁开发、谁保护"原则。第三，确定供水水价时，应将水资源管理和水环境保护成本考虑在内，单独列项，专项用于水资源管理和水环境保护。第四，对于因保护水资源和水环境安全而影响当地群众生活和经济社会发展的，各级政府应加大财政转移支付力度，给予合理补偿。补偿标准应根据物价指数动态调整。第五，认真探索建立和完善水资源开发利用协调机制，积极搭建流域水事协商平台，落实上游引水工程最小生态下泄流量规定。

（四）细化完善生态公益林管理保护制度

建议对省《条例》中有关生态公益林管理保护的规定予以进一步明确：①扩大公益林保护范围。大樟溪饮用水水源保护区、干流及主要支流两岸一重山范围内的商品林应全部逐步过渡为公益林进行保护，禁止采伐、采矿、采石和毁林开荒。②提升森林质量。通过实施补、改、封、抚等低效公益林改造技术措施，调整树种组成、优化林相结构，大力培育乔、灌结合，多树种混交的复合异龄林，禁止种植会引起土壤退化、污染地表水的速生树种。③提高补偿标准。目前，我市生态公益林补偿标准为每亩 12 元，标准偏低，应根据国民经济发展状况及物价指数，增加生态公益林补偿金投入，调整提高补偿标准。④多方筹资。落实下游地区对上游地区生态公益林补偿政策。鼓励社会各界通过认养、冠名等方式，捐资保护建设生态公益林。

（五）完善农业面源污染防治制度，建立健全长效管理机制

细化和完善省《条例》中有关畜禽养殖污染防治规定，明确：大樟溪干流 1000m、主要支流 500m 范围内为禁养区，禁止设置规模化养殖场。对于因禁养而影响到当地农民群众收入的，各级政府应给予合理补偿。影响当地财政收入的，由流域生态补偿基金给以补助。

水资源管理和水环境保护工作牵涉的部门和内容众多，是一项复杂的系统工程。由于时间紧、任务重，调研工作难免有疏漏之处，还有许多问题有待在下一阶段调研中再作深入具体的探讨研究。有些问题由于情况比较复杂，比如关于上下游水资源开发利用协调合作机制、流域生态补偿制度、农业面源污染长效管理机制等，建议在下一阶段工作中由有关部门或地方政府组织专门工作班子进行深入研究，提出具体意见。有些问题，如局部水污染防治和水土流失问题、违规占用河道岸滩问题等，现有的法律法规已经有了较为明确的规定，可以通过加大法律法规的执行力度来解决，建议不再作为此次立法的重点内容。

有关情况见表 1、表 2、表 3。

表 1　　　　　2010 年福州市主要江河水资源量

河流	闽江	大樟溪	敖江	梅溪	龙江	合计	占全市水资源总量
水资源量（亿 m³）	49.23	27.48	18.90	11.30	5.25	113.16	85.15%

表 2 　　　　　　　大樟溪流域水资源分区

水资源分区	地(市)级行政区	县(市)级行政区	干流河段	流域面积(km²)	占流域面积(%)	多年平均水资源量(亿 m³)
泉州片	泉州市	德化县	上游	1563	32.3	16.89
三明片	三明市	尤溪县	中游	306	6.3	2.78
莆田片	莆田市	仙游县	中游	447	10.03	5.22
		莆田市		39		
		小计		486		
福州片	福州市	永泰县	中、下游	2177	51.37	21.41
		福清市	下游	129		
		闽侯县	下游	182		
		小计		2488		
合计				4843		46.30

表 3 　　　　大樟溪流域已建向流域外调水工程概况

工程名称	水系	地址	干流河段	引水方向	总库容(万 m³)	设计多年平均引水量(亿 m³)	建成时间
龙门滩引水工程	浐溪	德化	上游	晋江沿海	5280	3.78	1989 年底
九仙溪引水工程	青龙溪	仙游	中游	仙游莆田	3623	0.83	
金钟引水工程	粗溪	仙游	中游	仙游莆田	10560	1.90	2010 年 5 月
一都溪引水工程	一都溪	福清	下游	东张水库	205	0.56	
合计						7.07	

（作者单位：福州市水利局）

福州市农田水利基础设施建设调研报告

何泽舜

【摘　要】本文通过深入实地察看现场、收集资料，个别访谈和召开各层次座谈会、发放意见表、电话了解征求基层意见、建议等方式进行，在分析福州市农田水利基础设施建设的现状、建设成就和当前存在的主要问题基础上，提出了加快农田水利建设的主要措施建议。

【关键词】农田水利　建设现状　措施建议

农田水利基本建设是发展现代农业的重要基础，是改善农民生产、生活条件的重要保障，是促进粮食增产、农业增效和农民增收的重要支撑，也是全面提高农业可持续发展能力、保证农产品有效供给和粮食安全、深入推进社会主义新农村建设的重要战略任务。

但是，长期以来，农田水利基础设施的建设与管理一直处于弱势，尤其是实行农村税费改革、取消"两工"后，更是面临着重重困境：农田水利的硬件设施日见颓废、制度和组织建设长期薄弱、农民的建设热情锐减。日趋式微的农田水利事业使得气象异常极易扩大为农业灾害。近年来大大小小、遍布全国、日益频繁的旱涝灾害，也给我们以充分警示：加强农田水利基本设施建设，夯实现代农业基础已刻不容缓。

2011年中央1号文件把加强农村水利工程建设提上重要议事日程，农田水利建设迎来了新的春天。如何抓住这一重大的历史发展机遇，加快推动农田水利建设突破困局，步入又好又快的发展轨道，是一个十分值得调查和研究的课题。

为此，根据局党组的统一部署，我们成立了专题调研组，依托本市农田水利基本建设这一框架，围绕加大农田水利基础设施建设这一主题展开调研，并形成本调研报告。

一、福州市农田水利基础设施现状

福州市现辖 5 区 5 县 2 市，174 个乡（镇、街道），2662个行政村（居），常住人口 648 万人，其中农村人口 450.5 万人。全市面积 11597km²，市区面积 1043km²（现状年为 2009年，如未特别说明，下同）。

福州属亚热带海洋性季风气候，年平均降水量为 900～2100mm，气候温和，雨量充沛。境内虽然温润多雨，但降水量在时间上和空间上分配极为不均，致使福州市旱涝灾害频发，给本地粮食生产造成不利影响（见表 1）。据初步统计，福州市目前的粮食自给率仅维持在 46％ 左右的低水平上，若遇上灾害年份，粮食的外部依赖性就更加强烈，客观上对农田水利建设提出了更高要求。

表 1　　　福州市近几年来受旱情况一览表

年份	受旱时段	作物受旱面积（万亩）	作物受灾面积（万亩）			旱灾损失	
			总计	其中		粮食（万 t）	经济作物（亿元）
				成灾	绝收		
2003	夏秋连旱	124.15	94.95	73.24	20.54	13.52	1.73
2004	春夏连旱	78.89	36.83	30.48	6.34	3.19	0.27
2007	夏旱	25.15	10.19	8.79	1.40	2.70	0.26
2009	秋旱	7.84	3.62	3.30	0.33	0.36	0.11
小计		240.00	146.87	116.60	29.10	19.76	2.40

新中国成立以来，福州市的农田水利建设得到不断加强，经多年积累，已基本形成了大、中、小结合，蓄、引、提并举

的农田水利灌、排体系：目前我市已建成蓄水工程 2883 座，其中大型水库 2 座，中型水库 10 座，小（1）型水库 98 座，小（2）型水库 350 座，小山塘 2423 座，蓄水容积 9.1 亿 m^3；另有引水工程 11506 处，提水工程 1190 处。

福州市的灌区建设取得了巨大成就，新中国成立以来共建成 50 亩以上灌区 527 处，有效灌溉面积 92.86 万亩，其中万亩以上灌区 23 片，设计灌溉面积 55.32 万亩。

堤防建设也取得了长足进展，共建成堤防 288 处，总长 646.07km，使大量农田免受水患。

农田水利设施的不断完善为我市粮食增产提供了有力支撑，我市现有的 191.01 万亩耕地面积中，有效灌溉面积 171.33 万亩，占 89.7%；旱涝保收面积 127.29 万亩，占 66.7%；机电排灌容量 11.5 万 kW，有效灌排面积 58.49 万亩。2011 年我市粮食作物播种面积 169.76 万亩，总产量达 59.98 万 t。

二、存在的主要问题

我市农田水利基础设施经多年建设虽然取得了一定成就，但仍存在诸多问题，主要表现在以下三个方面。

（一）硬件设施方面

我市农田水利工程特别是小型农田水利工程多建于 20 世纪 50～70 年代，主要依靠农民投工投劳、因陋就简兴建而来，工程建成时就存在着标准低、配套不全、质量差、设备及技术落后等先天不足。经过几十年运行，现在大部分工程都到了设计使用年限，工程老化失修、设备报废、效益下降问题严重。尽管近年来投入到水利工程的建设资金逐年增大，但其重心基本上都集中于大江大河的治理、大中型灌区骨干工程节水改造、大中型泵站更新改造、规模以上水库和江海堤防除险加固以及饮水安全工程和水土保持建设等"大水利"上，而较少关注沟塘渠堰等小型水利工程，"厚此薄彼"的水利投入机制形成我市的农田水利硬件设施建设大量"欠账"，农田水利基础设施不断退化，工程性缺水现象凸显：

1. 灌溉水源日见短缺。随着经济社会的不断发展，工业和城市生活用水急剧增长，与农业灌溉争抢水源的现象时有发生，而农业经济的低比较效益使得农田灌溉在水资源的市场分配上处于弱势，很多灌区用水得不到保证，今后缺水问题将日益突出。

2. 水利用率低。由于年久失修，设施老化，我市自流灌区渠系渗漏严重，水有效利用系数一般仅 0.4～0.6，灌溉效率低，而灌溉制度大多采用漫灌等形式，水量浪费大，同时部分水体遭到严重污染，已不适合灌溉，这进一步加剧了灌溉水源的供需矛盾。

3. 现有工程设施配套不全。虽然灌区骨干工程经多年建设、改造日趋完善，但配套工程建设明显滞后，有的缺乏田间工程，有的有灌无排，有的设施已经老化，加上管理体制不健全，管理措施不力，工程效益未能充分发挥。

4. "最后一公里"水利设施损毁严重。田间地头的小型水利设施损毁严重，四沟淤平，机电泵站设备老化、失窃现象随处可见，空成摆设，这最后 1km 内水利设施的建管缺位使许多农田面临着旱不能灌，涝不能排的局面，农民只能"望水兴叹"。

5. 新建工程少且难。市场经济中农业发展的弱质性使得农田水利建设融资能力十分有限，国家的投资重心又不在此处，农民的积极性也不高，新建农田水利工程的难度可想而知。虽然各级财政、发改、水利、农业、国土等部门历年投入部分资金用于农田水利，建成了一些示范工程、样板工程，但数量有限，大范围推广难度大，形不成规模，不能从整体上改变我市农田水利的落后现状。

（二）资金投入方面

农田水利建设和维护是一种投资大、劳动密集的工程项目，受到当前以市场经济为取向的体制改革的冲击较大，在资金投入方面陷入营养不良的境地。

1. 投入不足，"欠账"严重。多年来，公共财政投向大型基础设施建设，其对小型农田水利建设的投入，存在多年"欠账"。据统计，改革开放后的 30 多年来，财政支农资金的 60％都用于大江大河的治理和气象事业发展，直接用于农业生产性支出的仅占 40％左右，这 40％中用于小型农田水利建设的又微乎其微。

2. 工程水费收缴难，用于工程再投入资金少。现行水价低于供水成本，渠道不配套，缺少量水设施，水费征收难，特别是农业税取消后，水利管理单位进一步失血，正常运转已面临困境，工程维修养护资金更是捉襟见肘。

3. 农民及集体筹资力度不足。基于减轻农民负担的税费改革和取消"两工"、开展"一事一议"等配套政策的推出，使得农民和集体对农田水利建设的筹资筹劳能力大为下降，严重制约了农田水利的可持续发展。

4. 民间资金吸引力不够。农田水利等农村基础设施投资风险大，民间资金缺乏投资激励。农村基础设施建设具有投资大、风险高、资金回收期长的特点，并且农业比较效益低，投资农业基础设施很难获得较为理想的经济效益，尤其是像农田水利这样纯粹为农业生产服务的基础设施更是如此。总体上动员私人业主或民间资本投资农村基础设施建设十分困难。

5. 政策性融资能力有限。由于目前小型农田水利设施仍主要实行集体所有、集体管理，这种产权制度造成经营主体、运行机制、经营模式、产权归属难以清晰，致使农田水利设施建设工程贷款缺乏合格的承贷主体，而且多数农田水利建设项目不直接产生效益，贷款本息偿还难，同时农田水利基础设施承受的自然风险大，农业保险机制又缺失，导致农业信贷风险补偿机制不健全，这些都给信贷资金的介入造成了障碍，制约了农田水利建设的可持续发展。

（三）制度和组织方面

当前我市农田水利工程抵御旱涝灾害的能力十分有限，既有工程硬件方面的原因，也有管理体制、机制方面的软件问题。

早在20世纪50~70年代，我市农村实行合作社和人民公社集体所有制管理体制，政社合一，具有高度的动员能力，这种"集权式乡村动员体制"为启动、推进水利建设提供了必需的强有力的组织保证，也为大规模农田水利建设提供了低廉的劳动力资源。70年代后期，随着家庭联产承包责任制的兴起，人民公社组织体制开始解体，农村社会治理方式步入了"乡政村治"的通道，这一重大变革深深动摇了农田水利原有的政治、经济、文化和组织基础，水利体制不得不进行改革。其改革的总方向是：在政府主导下向市场化过渡，国家逐渐从基层水利管理中退出；水利工程管理单位由事业单位企业化管理转变为自收自支的企业单位；水资源由公益品转为商品，水费征收由行政性收费转为经营性收费。20世纪90年代起，旨在减轻农民负担的税费改革逐步推行，取消农业税、取消"两工"和执行"一事一议"等强制性配套政策相继出台，农田水利的组织与管理一步步陷入窘境，具体表现在以下几个方面：

1. 基层政府陷入生存困境，统筹能力严重弱化。在实行分税制改革特别是取消农业税后，由于财权上提事权下放，基层政府预算外财政收入来源被切断，大多数地方政府预算内的财政只够"吃饭"，不少地方只能依靠举债或筹集非税收入维系运转，根本无力或无心组织农民开展农田水利建设。

2. 基层水利管理单位经营困难，社会化服务能力不强。随着水利市场化改革的推进，多数地方乡镇水利工作站被撤并、裁减，基层水利工程管理单位也变成"自收自支"经营主体。由于水价等相关配套改革滞后，公益性人员经费、工程维修养护经费落实不到位，不少地区基层水利管理站收不抵支、生存困难，技术人员严重流失。据统计，我市1994年底共设水利工作站118个，人员共有401人，而2011年的调查显示仅剩连江县的19个基层水利工作站独立存在，人员85人，而其余的均已并入乡镇农业综合服务中心，并在服务中心被严重边缘化。由此，基层水利管理单位无论从机构设置还是经费保障方面，都难以满足当前农田水利建设工作的要求。

3.村级组织地位趋于下降，资源动员能力不足。取消农业税后，原有的公益事业资金来源被切断，导致村级组织的物质基础被削弱，村干部甚至连工资也难以得到保障，组织村民开展村级公益事业的积极性不强，不少贫困地区村干部选择外出谋生，导致农田水利建设长期"无人组织、组织无人"。

4.农民用水户协会等合作组织发育不全，功能发挥受限。近年来我市加大了农民用水协会等合作组织的建设力度，这对解决农村水利管理主体缺位、责权利界定不清、运行效率较低的问题发挥了重要作用。但是，由于农田水利工程产权不清晰，许多农民用水户协会的经营权、受益权等无法得到充分保障，缺乏正常运行和维护水利设施的资金，自身的存在和发展还存在较大的困难。此外，部分协会由行政命令推动建立，组织结构不尽健全，民主管理水平不高，导致功能发挥受限。

5."一事一议"制度存在内在缺陷，实施效果有待提高。在取消"两工"制度后，村内开展农田水利等集体公益事业实行"一事一议"制度，由村民民主讨论决定。从我们的调查情况看，目前"一事一议"制度在农村的有效覆盖率不高，制度实施的规范性较差，农民对"一事一议"制度的认知度、参与度和认可度都不高。一是在农村人口大量流动的情况下，召集村民议事的成本很高，并且精干劳力基本外出谋生，而留守的老、弱、妇、幼缺乏参与意识和决策能力，造成村内议事难以达到预期目的；二是由于"一事一议"缺乏表决和强制执行的约束机制，少数人不同意则会造成事难办或办不成，即使议成，大部分农民也不愿出资投劳；三是农田水利工程一般投资大、收益低，而"一事一议"筹资筹劳有上限控制规定，无法满足大工程在资金和劳动力上的需求，往往事情议不成；四是许多农民的土地已经转租给非本村的其他人，议事和费用收取的难度很大，"事难议，议难决，决难行"的现象较为普遍。

三、加强农田水利建设的几点建议

人无水不生，国无水难立。农田水利具有很强的公益性、基础性、战略性，它是经济社会发展不可替代的基础支撑，是生态环境改善不可分割的保障系统，也是现代农业建设不可或缺的首要条件。进一步加强水利基础建设，直接关系防洪抗旱减灾工作的成效，直接关系农业稳定发展和农产品有效供给，直接关系人民群众的切身利益。进一步加强农田水利基础建设，不仅是国民经济平稳较快发展的有力支撑，是人民群众生命财产安全、社会和谐稳定的重要保障，也是农民收入增加、农民生活质量提高的重要基础。针对农田水利基础设施落后，资金投入后劲不足和组织建设和制度设计不协调等问题，为进一步加强我市农田水利建设，提出如下建议：

1. 全面贯彻落实中央 1 号文件和中央水利工作会议精神，加快推进水利改革发展。2011 年 1 月 29 日，《中共中央 国务院关于加快水利改革发展的决定》正式公布。这是 21 世纪以来的第 8 个中央 1 号文件，也是新中国成立以来中共中央首次系统部署水利改革发展全面工作的决定。文件出台了一系列针对性强、覆盖面广、含金量高的新政策、新举措。文件指明了水利改革发展的前进方向，描绘了中国特色水利现代化的宏伟蓝图。2011 年 7 月 8～9 日中央又召开了水利工作会议，这是新中国成立 62 年来中央召开的首次水利工作会议。我们要紧紧抓住这一重大战略机遇，把贯彻落实中央 1 号文件和中央水利工作会议精神作为当前水利工作的头等大事、首要任务，以对党对国家对人民高度负责的态度，深刻领会中央领导同志重要讲话丰富内涵，准确把握中央水利工作会议精神实质，切实把思想和认识统一到会议的精神上来，把目标和任务统一到中央的部署上来，把行动和步调统一到中央的要求上来，增强做好新形势下水利工作的责任感和使命感，更加自觉地肩负起加快推进水利改革发展的重大责任和光荣使命，全面贯彻落实中央决策部署，奋力开创中国特色水利现代化事业新局面。在新的起点上奋力推进水利改革发展新跨越，为促进经济长期平稳较快发展、夺取全面建设小康社会新胜利提供坚实水利保障。

2. 把农田水利建设摆在优先发展的战略位置。首先各级党委和政府要站在全局和战略高度，切实加强农田水利工作，及时研究解决农田水利改革发展中的突出问题。要结合各地实际，认真落实改革发展的各项措施，确保取得实效。各级水行政主管部门要认真履行职责，抓好农田水利改革发展各项任务的实施工作。各有关部门和单位要按照职能分工，尽快制定完善各项配套措施和办法，形成推动农田水利改革发展合力。要把加强农田水利建设作为农村基层开展创先争优活动的重要内容，充分发挥农村基层党组织的战斗堡垒作用和广大党员的先锋模范作用，带领广大农民群众加快改善农村生产生活条件。其次，要紧紧围绕国家加快水利改革和发展的重要机遇，高度重视农田水利发展规划。要按照成片区开发、整体推进的原则，加强大中型灌区末级渠系、小型灌区及田间工程、小型拦河坝修复改造、小型机电提灌工程的配套建设，因地制宜建设山区小水窖、小水池、小塘坝、小泵站、小水渠等"五小水利"工程，形成农田水利灌溉的完整体系。要全面推进初级水利化县和中央财政小型农田水利重点县建设，继续做好土地整理和农业综合开发工作，促进中低产田改造，提高旱涝保收高标准农田覆盖面，力求农田水利效益快速提升。要以冬春农田水利基本建设为平台，持续开展水利工程水毁修复，确保重点水利工程水毁当年修复，为农田水利的可持续利用提供保障。再次，要研究制定人民群众参与农田水利建设的政策机制，充分调动社会各界尤其是广大农民群众建设农田水利的积极性，形成全社会共同关心、支持和参与农田水利建设的强大合力。

3. 加强基层农田水利组织建设，明确农田水利建设与管护主体。当前农田水利的组织困境，最重要的表现在于乡村两级失去了统筹能力，在这种背景下，基层农田水利组织必需得到加强，这也是当前农村水利工作的难点问题。农田水利设施带有准公益性质，在其建设与管理方面政府的介入应是进一步加强而不是逐步退出，同时要因地制宜地完善基层农田水利自治组织，应根据农田水利工程的功能，明确农田水利建设及管护主体，督促建设及管护主体各负其责。要建立健全职能明确、布局合理、队伍精干、服务到位的基层水利服务体系，全面提高基层水利服务能力。以乡镇或小流域为单元，健全基层水利服务机构，强化水资源管理、防汛抗旱、农田水利基本建设、水利科技推广等公益性职能，核定人员编制，经费纳入县级财政预算。乡镇（农、林场）农业服务中心必须配备专业水利技术人员，水利重点乡镇（农、林场）应设立水管站，配备专业水利技术人员，聘用水管员，负责管理本乡镇（农、林场）小型水利工程设施，实行水行政主管部门与乡镇双重管理，以水行政主管部门管理为主。建制村应配备1名农民水利技术员，可以由农技员兼任。扶持推进农村用水户协会组织建设，强化农村水利能力建设。

4. 构建多渠道的农田水利建设投入机制。农业基础设施脆弱，主要原因是农田水利建设"欠账"太多。加强农田水利建设需要构建多渠道的投入机制。一是建立公共财政投入经常性机制。要发挥政府在水利建设中的主导作用，将水利作为公共财政投入的重点领域，各级财政对水利投入的总量和增幅要有明显提高，加大水利建设资金在固定资产投资中的比重，大幅度增加财政专项水利资金。要全面落实中央提出的"从土地出让收益中提取 10％用于农田水利建设"，"耕地占用税新增收入全部用于农业，重点投入水利基础设施建设。"等惠农政策，充实水利建设资金。要进一步加大水利建设基金、江海堤防工程维护管理费、水资源费、水土保持补偿费等水利基金和规费的征收力度，确保其足额用于水利投入。要延长水利建设基金征收年限，拓宽来源渠道，增加收入规模，逐步建立起农田水利建设资金稳定增长机制。二是要积极寻求金融支持，扩大农田水利建设信贷规模。人民银行要灵活运用再贷款、再贴现等多种货币政策手段，引导金融机构加大水利建设贷款投放。在风险可控的前提下，支持农业发展银行积极开展水利建设中长期政策性贷款业务。鼓励农业银行、农村信用社、农村合作银行、农村商业银行、邮政储蓄银行、海峡银行等银行业金融机构进一步增加农田水利建设的信贷资金。积极申请利用世行、亚行贷款，重点投向水利基础设施建设。支持有条件水利企业通过上市或在银行间债券市场发行短期融资券、中期票据、企业债券等直接融资产品，拓宽融资渠道。探索发展大型水利设备设施的融资租赁业务，对具有未来收益权的经营性水利项目，鼓励金融机构以项目未来收益权或收费权质押贷款。鼓励保险公司探索开发水利建设领域的保险产品，支持政府投资和银行贷款的水利工程项目参加保险。三是要积极引导社会和民间资金参与农田水利建设。要鼓励县（市）区政府融资平台公司通过直接、间接融资方式，吸引社会资金参与水利建设。对符合水利发展规划，由民间资本投资兴建的农田水利项目，享受与国有、集体投资项目同等的财政补助政策。四是要进一步完善村级"一事一议"筹资筹劳政策。农田水利建设要花费大量人力、物力、财力，这是分散的农户无力担负的，必须依靠集体力量。在农田水利建设中，政府要在规划、宣传发动、资金补助扶持、技术指导服务等方面多做工作，注重引导村集体或农民采用"一事一议"方式搞好农田水利建设，充分调动村集体和农民投入农田水利建设的积极性。

（作者单位：福州市水利局）

加快推进莆田城乡水务
一体化的目标与对策

张智杰　陈国宁　叶为人

【摘　要】本文在深入分析莆田城乡水务一体化发展现状的基础上，提出当前和今后加快莆田城乡水务一体化的目标与对策。

【关键词】莆田水利　水务一体化

水利是现代农业建设不可或缺的首要条件，是经济社会发展不可替代的基础支撑，是生态环境改善不可分割的保障系统。实现城乡水务一体化是莆田市城乡一体化综合配套改革的重要内容和基础保障。必须统一规划、倾斜投入，无缝对接、加快实施，实现城乡供水同网同质同价、城乡河道共治共管共享、防汛减灾联防联备联动。

一、城乡水务一体化发展现状

（一）城乡水资源分布情况

莆田市年均降雨量从东南沿海向西北山区由 1000～2400mm 递增，莆田沿海岛屿最小，仙游凤山最大，大小相差近 3 倍。基本特征是：山区易洪，平原易涝，沿海易旱。

全市水资源总量为 35.06 亿 m^3，人均拥有量为 1100m^3，不足全国的 1/2、全省的 1/3。基本特征是：水资源紧缺，且时空分布不均，并与区域经济发展水平、生产力布局严重倒挂和错置，沿海临港工业发达但水资源紧缺。

（二）城乡水利工程建设情况

在历届党委、政府的高度重视下，莆田市初步建成蓄引提并举，防洪挡潮、灌排供水、发输配电相结合的水利工程体系。

莆田市现有小（2）型以上水库 219 座〔其中大型 2 座、中型 8 座、小（1）型 36 座、小（2）型 157 座〕、各类塘坝 6472 座，总库容 7.76 亿 m³；蓄水、引水和提水工程 8693 处，年可供水量 13.6 亿 m³；供水工程 417 处，设计日供水能力 50.2 万 t。基本特征是：水资源供给目前基本满足城乡经济社会发展需求，但从长远看将成为城乡一体化跨越发展的重要瓶颈。现有水利工程可供水量基本能够满足城乡饮水安全需要，且城市供水设施已经向农村延伸，基本实现饮水安全村村通、户户用的目标；但各供水区相对独立，供水区内不仅水源单一，且东圳、秋芦等重要集中式饮用水源点近年来频现水源污染现象；不仅管线单一，且供水管线也因人为或自然破坏，短历时停水现象时有发生。总之，供水网络相对脆弱，城乡供水安全存在较大隐患，难以应付突发事件。

全市流域面积大于 50km² 的河流共有 21 条，木兰溪最大（1732km²）、秋芦溪次之（628km²），乡村河道 1000 多 km。基本特征是：绝大部分河流源于莆田，独流入海且源短流急，水资源利用难度大，主要河流缺少控制性工程。除已经整治的北洋水系外，城乡河道基本有河皆污、有河皆淤，出现河水污染、河泥淤积、河床变浅、河面变窄，堤岸坍塌、荔林断带等现象，河道行洪能力显著降低，城区排涝能力明显不足，连年水患，在 2011 年 "9.1" 特大暴雨中暴露无遗。特别是农村河道成为乡村垃圾堆放点、污水排放点、水浮莲泛滥点，不但直接影响灌溉排洪、村容村貌，而且影响人居环境和群众生命健康。

此外，全市建有江海堤防 554.4km，保护耕地 50 多万亩、人口 100 多万人；尚需进一步加固 100km。现有水电站 155 处，装机容量 16.99 万 kW，年发电量达 4.8 亿 kW·h；但部分电站老化严重，急需技改。

（三）城乡水利管理现状

城乡水务一体化管理基本形成。各县区全部成立水务局，实行水务一体化管理已经 9 年，积累了比较丰富的城乡水务一体化建设与管理经验。市水务集团也已成立一年，并划归市水利局主管，全市城乡水务一体化开始具备良好的管理体制和投入机制。但从管理来看，水务管理体制刚刚理顺，尚需磨合；特别是城乡供水管理，各地存在管理单位不一、管理水平不一，供水水价不一等现象，城乡供水管理一体化尚需假以时日；城乡河道尚未分级，分级管理责任尚未明确，部门配合有待加强，特别是污水处理职能尚未随着水务集团划归水利部门，城乡河道治污保洁工作任重道远。

防汛减灾长效机制基本形成。全市共建成洪水预警报等防汛指挥决策支持系统 11 个，形成领导挂点等五个行之有效的防灾减灾工作机制和"预警到乡、预案到村、责任到人"的长效机制，为莆田城乡一体化发展提供了有效的防洪安全保障。未来需要在防汛信息化、数字化方面取得新突破，争取实现城乡防汛现代化。

二、城乡水务一体化目标与对策

（一）加快城乡供水一体化建设进程，实现同网同质同价

在基本实现全市饮水安全村村通、户户用的基础上，按照"巩固成果、提升标准、强化质量、确保安全"的总体要求，围绕"农村供水城市化、城乡供水一体化"的总体目标，严格执行《生活饮用水卫生标准》，加快构建"三纵三横"供水网络，建立完善城乡供水一体化管理体制和投入机制，实现城乡供水同网、同质、同价，直接收费到户，城乡供水保证率显著

提高，城乡居民饮水安全得到全面保障。

计划建设投资上亿的水源及保护工程 6 个、供水工程 4 个；实施灌区续建配套节水改造工程 10 个，新建日供水上万吨的水厂 5 个，新增日供水能力 72 万 t，提高标准保障群众饮水安全 120 万人。主要对策如下：

1. 加快建设"三纵三横"供水工程，尽快建成水源联调互备、水厂布点合理、管网并联互通的城乡一体化供水新网络。"三纵"就是金钟水源的金莆供水、东圳水源的北岸供水、外度水源的兴化湾南岸供水等工程。"三横"即为金钟水源到东圳水源和外度水源到东圳水源的水库群联调工程，仙游盖尾至市区再到涵江城区的城市供水保障工程，仙游枫亭至妈祖城再到南日岛的沿海供水保障工程。

金钟水源已经基本建成，目前需要加快建设金钟水利枢纽引水配套工程（总投资 7.5 亿元，含日供水 10 万 t 的仙游第二水厂和日供水 15 万 t 的妈祖城水厂），尽快向莆田城区和妈祖城供水，实现金钟水源和东圳水源双水源供水、金钟水利枢纽引水配套工程和湄洲湾北岸供水工程双回路供水，形成互联互通、互为备用的供水网络，提高莆田东南沿海供水保证率；同时要落实水生态补偿机制，保护金钟水源。

东圳水源已经建成，目前需要实施东圳库区水生态工程（总投资 12 亿元），外迁人口、退果还林、生态保护东圳水库水源；需要实施东圳水库防洪治理系统工程（总投资 9.5 亿元），加固东圳水库并全面完成东圳水库下游泄洪通道（企溪）整治工程确保蓄水安全，加快东圳水库分层取水口建设确保供水水质。北岸供水一期工程已经建成，为临港工业发展和沿海群众饮水安全作出了重要贡献；目前需要尽快启动北岸供水二期工程（总投资 10.5 亿元，含日供水 2 万 t 的湄洲湾世界妈祖文化中心供水保障工程和日供水 25 万 t 的市第三水厂）、秀屿区第二输水管道工程（总投资 1.2 亿元）。

外度及其备用后溪水源已经建成，但其水源容易污染，且容量偏少，管线单一，需要尽快实施兴化湾南岸供水工程（总投资 10.5 亿元，含乌溪、西音、南埔 3 座中型水库和莆田市区至涵江城区供水管道、日供水 20 万 t 的兴化湾水厂），积极筹建白马潭水库（总投资 8 亿元）；需要下大力气保护秋芦溪。

同时，要加快建设涵江、仙游城区及重要乡镇的应急备用供水工程，进一步提高远近期供水水源的保证率。要加快乡镇水厂增容扩建，加快实施供水主管网改造，努力实现各水厂间供水管道的联网和村内管网建设的规范化、标准化、降低自来水管道漏失率。要按照"巩固成果、提升标准、强化质量、确保安全"的新标准、新要求，实施新一轮农村饮水安全工程（总投资 5.9 亿元）建设，提高标准全面解决 120 万群众饮水安全问题。

此外，要通过节约农业灌溉用水保障支撑群众饮水、工业用水安全，重点要完成大型东圳灌区和仙游双溪口等 3 处重点中型灌区、径桂等 6 处一般中型灌区续建配套与节水改造工程。

2. 理顺供水企业经营管理体制，逐步构建产权清晰、权责明确、政企分开、管理科学的城乡供水一体化管理新格局，进一步理顺莆田水务建设管理体制机制，抓好从水源头到水龙头、从水厂出厂水到管网末梢水的统一建设与管理，推动城市供水现代管理手段向农村延伸，全力提高供水保障率、扩大供水覆盖面、增加水费收入、减少生产经营成本、化解用工潜在矛盾，建立专业化管理、企业化经营、社会化服务、市场化运作的良性运行机制。重点要由市水务投资集团有限公司投资建设新的水源工程、水源通道和新水厂；取缔关闭或补偿关闭不符合自来水生产经营安全卫生等规定且限期整改不达标的、不具有自来水特许经营权的或自来水专项规划中无须设置的自来水企业；划拨或控股县区国有水厂和乡镇集体水厂；兼并或收购民营水厂，对城乡供水进行一体化管理；采用"信息化、数字化"科学管理手段，通过中心控制站对供水区域内的水源地、水厂、加压站、输配管网进行远程自动化调度和供水检测，通过成立县（区）级供水管理中心，负责水量调度、水质监控等技术指导服务，为用户提供稳定、优质、安全的供水服务。

平原及沿海片区要通过水务一体化建设管理，实现城乡供水同网（同一供水网络）、同质（同一供水质量、同一供水服务）、同价（同一供水价格）、直接收费到户的目标（减轻群众负担，减少纠纷，提高群众的满意度）。山区分散式供水工程要建立长效运行机制，建立并依托农民用水户协会，抓好供水工程的长效管理。

3. 完善水利投融资平台，逐步构建政府主导、银行融资、集团控股、民资参与的城乡供水一体化投入新机制。要发挥政府在城乡供水一体化建设中的主导作用，将水利作为公共财政投入的重点领域，增加省、市、县三级财政投入，并以政府为核心，科学规划上报实施相关项目，加强沟通协调，争取上级补助，整合涉农资金，加大银行融资、吸纳民资投入，多渠道、多层次、多方位筹集建设管理资金，建立健全多元化的投资保障体系，确保城乡供水一体化工作更深入、更快速地推进。

要完善水利投融资平台，重组整合莆田市水务投资集团，实现集团由生产经营实体型向投资资产管理型转变，发挥水务集团政府性水务项目"总平台、总账户、总业主"作用，支撑保障城乡供水一体化建设。强化内部管理，降低运行成本，提高工作效率，拓展盈利空间，做大水务集团。要引入市场机制，走增量扩股的道路，进一步吸引社会资本参与供水设施的建设和经营。

（二）建立城乡河道一体化管理机制，实现共治共管共享

统筹上下游，兼顾左右岸，协调干支流，通过涵土、固坝、截污和清淤、清障、保洁等措施，分级管理，合力管护，逐步实现城乡河道河畅、水清、岸绿、景美面貌。

计划新建中型水库 3 座，加固水库 157 座、山塘 336 座、水闸 24 座，治理河道 18 条 122km，清淤疏浚乡村河道 1000km，治理水土流失面积 10 万亩。主要对策如下：

1. 以流域治理为单元，加强水上保持。加快开展山洪地质灾害易发区和东圳、金钟、外度、古洋、东方红、双溪口等重要饮用水水源地及建制镇集中式供水水源地水土流失防治和水生态修复，重点实施东圳库区水生态工程（总投资 12 亿元），逐步实施东圳库区退果还林，重点推进环库公路以下居民外迁、退果还林还草，建设生态防污带。加大河流两岸、水库周边造林绿化，加强生态脆弱区、重要水源涵养区、河流源头及湿地的生态保护和修复。大力开展生态清洁型小流域建设。加强水土保持监测，强化生态建设项目水土保持监督管理，有效遏制人为造成的水土流失。建立健全稳定长期的流域生态补偿机制，促进环境生态良性发展。

2. 以洪水调蓄为目标，加固水库山塘。新建、加固河道上游水库，充分发挥蓄洪调洪功能，保护下游河道安全，减少洪涝灾害。重点要新建乌溪、西音、南埔等 3 座中型水库（总投资 15.5 亿元），筹建白马潭水库（总投资 8 亿元）。加快实施东圳水库安全工程，巩固东方红、古洋和蒋隔 3 座中型病险水库除险加固成果，完成小型水库、小山塘和水闸的全面加固任务，尽快消除水库安全隐患，恢复防洪库容，增强河道洪水调控能力。

3. 以入场进管为标准，拦截垃圾污水。结合清洁家园行动和河道清淤整治，清除河岸垃圾，按照"户分类、组保洁、村收集、镇转运、市处理"的运行模式，实现垃圾入场集中

焚烧淹埋。整治或搬迁沿河污染企业；彻查排污口，严格排污口设置与管理；推进沿河污水收集、治理工作，通过集中收集和无害化处理方式进行截污，实现污水进管集中处理回收利用。

4. 以清淤护岸为主体，整治城乡河道。按照先急后缓原则、结合上级治河规划，制定河道整治计划，加大河道整治投入，重点要修编木兰溪流域综合规划，完善南北洋防洪排涝、滨海新城防洪排涝挡潮规划，整体推进木兰溪防洪工程（总投资 25 亿元），逐步实施南北洋防洪排涝工程（总投资 28.5 亿元）和滨海新区防洪排涝挡潮工程（总投资 12 亿元），先行完成城区下磨溪、钟潭溪整治和外度渠道城区段强化加固任务；加快推进东圳水库泄洪通道（总投资 4.08 亿元）和秋芦溪防洪工程（总投资 6.5 亿元）建设，完成 18 条中小河流治理任务。

同时，以清淤护岸为主体，结合生态建设，按照乡镇属地负责和省、市、县三级财政补助原则，在莆田试点开展千公里农村河道整治工程（总投资 1 亿元），每年治理农村河道 200km。

5. 以联合执法为手段，取缔违章占河。规划、建设、环保、国土、城管、农业、城市绿化等行政执法部门要按照各自职责，做好城乡河道执法的相关工作。建立河道日常巡查及联合执法机制，各镇（办）按照属地进行河道日常巡查，市县区水政要经常开展联合执法工作，严肃查处涉河违法案件，严格取缔违法占河行为，严厉打击河道违法采砂活动。

6. 以分级管理为原则，实现长效保洁。要尽快完成河道等级划分工作，制定莆田市河道分级管理规定，按水系统一管理与分级管理相结合的原则，进一步明确并落实河道管理责任，加强细化河道管理。要严格执行南北洋河道管理规定、严格涉河建设项目审查审批和入河排污口设置审批，严格执行建设项目环境影响评价制度。要制定引清调水方案，适时调水冲污保洁。参照道路、村居卫生保洁模式，按辖区管理原则，建立河道长效保洁机制。

（三）构建城乡防汛一体化安保体系，实现联防联备联动

突出城区防洪排涝工程，推进堤闸坝加固工程建设；突出乡村防汛减灾能力建设，提高防汛信息化数字化水平；突出防汛备汛日常工作，提供城乡一体化发展防洪安全保障。

除水库山塘水闸除险加固和城乡河道治理外，计划强化加固海堤 100km，建成防灾减灾水资源动态管理决策平台，完成山洪灾害防治县级非工程措施建设项目 3 个，实施防汛示范村建设 300 个，主要对策如下：

1. 突出城区防洪排涝工程，推进堤库闸加固工程建设。加快木兰溪、秋芦溪防洪治理和防洪排涝挡潮工程建设，全面完成中小河流治理、病险堤库闸加固和山洪灾害易发区预警报系统建设；全面实施电站技改工程。力争木兰溪下游河段堤防防洪标准达 50 年一遇、中上游重要河段达 30 年一遇；城市排涝标准达 10 年一遇，滨海新城、工业园区、重要城镇力争达到国家规定的防洪排涝标准；重点海堤达到国家规定的防潮标准。

2. 突出乡村防汛减灾能力，提高防汛信息化数字化水平。加快建设防灾减灾水资源动态管理决策平台，全面落实县区洪水预警报中心和乡镇防汛指挥中心，着力建设防汛示范村，计划投资 1.5 亿元，按照"九个一"标准（即一个会议室、一个值班室、 间物资仓库、一台电脑上网、一条网络光纤、一部电话、一套备用电源、一个重点部位监控点、一套防汛管理制度）和省、市、区三级财政补助原则，建设防汛示范村 300 个，每年 60 个。

3. 突出防汛备汛日常工作，保障城乡一体化安全发展。加强防汛备汛工作，完善"预警到乡、预案到村、责任到人"

长效机制，落实防汛抗旱督察制度，落实各级防灾责任体系、监测预警体系和防御预案，搞好县乡防汛指挥长培训和防汛应急物资储备。

三、保障措施

（一）以规划引领

1. 高瞻性定位。要把城乡水务一体化建设作为保障生命安全、生活安康、生产改进、生态改善的根本之策，摆在基础设施特别重要位置，百业为先，前瞻定位。

2. 高标准规划。要精心编制城乡水务一体化发展总体规划和城乡水资源合理配置、城乡供水、防洪排涝等专项规划，强调"全市一盘棋"，城市、国土、港口、产业等专业规划遵循城乡水务发展规划，强化水利规划约束和保障作用。

3. 高质量设计。要注重理念创新，提升设计质量，特别是在中小河流综合治理中，要把防洪安全、水环境治理和景观建设"三位一体"摆在河道治理规划设计的首要位置，统筹上下游，兼顾左右岸，协调干支流，把每一条河流都打造成安全之河、生态之河、景观之河，实现"河畅、水清、岸绿、景美"的目标。

（二）以项目带动

1. 在加快项目前期上，要精心谋划巧突破。下工夫研究对接有关政策，策划生成一批项目；下力气破解设计力量不足问题，生成转化一批项目；要下决心配齐配强工作班子和项目业主，协调推进一批项目。

2. 在加快项目进度上，要精心安排巧推进。紧紧围绕城乡水务一体化建设目标，把任务落实到各地、落实到各个具体项目上，以目标倒逼时间，以时间倒逼进度，以进度倒逼任务，以任务倒逼责任，加快征迁安置，加快建设进度，全力推进确保完成城乡水务一体化建设任务。

3. 在保证项目质量上，要精心打造巧监督。百年大计，质量第一。推进城乡水务一体化建设，必须树立水利精品意识，精心设计、精心施工、精心管理，重点把好设计审查关、材料检验关、工程验收关。

（三）以人才支撑

1. 维护团结凝聚合力。重点维护好班子团结、维护好队伍稳定、维护好共事一盘棋、谋事一条心、干事一股劲的大好局面。

2. 项目攻坚培养人才。深入研究对接项目、精心谋划储备项目、跟进落实生成项目、明确责任推进项目，凝聚合力建成项目。通过建设一批水利项目，培养一批水利人才。

3. 正确用人选好人才。坚持正确的用人导向，在推进水利重点项目、完成城乡水务一体化目标任务中，把想干事、敢干事、勤干事、会干事、干成事，能为人民造福、得到群众拥护的干部发现并挖掘出来，培养并重用起来，为加快莆田城乡水务一体化提供智力支持和人才支撑。

（四）以资金保障

1. 争取上级支持。领会吃透省政府关于进一步加快重大水利项目建设十项措施政策，赴榕晋京，争取上级财政补助，争取省级财政项目贷款贴息。争取省水利投资集团投资。

2. 用好扶持政策。正确理解，并严格按照财政部、水利部确定的计提口径、实施办法，确保土地出让收益的10%及时足额专项用于农田水利建设。要用好用足省、市政府加快重大水利项目建设有关政策，加快重大水利项目建设。

3. 做强融资平台。用好市里赋予的各项扶持政策，做强做大水务集团；通过水务集团积极融资，重点争取国开行等政策性金融机构支持，加大筹资力度，尽量做到能贷多贷，缓解资金压力。对获得省级贴息的重大水利项目，及时落实贷款利息余额部分。

（作者单位：莆田市水利局）

关于开展水价改革
推进节水型社会建设的思考

徐金海

【摘　要】本文从节水型社会建设和水价改革关系角度，结合莆田市节水型社会试点建设工作，阐述了推进水价改革，全面建设节水型社会的思考。

【关键词】水价　节水型社会

　　水是人类赖以生存和发展的重要资源，是一种稀缺的经济资源和重要的战略资源。没有水就没有生命，就没有文明的进步、经济的发展和社会的稳定。为了应对我国水资源短缺、水污染严重和水环境恶化的严峻形势，2002年水利部在甘肃省张掖市率先进行了全国第一家节水型社会建设试点工作，目前我国已经先后进行了四批全国节水型社会试点建设。2011年中央1号文件再次明确提出"加快建设节水型社会，促进水利可持续发展"的水利改革发展指导思想，并决定"积极推进水价改革""合理调整城市居民生活用水价格，稳步推行阶梯式水价制度"，以发挥市场在资源配置中的基础性作用，达到树立节水、保护水资源的目的。

一、节水型社会建设与水价改革内在关系

　　我国人多水少，水资源时空分布不均，水资源人均占有量不足世界平均水平的1/3，全国660个城市中，有约400个城市缺水。水资源短缺已成为未来20年我国实现全面建设小康社会目标所面临的重大挑战之一。随着城市化水平的不断提

高，我国城市缺水的形势将更加严峻，并且很多地区饮水安全受到威胁、水污染问题日益突出。为从根本上解决我国水资源供需矛盾，提高水资源和水环境承载能力，"九五"期间国家提出了节水型社会建设的理念，"十五"期间水利部在甘肃省张掖市、四川省绵阳市、辽宁省大连市等12个城市实施了全国节水型社会建设试点工作，为全国节水型社会建设提供经验；之后2006年全国第二批30个、2008年全国第三批40个、2010年全国第四批18个国家级节水型社会建设试点相继实施，仅10年的时间里节水型社会试点建设工作在全国范围内大规模开展起来，并取得了良好效果。

节水型社会的本质特征是建立以水权、水市场理论为基础的水资源管理体制，充分发挥市场在水资源配置中的导向作用，形成以经济手段为主的节水机制，更大程度地发挥市场机制和价格杠杆在水资源配置、水需求调节和水污染防治等方面的作用，建立起自律式发展的节水模式，不断提高水资源的利用效率和效益。节水型社会建设的核心是制度建设，而建立合理水价调节机制是其中的一项重要内容，即通过深化水价改革，理顺水价管理体制，充分利用水价机制调动节约用水的积极性和主动性，抑制用水需求的不合理增长，从体制和机制上推动节约用水和保护水环境。

当前水利工程水价总体偏低，致使水利工程管理单位亏损，供水工程维修困难，工程老化失修，效益低下；水价偏低又导致用水缺乏有效的经济制约手段，用水单位和用水户节水意识不强，加剧了水资源利用的无序竞争，造成了水资源的极大浪费。同时，水资源费征收标准低、结构不合理、征收范围窄、征收率不高、计价方式不科学、农业供水末级渠系水价秩序混乱等问题仍然较为严重。深化水价改革，建立合理的水价形成机制，对维持水利工程的正常运行，发展水利事业，减轻国家财政负担，促进节水型社会建设，合理利用和保护水资源，具有十分重要的作用。水价改革并不是简单调整水价的问题，它还包括一系列内容，如水价管理体制的改革、水价计价方式的改革、科学的水价制度的建立、供水管理体制的改革、完善末级渠系渠道设施的投入机制等等，是一项涉及面广、政策性强、实施难度大的系统工程。建设节水型社会，优化配置水资源，必须建立合理的水价形成机制。

二、莆田市全国节水型社会建设试点概况

莆田市位于福建省东南沿海中部，是海峡西岸经济区中心城市之一、"海上女神"妈祖的故乡。全市多年平均降水量1560mm，水资源总量 34.63 亿 m³，人均水资源量仅为1116m³，约为全国人均的 1/2、福建省人均的 1/3。随着莆田经济快速发展和临港产业的加速集聚，水资源紧缺问题越来越成为莆田经济社会发展的瓶颈。建立节水型社会是进一步提高水资源和水环境承载能力，支撑和保障莆田经济社会可持续发展的一项重要战略性措施，也是莆田宜居港城建设的必然选择。2004 年莆田市被福建省水利厅确定为省级节水型社会建设试点，开始了建设节水型社会的探索之旅。2006 年 11 月莆田市由省级试点上升为国家级试点，被水利部列为全国第二批节水型社会建设试点城市。莆田市委、市政府高度重视试点工作，国家水利部和福建省水利厅对试点工作给予了极大关心支持，经过共同努力，莆田市试点建设取得了明显成效，已初步建立起基本适应莆田经济社会发展要求的节水型社会行政管理、经济技术和宣传教育体系，进一步完善了政府调控、市场引导、公众参与的节水型社会建设机制，全市用水总量得到有效控制，水利用率普遍提高，产业结构更加合理，水资源开发利用保护与区域经济社会协调发展。2012 年 4 月 27 日莆田市全国节水型社会建设试点工作通过了专家组评估，5 月 24 日正式通过验收，并被水利部授予"全国节水型社会建设示范

市"称号。

三、莆田市关于水价调节机制的探索

试点期间,莆田市严格执行水资源有偿使用制度,充分发挥市场机制和价格杠杆在水资源配置、水需求调节和水污染防治等方面的作用,加快推进水价改革,积极探索建立合理的水价调节机制。2007年9月,莆田市提高了水资源费的征收标准,将地表水水资源费征收标准从0.02元/m³提高到0.06元/m³。2010年3月,上调了市东圳水库管理局、萩芦溪水电管理处原水价格;2010年5月又上调了市东方红水库管理处原水价格;2010年6月再次调整了主城区自来水供水价格,居民生活用水实行三级阶梯式计量水价,对目前尚未实行一户一表而无法实行阶梯式计量水价的居民生活用水,实行季节性加价,非居民生活用水实行超计划超定额累进加价,各区县自来水公司也相应调整了其供水价格。除上调城市供水价格外,莆田市还大幅提升了城市污水处理费的征收标准,城市污水处理费由0.45元/m³调整为0.8元/m³。通过系列水价改革,莆田市已初步建立起了节水减排的水价调节机制,有效促进了节水型社会试点建设。

四、水价改革实施中遇到的问题

莆田市在稳步推进水价格改革进程中也遇到了不少问题,主要有:一是水利工程水价仍低于供水成本,且收取率普遍较低,致使水利工程老化失修严重,效益衰减;二是水资源费征收行政干预多、标准偏低,不能全面反映莆田水资源紧缺状况;三是物价上涨致使供水企业成本费用增加;四是全市终端水价仍旧偏低,水价没有充分反映水的商品价值,还不能满足供水企业正常运营和扩大再生产所需要的资金;五是各地财政较为困难,对供水企业的技改、扩建、管网等改造无法给予有力支持，只能靠企业自行向银行申请贷款，使企业负债过大，还债负担较重等等。

五、推进水价改革的建议意见

推进水价改革，促进节约用水，建设节水型社会是我国的重大决策。水价改革涉及面广、政策性强，关乎广大人民群众的切身利益和长远利益，关系水资源的可持续利用，因此必须按照科学发展观的要求，坚持统筹兼顾，协调好改革与稳定、近期利益与长远目标的关系，全面推进水价改革。

（一）积极营造水价改革舆论氛围

应充分利用各种媒体和宣传工具，加大水资源宣传力度，让全社会了解目前水资源供需紧张形势，强化水忧患意识，让公民充分地理解水价改革关系到国计民生、关系到国民经济持续发展等重要性，为激发用水户积极参与和推进水价改革奠定坚实的舆论基础。

（二）加强城市地下水开采管理

针对当前地下水无序开采和缺乏有效管理的状况，要充分运用价格杠杆，加强对地下水开采的管理，防止地下水过量开采，将地下水开采纳入规范化管理轨道。进一步加强地下水监测，实行地下水取用水总量控制和水位控制。在地下水超采区，禁止农业、工业建设项目和服务业新增取用地下水，并逐步削减超采量，同时严禁在城市自来水管理网覆盖范围内打井取水，限期关闭原有自备水井。

（三）制定实施合理水价调整目标

合理的水价目标是水价改革的方向。合理水价目标制订应在充分考虑成本的基础上加以确定，并要充分考虑当地的经济发展水平和用水户的实际经济承受能力，适当照顾低保人群，分阶段予以实施，确保水价改革稳步推进。一是适当提高水资源费征收标准，加强征收力度，做到应收尽收，及时征缴入库。二是逐步提高水利工程供水价格，使其逐步达到保本微利水平。三是推进农业用水价格改革。逐步推行农业用水计量收费和面向农民的终端水价制度，农业灌溉用水价格力争达到成本价。四是合理调整城镇供水价格。综合考虑水资源费、水利工程供水价格、供水企业正常运行合理成本和盈利，以及各方面的承受能力，合理调整城镇供水价格。五是优先提高城市污水处理费征收标准，加快推进污水处理产业化、市场化。对已建成污水处理设施并投入正常运行的，要尽快将污水处理费标准调整到保本微利水平。六是合理确定再生水价格。要以补偿成本和合理收益为原则，结合再生水水质、用途等情况，与自来水价格保持适当差价原则来制定价格。

（四）积极推进水价计价方式改革

一是切实推进城市供水抄表到户工作。统筹规划，制定管网和计量系统改造方案，积极督促和支持企业推行抄表到户；对新建住宅和其他商品用房，应按水、电、气抄表到户的技术标准建设和验收，杜绝出现反复改造、浪费社会资源、增加住户负担的问题。二是进一步落实阶梯水价政策。要结合地区实际，合理核定各级水量基数，在确保基本生活用水的同时，适当拉大各级水量间的差价，促进节约用水。三是对城市绿化、市政等公用设施用水逐步实行计量计价制度。四是完善农业水费计收办法。要立足实际改革农业供水管理体制和水费计收方式，农业供水应由按田亩收费向计量收费逐步过渡，改变计量手段落后的现状，推行面向农民的终端水价制度。

（五）积极推进供水管理体制改革

按照建立现代企业制度和产权改革的要求，积极推进城市供排水企业供水管理体制改革，实现政企分开，政资分开。逐步引入特许经营制度，通过创新机制促使供水单位加强管理、降低成本、提高效率。对供排水管理体制不顺、政企不分、任意挤占、平调水利工程单位和供排水企业收入以及任意减免、挪用水费的要限期整改。积极探索供水厂网分开、竞价上网的新型水务运管模式。

（作者单位：莆田市水利局）

莆田市木兰陂水利风景区建设存在问题及对策措施

陈舒阳

【摘　要】本文针对木兰陂水利风景区建设规划、存在问题，从编制规划、合理挖掘资源、突出水利风景区特点、充实水利风景区景观、加强配套设施和人才队伍建设、拓宽筹融资渠道、加大景区宣传力度等几方面提出了相应的对策和措施。

【关键词】水利风景区　规划　建设　旅游

莆田市木兰陂位于木兰溪下游河段，皑皑而立近千年，具有丰富的人文景观和自然景观，至今仍发挥着很强的社会、科学、文化、艺术效益。

一、木兰陂水利风景区建设现状和存在问题

古代未经驯服的木兰溪像一条孽龙，暴雨来时，它就泛滥成灾，给民众带来巨大伤害。1064 年始钱四娘、林从世、李宏、冯智日等四位建陂先贤在木兰溪下游三次筑陂，前两次均因选址失败而未能建成，第三次经李宏、冯智日详细勘察、周密选址设计，精心施工历经八年艰苦奋战，1083 年建成木兰陂。1988 年 1 月木兰陂被列为第三批全国重点文物保护单位，钱四娘庙、木兰陂纪念馆为其附属文物，近千年以来，木兰陂经受了无数次风、洪、潮的考验，岿然不动，成为一座至今仍发挥着引、蓄、灌、排、挡等效益的古代水利工程，誉称南方的"都江堰"。

为弘扬水文化，发展水经济，科学合理利用木兰陂现有风景资源，2009 年初，莆田市委、市政府决定对木兰陂及周边环境按水利风景区的标准进行保护性建设。总投资约 2000 万元的木兰陂风景区一期工程于 2010 年 9 月动工建设，2011 年 6 月建成。木兰陂景区工程是木兰溪下游二期霞林段防洪工程的配套项目。其景区建设内容为木兰陂陂体加固建设、木兰陂两岸防洪堤建设、木兰陂周边配套建筑物建设、木兰陂公园湿地和展示区建设。

虽然木兰陂水利风景区建设取得了一定的成绩，但也存在一些问题，主要表现在挖掘资源不够、配套设施不完善、人才队伍建设落后、宣传力度较弱、资金投入不足等方面。

（一）配套设施不够完善

木兰陂周边环境缺乏统一规划管理，附近民居建筑物与景区古迹不协调，周边绿化植物单调；公园景观环境对场地的水利历史文化内涵挖掘不够，没有形成联系；附近水利设施景观性较差，与古物文物风格不搭调；现状的公共服务设施、配套设施不完善，如休闲设施、标识设施、娱乐设施等。

（二）周边交通不畅

木兰陂北岸出口位于福厦路（荔园路）路口，又濒临莆田西高速路口，景区外围交通到达便利，但从福厦路路口进木兰陂北岸的道路为村道，路面较窄；南岸出口位于城乡结合部，村民建房缺乏统一规划，经常挤占村道，造成交通路况差、路面变窄，难以吸引大量游客参观。

（三）管理和服务人才不足

景区发展旅游业需要高素质的研究、规划、管理人才和一批具有议定文化基础和专业知识的服务人员，目前这样的人才比较紧缺。

（四）建设资金投入不足

木兰陂水利风景区建设开发起步较晚，资金投入有限，不能集中资金进行特色景点的深度开发。

（五）宣传力度不够

景区宣传目前只局限于当地一些媒体报道，对省级媒体宣传报道不够重视，没有加大品牌的媒体宣传力度。

二、加快木兰陂水利风景区建设的对策措施

（一）科学规划，挖掘水文化资源

规划设计是水利风景区建设与管理的基础性工作，是保障水利工程安全及水生态安全的一道屏障，是筹融资的重要工具。要按照水利风景区建设规范要求，组织编制景区发展总体规划，充分争取市政府和有关部门的支持和帮助，与本地旅游规划衔接，尽可能融入本地的旅游市场。针对木兰陂水利风景区不同景点类型，深入充实水利景观内容，把独具木兰陂特色的生态景观与人文景观巧妙结合，增强人文内涵。将水利风景区建设作为悠久水文化的重要传承载体，严格保护水利自然生态环境，保护天然的和已有的水利风景资源，杜绝、防止、整治和修复因开发建设带来的污染和破坏。高起点规划，力争把我省有关水历史、水文化的标志性建筑物落地景区内，提升景区的管理水平和知名度。创新"一心一廊四区"，即"一心"木兰陂历史文化中心，"一廊"木兰溪生态文化绿廊，"四区"历史文物保护区、水利文化展示区、湿地民俗体验区、城市休闲活动区，打造国家级水利风景区、中国古代水利名胜区、中国生态水利示范点，创建"联合国人居奖"，申报世界文化遗产。

（二）畅通路网，搞好旅游经济活动

木兰陂水利风景区着重展示莆田的水利史、水科技、水民俗、水生态和水文化等内容，在近水、亲水、观水、戏水的过程中，抓住假日旅游经济这块大蛋糕，从莆田西高速入口处打

通一条直达景区北岸的专用道，并将周边路网纳入规划统筹建设，形成北岸堤顶路、六部桥、南岸堤顶路、木兰大道、樟林大桥的环状交通路网，加强游客到达景区数量和观赏体验，同时开展主题突出、特色鲜明的民俗活动，如亲水节、美食节、端午节龙舟赛、垂钓、草莓采摘、温泉旅游等一系列活动，让游客了解水利的历史，认识水文化的哲理，体会水科技的重要，重视水资源的保护，使木兰陂所富含的文化内涵得到良好的保护、传承和更新。

（三）充实队伍，加快人才引进步伐

人才队伍建设是景区发展的关键。要强化人才队伍建设，加快景区建设和管理专业人员的培养和引进，提高人员素质，努力建设一支高素质的经营管理、营销和接待队伍。

（四）开拓创新，拓宽筹融资渠道

水利风景区建设需要大量的资金投入。除积极争取市政府对木兰陂水利风景区建设的投入外，在保证木兰陂水利资源统一管理、统一调度支配和有效保护的条件下，木兰陂水利风景区的使用权和所有权可适当分离，将水利资源实行资产化管理，创建多元化建设管理融资模式，调动社会各方的参与热情，充分发挥木兰陂水利风景区在涵养水源、保护生态、改善人居环境、拉动区域经济发展等方面的重要作用，同时制定严格的管理办法，保证木兰陂安全和景区统一管理，做到产权清晰，责任明确，风险共担，利益共享，实现经济效益、社会效益、生态效益和参与各方的多赢。

（五）加大宣传，扩大对外影响力

加强木兰陂水利风景区建设宣传力度，加强与新闻媒体的沟通和联系，通过电视、报刊、网络等多种媒介宣传和展示木兰陂水利风景区，不断提高景区的影响力和知名度；加大水利品牌宣传力度，在宣传中深化千年古陂——木兰陂这一品牌意

福建水利改革发展研究

识，把木兰陂和人文景观紧密结合，提高木兰陂水利风景区的知名度，扩大对外影响力。

（作者单位：莆田市水利局）

关于金融支持水利
建设情况调研

郑丽萍

【摘　要】水利建设具有很强的公益性、基础性、战略性。水利建设贷款是构建多元化水利筹资渠道的重要途径，加快水利发展迫切需要金融提供有力支持。本文立足当前泉州市金融支持水利建设的总体情况，剖析金融支持水利领域存在的突出问题，探寻金融支持水利建设的新思路、新办法，为加快推进泉州市水利科学发展、跨越发展提供决策参考。

【关键词】金融　支持　水利建设

"十二五"期间，我市规划建设各类水利工程项目232个，估算总投资约280亿元，是"十一五"期间的5倍。如此庞大的资金需求，仅靠现有的财政投资为主导的投融资渠道显然是无法支撑的，必须按照2011年中央1号文件提出，"综合运用财政和货币政策，引导金融机构增加水利信贷资金"，立足我市实际，在继续发挥公共财政支持水利建设的主渠道作用基础上，利用市场配置资源的基础性作用，进一步加强对水利建设的金融支持，切实推动我市水利科学发展、跨越发展。

一、水利建设金融服务面临的困难和问题

在当前银行信贷仍是社会融资主要渠道的背景下，金融是水利建设必须依靠的重要力量。但受四方面因素制约，我市在

金融支持水利建设方面取得成效有限。

（一）部分水利设施产权不明，投资期限长，收益较低，对社会资金吸引力不足

如我市"六千"期间建设的 1292 个农村供水工程中，由村集体管理或自建自管形式有 1009 个（占 78.1%）。这些工程由于缺乏具体的管理机构和人员，导致建设、管理、使用脱节，出现"国家管理不到、集体管理不好、农户管理不了"的尴尬局面。此外，农田水利设施建设周期长、投入资金大，农业用水水费征收困难，直接经济效益较小。一些大中型水利工程建设因耗资大、建设周期长、投资回收慢、风险较大而收益率更低。因此，单纯的农田水利建设工程如不附带其他具有商业价值的项目，对社会资金是缺乏吸引力的，特别是在蓄水工程、引水工程、堤防工程、泵站工程等小型水利设施领域很难吸引社会资金投入。

（二）部分水利设施建设工程贷款缺乏合格的承贷主体

项目产权关系不明晰，成为制约金融加大信贷投入的突出障碍，特别是农田水利设施。多年来，由于农田水利建设依靠国家投资，行政部门负责组织建设，从而导致水利设施经管主体、运行机制、经营模式、产权归属难以清晰，在管理上涉及的部门广、头绪多，农田水利设施建设工程贷款缺乏合格的承贷主体。同时，由于多数农田水利建设项目不直接产生效益，贷款本息偿还难成为信贷资金难以介入的障碍。农田水利设施产权难以进入抵押担保领域。这从根本上制约了金融对农田水利建设的投入。

（三）水利工程建设的公益性与银行的市场性相背

我国水利建设基本上是财政投入，基础性、公益性特征强。加之水利工程建设贷款额度大、还款周期长，多数设施不能作为经营性资产产生稳定的回报，是一种风险较高的项目。同时，国家在政策支持上没有明确的补偿机制，金融机构缺乏

有效支撑。

（四）当前金融支持农田水利基本建设配套政策不完善

农业信贷风险补偿机制不健全，农业保险机制缺失，信贷资金风险较大。银行对农田水利基本建设的支持仍限于传统信贷支农方式，缺乏支持农田水利建设的金融创新产品，灾害性保险业务几乎为空白。同时，农田水利基础设施承受的自然风险大，农业保险机制的缺失，导致农业信贷风险补偿机制不健全，难以吸引信贷资金的支持。

二、对策建议

（一）充分认识金融支持水利建设的重要意义

水利建设具有很强的公益性、基础性、战略性。要贯彻落实中央和省、市1号文件以及中国人民银行、发展改革委、财政部、水利部、银监会、证监会、保监会《关于进一步做好水利改革发展金融服务的意见》［银发（2012）51号］精神，加大对水利建设的融资支持，通过创新体制，完善机制，充分发挥金融的杠杆作用，更加扎实地做好水利建设的金融服务工作。要立足实际，制定支持我市水利建设金融服务方案，在风险可控的情况下，开展水利建设中长期贷款，支持水利重点建设项目和续建项目。针对融资规模较大的水利工程项目，可协调银行业金融机构开展银团贷款和联合贷款，以满足资金需求。银行业金融机构要积极开展信贷产品创新，根据水利建设信贷需求特点，在严格控制风险的基础上，加快信贷产品创新步伐，对已落实财政资金的公益性水利建设项目，要加强信贷资金配套支持；对具有未来收益的经营性水利项目，鼓励其以项目未来收益或收费等经营收益为担保，开展水利项目收益权质押贷款。同时，进一步加强与政府投融资平台合作，确保涉及水利贷款增长速度高于各项贷款平均增速，确保水利建设的有效信贷需求得到满足。

（二）突出金融支持水利建设的重点领域

市委、市政府在《关于认真贯彻中央 1 号和省委 1 号文件精神切实加快水利改革发展的实施意见》（泉委发〔2011〕1号）中明确了我市水利改革发展的目标任务，力争通过 5 到 8 年的努力，从根本上扭转水利建设明显滞后的局面，到 2020 年基本建成标准较高的防洪抗旱减灾体系、高效安全有序的水资源保障体系、有利于水利科学发展的制度体系，农田水利基础设施大幅度改善，水生态环境不断向好，水土流失综合防治体系进一步健全，保障民生、服务民生、改善民生的水利发展格局基本形成。驻市金融机构要根据自身的业务功能和市场定位，紧紧围绕全市水利发展的"十二五"规划和《实施意见》，积极支持白濑水利枢纽工程等"十二五"期间规划建设等 239 个各类水利重点项目，千方百计增加信贷投入，多渠道拓展资金来源，大力助推我市水利建设跨越式发展。

（三）着力拓展金融支持水利建设的渠道

1. 创新水利建设信贷管理模式。金融部门应积极贯彻落实中央 1 号文件精神，加大信贷投放力度，创新信贷管理模式。借鉴土地流转、林权质押贷款等经验，创新信贷管理模式，创新服务"三农"、支持农田水利基础设施建设的金融产品，提高金融服务水利建设的活力。探索推出"土地流转权＋信贷资金＋水利建设"、"五户联保＋信贷资金＋灌溉机具"等信贷支持模式，以及以项目未来的经营收益或收费权等为担保，对具有未来收益的经营性农田水利项目发放抵押贷款；积极探索拓宽农村有效担保物范围，创新担保形式多样的涉农信贷产品，完善涉农信贷风险分担机制；探索开展大型农田水利设备、大型农机具等融资租赁业务。在加大对农田水利建设金融支持力度的同时，有效拓展信贷业务，促进自身效益的可持续增长。

2. 发挥保险对水利建设的支持。进一步密切与驻市保险公司的合作，鼓励其向总公司或保险资产管理公司推荐符合保险资金运用条件的水利建设项目，引导保险资金用于我市水利建设和股权投资。鼓励驻市保险公司积极运用"投资＋保险"的合作模式，将水利设施纳入政策性农业保险范围之内，充分发挥保险资金与专业风险保障的合力。引导驻市保险公司创新涉水工程保险产品，增强保险业务在水利建设领域的渗透力，有效发挥保险的风险分散和经济补偿功能。

3. 积极拓展其他融资渠道。推动辖区信托机构针对我市水利建设项目资金需求，设计推出相应的信托产品，通过信托贷款、信托股权投资、其他权益类投资等方式引入信托资金。引导融资性担保公司积极参与水利项目担保。探索与金融租赁公司联合开展大型水利建设设备的融资租赁业务。积极鼓励和引导民间资本进入我市水利建设领域，充分发挥商会、重点企业在吸引民间投资中的桥梁作用，吸引和支持民间资本通过参股、控股、BOT、TOT 等多种方式参与水利建设。

（四）积极营造金融支持水利建设的环境

1. 积极培育合格的承贷主体。市级有关部门要加大水利管理体制改革，通过水利投资公司以招商、担保等形式，吸引社会投资机构参与合作，引导民间资本采取入股方式对水利建设进行资本投入，支持鼓励国有大型企业、涉农企业投资兴建水利项目。

2. 发挥财政资金放大效应。市级有关部门要积极发挥财政资金的放大效应，建立财政资金与社会资金、信贷资金相互配合、共同支持水利建设的新机制，探索政府补助、参股经营、以奖代补、财政贴息、担保融资等新模式，扩大水利建设的资金来源，引导银行加大对水利建设的信贷支持力度。

3. 建立激励机制和补偿机制。市级有关部门在对驻市金融机构的年度评价奖励中，适当提高水利建设贷款和投资的评价权重，给予相应的奖励表彰，充分调动其积极性。对一些重要但收益水平较低的水利设施贷款，市、区县两级财政可实施贴息政策，减轻承贷主体的经济负担。探索建立对金融机构水利贷款损失的风险补偿机制。

4. 加强信贷政策指导。要加强信贷政策指导，运用再贷款、再贴现、差别准备金率等货币政策工具，积极引导金融机构加大对我市水利建设支持力度。督促银行机构落实银政合作协议，提高水利建设的金融服务水平。

（作者单位：泉州市水利局）

兴水利民，瞄准"最后一公里"

林方亮

【摘　要】近年来，随着乡镇机构改革的推进，各地基层水利管理服务体系不完善的问题日益突出，严重制约了农村水利事业的健康发展。本文立足泉州市实际情况，探索健全完善基层水利服务体系建设的方法途径，以期进一步提高基层水利工作水平。

【关键词】农村水利　基层服务体系　水利管理体制

基层水利服务体系是为基层水利建设、运行、维护和管理提供全方位服务的各种组织与机构形成的有机整体。2011年中共中央、国务院出台的1号文件是新中国成立以来发出的第一个关于水利改革发展的综合性文件，是指导当前乃至今后一个时期我市水利改革发展的纲领性文件，它对健全基层水利服务体系提出了明确要求。建立健全基层水利服务体系是党中央对农村水利工作的重要部署，是实现农村水利可持续发展的迫切需要，是适应农村生产经营方式转变的必然要求。兴水利民，打好我市水利建设"翻身仗"，要牢牢把握国家加快水利发展的重要机遇，加快推进基层水利服务体系建设，切实解决基层小型水利工程建管的"最后一公里"的问题。

一、我市基层水利服务体系建设的历史

我市基层水利服务体系始建于20世纪60年代，并随着改革开放的深入和水利事业的发展，陆续有所发展，大致经历了三个阶段。

（一）设员建站期

20 世纪 60 年代，南安等县就设有乡（镇）水利工作站，吸收农民水利技术员管理农村小型水利水电，以后陆续有所发展。特别是 20 世纪 60～70 年代，随着大规模水利建设的开展，到 1985 年，全市 129 个乡（镇）中，有 101 个建立了水利水电工作站。

（二）成长定型期

1986 年国务院全面部署开展建立健全乡镇水利站的工作，有关部门出台了定编定员文件。1988 年，为加强和完善乡（镇）水利水电管理体系，充分发挥各项工程效益，我市重新核定乡（镇）水利水电、水土保持管理站事业编制 361 人，其中水利水电干部 126 人，工人 218 人，水土保持干部 3 人，工人 14 人，主要用于解决长期从事水利水电工作的临时工转正，以稳定基层水利队伍。到 1990 年底，全市 129 个乡（镇）中，有 117 个建立水利水电工作站，共有全民职工 269 人（干部 53 人，工人 216 人），其中专业技术人员 51 人，初步形成了基层水利服务机构的框架，为农村经济社会特别是基层水利的发展提供了重要支撑。

（三）改革发展期

1990 年以来，由于乡镇机构改革、基层水利工作弱化等原因，部分乡镇水利站逐步被合并和撤销。2008 年，安溪在"千万农民饮水工程"建设过程中，成立了用水户协会，制定出台了《关于加强村级供水工程建后运行管理的实施意见》，逐步建立村级供水工程的管理、维护新机制，并逐步在全市推广。2011 年中央 1 号文件出台后，我市加强和完善基层水利服务体系建设，在全省率先全面落实 11 个县（市、区）防汛办主任核定为副科级领导职数以及 6 个县（市、区）、市属 6 家水利防洪工程单位各增加一名副科级总工程师（技术负责人）领导职数，并招收 45 名水利专业技术人员，充实到基层一线。截至 2011 年底，我市现有农民用水户协会 206 个，有 123 个乡镇设有水利工作人员。

二、当前我市基层水利服务体系存在的突出问题

多年来，我市从实际出发，不断探索适宜的基层水利建设管理模式，有力地促进了水利事业的建设与发展，但基层水利服务体系建设还不完善，存在问题较多，无法适应当前水利改革发展的需要。

（一）基层水管单位属性定位不清楚，体系不健全

近年来，随着乡镇机构改革的推进，各地基层水利管理服务体系不完善日益突出，水管单位经营困难。目前，我市基层水利管理体制主要有两种类型：一是水利、水保职能并入到农业综合服务中心，由乡镇直管，如泉港区乡镇所设的农业综合服务中心。二是单独保留的水利（水保）站，由县级水利部门和乡镇政府双重管理，主要以乡镇为主，如永春县一都镇水利工作站等。据统计我市 155 个乡镇中，共设各类乡镇（街道）农业综合服务中心（含水利、水保职能）123 个，仅占乡镇总数的 79.4%，在编在岗水利（水保）员 196 人。基层水利单位管理的多头管理与职责不清，造成管理体制不顺，运行机制不活，服务经费与乡镇水利工作需要差距较大，基层队伍不稳，人才流失严重，导致部分乡镇出现小型水利工程管理责任落实不到位、防汛责任难落实、安全隐患突出、水利规划无人做、突发应急事件和水事纠纷无人处理。

（二）基层水管单位经费保障困难

由于基层财政困难，县（市、区）水管单位核定的"两费"（人员经费和工程维修养护经费）标准较低，落实比例还有待进一步提高。如安溪百里渠管理处，现有人员 7 人，均为镇聘职工，工资为 1000 元左右/月。由于收入、待遇低，有专业、有特长、有能力和年轻的水利职工留不住，很多乡镇水管

站已经名存实亡。

(三) 基层水管单位专业技术人才缺乏

当前基层水利员队伍人员老化、人才不足、素质偏低等问题非常严重。首先是人员结构不合理，队伍趋于老龄化。目前，在岗在编的基层水利（水保）员40岁以下仅97人，相当一部分已接近退休年龄，年龄在40岁以上的人，占在岗人数的29%。其次是知识结构不合理。一些乡镇水利站转制后，水利服务中心人员直接由乡镇聘用，从业人员素质偏低，现有乡镇水利工作人员中，水利技术人员仅14人，占从业人员的7%。再次是专业素质下降。因待遇低下，懂技术、业务能力较强的水利员大都外出自谋发展，人才流失严重，取而代之的是乡镇政府安排的不懂业务、无专业知识、又未经过培训的人员，专业人才青黄不接，基层水利工作难以开展。

(四) 镇水管单位服务职能正逐步弱化

基层水利服务机构，主要承担着农田水利建设、防汛抗旱、水资源和水环境等公共服务和社会管理的重要职能。由于普遍存在管理体制不顺、管理经费不足、服务能力不强、职工队伍不稳等诸多管理主体缺失问题，导致大量的农田水利工程无人管理、设施损毁、工程老化、效益衰减，制约了水利工程功能的发挥，影响了农业农村持续稳定发展和农民群众的根本利益。有的小型水利工程维修无经费，老化失修严重；有管理单位的等、靠、要，无管理单位的没有人问；少数工程没有专兼职管护人员，个别工程甚至没有建完就遭到破坏。

三、加强基层水利服务体系建设的建议

基层水利管理服务体系存在的这些问题和造成的影响，严重制约了基层水利事业特别是农村水利事业的健康发展，必须尽快从根本上加以解决。

（一）确定基层水利服务体系建设的基本框架

基层水利服务体系至少应包括以下三个方面的内容，或者简单地概括为"三驾马车"：一是基层水利服务机构。它是以小流域、区域或乡镇（街道）为单元设置，作为县级水行政主管部门的派出机构，是国家最基层的水利单位，在其辖区内行使水行政职能，主要承担水资源管理、防汛抗旱、农田水利建设、水利科技推广等公益性职能，其特性是政府职能的延伸，是基层水利服务体系的基础力量。据统计，我市 155 个乡（镇、街道）中，有 140 个镇要求成立水利工作站，其余 15 个乡（镇、街道）要求设立 11 个水利中心站。二是农民用水合作组织。它是按照一定章程，由受益农户自愿组成，自我服务的民间合作组织，它填补了农村小型农田水利工程管理主体的缺位，是农民群众自主兴办和管理小型农田水利工程设施的社会团体，其特征主要是合作互助，主要从事受益区内水量分配、水费收取、水事纠纷调解，负责末级渠系的建设与管护等，如安溪一带盛行的农民用水户协会。三是准公益性专业化服务队伍。适应农村水利建设管理新形势的要求，为农民提供水利技术服务的专业化队伍，包括专业设备提供、维修服务等，其特征主要是专业和技术服务，如防汛抗旱服务队、喷微灌设施维修队等。一般应由水行政主管部门负责组建，如 2008 年 7 月，经市编委同意，市水利局下属的水利水电工程局加挂"泉州市防汛抗旱专业技术抢险队"，负责承担应急出险水利工程抢险排险技术方案的实施和防汛抗旱救灾工作，主要负责晋江流域及洛阳江流域水面水葫芦等漂浮物清理任务。

（二）建立健全基层水利服务体系运行机制

基层水利服务机构建设，重点是定性质、职能、编制、隶属关系。一是明确公益性职能。多年来，基层水利服务机构职责不清，公益性职能与经营性服务混为一体，与管水单位合署办公，与施工企业"两块牌子一套人马"等现象比较普遍，既影响了作用的发挥，也影响了政府给予的保障程度。2011年中央1号文件明确要求强化水资源管理、防汛抗旱、农田水利建设、水利科技推广、农村水利管理等公益性职能，这是新形势下基层水利服务机构建设的准确定位，也是搞好基层水利服务机构建设的重要前提。在确定基层水利服务机构职能时，应把上述公益性职能固定下来，把可以由市场解决的经营性服务分离出去，按市场方式运作。二是科学设置机构。基层水利服务机构设置要综合考虑当地经济社会发展水平、水资源条件、幅员面积、水利及农业生产特点等因素来设置，在水利建设和管理任务较重地区，可以以乡镇为单元建立基层水利服务机构，其他地区可以以流域或区域为单元建立基层水利服务机构。三是理顺隶属关系。基层水利服务机构是基层水利服务体系的核心力量，应作为县级水行政主管部门的派出机构，行使相应的行政职能。要实行"条块结合、以条为主"的管理体制，县级水行政主管部门负责人员调配和业务指导，人员考评、晋升、调动充分听取所在乡镇等地方的意见。这种隶属关系，有利于县级水行政主管部门统一调配基层水利服务机构的力量，避免乡镇各自为政，力量分散，从而能更好地适应当前和今后一段时期大规模开展农村水利建设的要求，适应农村水利规模化、专业化、现代化发展的形势。四是合理核定编制。要综合考虑当地农村水利设施数量、灌溉面积、农业生产特点等因素，按照专业、精干、效能的原则合理确定。要确保一线工作的水利技术人员比例及其专业性质，保证其公益性职能的正确履行。同时，要进一步加强和积极培育、支持农民用水合作组织建设，着力探索、总结适应本地特点的专业化服务队伍建设管理模式，切实加大对防汛专业抢险队、抗旱服务队、水利科技推广服务等专业服务组织的扶持力度，全面推进专业化服务队伍建设。

（三）完善基层水利服务体系运行机制

一是完善人事管理制度。要认真研究"条块结合、以条为主"前提下，基层水利服务机构人事管理的新机制，要合理划分县级水行政主管部门和乡镇政府在基层水利服务机构人事管理方面的职责，确保县级水行政主管部门和乡镇（街道）政府有效管理落到实处。要科学设岗、竞聘上岗，以岗定人、能进能出，逐步实现水利员资格准入。二是健全工作考核评价机制。把基层水利服务机构工作机制建设放在突出位置，建立岗位责任制，明确服务内容，量化考核指标，实行日志制度，建立由服务对象、所在乡镇政府和主管部门三方参与的考评机制，并将考评结果与职务晋升、职称评聘、解聘续聘等挂钩。三是创新服务方式方法。要根据新阶段新特点，从方便群众的角度出发不断创新服务方式，积极探索建设水利服务"110"，大力推广服务承诺制，逐步形成咨询服务方便化、应急服务快速化、政务信息公开化的服务新机制。

（四）强化基层水利服务体系保障措施

要按照基层水利服务机构的公益性服务职能和性质。公益性水管单位应纳入全额拨款单位，由县级财政将其人员工资、补贴和日常办公经费纳入县级财政预算，由财政全额负担，如南安水头水管所，安溪三英渠和澳江渠管理单位等。对于贫困县应按农村综合改革的有关政策，由省、市财政适当给以补助。要落实基层水利服务机构人员参加事业单位养老保险的有关政策，执行事业单位养老保险制度。要按照水利部即将制定颁布的基层水利服务机构建设标准，逐步加强基层水利服务机构基础设施规范化、标准化、制度化建设，改善技术装备和服务手段，切实提高基层水利服务机构服务能力。同时，要加强农民用水合作组织的能力建设，有计划有步骤地扶持农民用水合作组织建设。要制定扶持准公益性专业化服务队伍发展的相关政策，促进其健康、快速发展。

（作者单位：泉州市水利局）

漳州市水能资源及小水电
建设管理调研报告

段晨霞

【摘　要】本文从漳州市水电建设实际出发，分析漳州市水
　　　　　电基本情况、小水电建设管理现状与存在问题，
　　　　　探索健全完善水能资源及小水电建设管理的方法
　　　　　途径。
【关键词】农村水电　　建设管理

一、漳州市水电基本情况

（一）水能资源及流域规划情况

漳州市境内流域面积 $500km^2$ 以上的河流有九龙江、漳江、东溪、韩江（芦溪、九峰溪）、鹿溪 5 条，其他中小流域河流及支流 98 条。九龙江由漳平市流经我市华安、芗城、南靖、平和、龙海等县，全市水能资源主要集中在九龙江北溪、西溪，占全市水电装机的 75% 左右。60 年代，华东设计院、省九龙江规划队编制九龙江干流流域水电开发规划报告。80 年代，漳州市水电设计院完成九龙江 $500km^2$ 以下的一级支流、漳江、东溪、韩江（芦溪、九峰溪）、鹿溪等流域的水电开发规划报告；九龙江北溪永福溪（浙溪）流域水电规划经省水电厅审查。总之，1995 年之前，$500km^2$ 以上的河流有编制流域水电开发规划，水电项目主要是以发电、防洪、供水综合利用的干流水库梯级电站为主，单站容量多数为 1000kW 及以上，小流域（$100km^2$ 以下）、二级支流基本上无规划水电站。

2001～2002 年开始编制河流综合流域规划，省规划院、市水电院完成五条河流的流域综合规划报告通过省水利厅审查。根据全市农村水能资源调查评价及复查结果，全市水电技术可开发装机 89.14 万 kW。

根据省政府闽政〔2005〕15 号《加强水能资源开发利用管理规定》市水利局负责组织完成了全市流域综合规划新（修）编工作，九龙江、漳江、东溪、韩江（芦溪、九峰溪）、鹿溪干流的流域综合规划（修编）2007 年通过省发改委、水利厅批准。其他 98 条流域综合规划也已完成，目前中小流域规划环评报告书及中小河流流域综合规划上报未批。

目前，长泰枋洋水利枢纽工程、漳浦朝阳水库、漳州第二水源工程配套电站作为全省"十二五"水利重点工程已动工建设，华安华电红旗山扩容（8 万 kW）在建，今后原则上不再规划和新建 1000kW 以下水电站。

2011 年末，全市水电站开发率达 83.4％。其中有水库的电站 119 座，42.2 万 kW；民营所有制电站约占 90％。

（二）各时期小水电建设情况

20 世纪 70～80 年代我市水电建设进入发展阶段，水电站属国有、乡（村）集体所有，南二、华电归省属。投资主体由政府补助（20％～30％）为主，当地农民投工投劳。华安、南靖、平和基本上以小水电自发自供为主、与电网互补余缺，小水电电价低廉。1990 年末，全市水电总装机 20.9 万 kW，其中 100kW 及以上电站 242 座，19.5 万 kW，小水电自供电量占 37.4％。90 年代初中期，船场溪干流南一龙头水库五级梯级电站、永丰溪四级梯级、岭下溪水库、峰头水库、澎水水库，浙溪水库，高层水库等配套电站在此期间建成。这些干流及一级支流上的水库电站按原规划建设，水库投资以中央补助和银行贷款为主，报批程序完整，由市（县）水利局成立工程指挥部负责建设，工程有竣工验收。1999 年全市小水电自供电量占 30.1％。客观地讲，小水电在当时的电力供应担当其不可忽视的重要职责。

"九五"期间，小水电在"自建、自管、自用"国家政策鼓励下，小水电投资主体逐步有公有向民营转变。2000 年水电站 661 座（≥100kW 的 506 座），装机 34.8 万 kW，发电量达 15.47 亿 kW·h。

"十五"部分重点水电工程纳入县政府招商引资项目，九龙江北溪华安段水电梯级开发及平和县芦溪流域梯级开发任务纳入"十五"、"十一五"漳州市水电计划。2002～2009 年，这两条流域的大部分电站都由民营投建，加之许多支流小水电的开发，"十五"水电建设规模最大，投产水电站 225（技改 30）处，新增装机 19.99 万 kW，完成规划 177％；平和良坝、厝南坂、坪回，华安西陂、绵良、天宫、利水、德溪，诏安龙潭等规划的 18 座，共 19.8 万 kW 投产。"十一五"投产 128 座，17.4 万 kW。1999～2010 年投产电站 428（技改 40 座）座，40.56 万 kW（其中属规划的 1000kW 以上电站 35 座，23.7 万 kW），全市规划的水电站多数已建成。小水电连入县电网，基本为一县一网一公司模式，南二、华安水电厂属福建华电集团直接连入省网。

（三）小水电行政管理职能的变更

1998 年国务院机构改革方案出台，1999 年底水电行政管理职能移交省、市（县）经贸委（局）。2002 年市（县）水电职能正式从水行政部门划出，只负责水电农村电气化规划编制及实施，负责水利部门的水电站安全管理，农电科（股）人员进行调整和削减，部分县水利局无农电股和人员编制。县办电站多数拍卖，乡（村）集体电站也多数承包给个人。1999～2007 年期间，各级水行政部门不再承担水电行政管理职能。

1999～2002 年，私营小水电开发热，一些投资者擅自更改规划，项目论证、报批不全，甚至"未批先建"，有些甚至在无规划的小支流上也建起"四无"水电站。2004年起，根据省政府要求，由市（县）水利局牵头，联合发改、经贸、电监、环保、电力、国土、物价等部门开展小水电清理整顿，85座手续不完整，其中查处27座重点违规电站，进行安全整改，验收销号，2007年底完成第一阶段清查。通过清查发现，北溪、芦溪、花山溪干流上规划的大电站，基建程序较完整，施工较规范，有监理、质量监督，工程有阶段验收，小（1）型以上水库电站水利部门有水库蓄水验收。而小支流上的水电站不同程度出现建设程序不完整，相关审批部门涉及约10个部门、15项内容，部门间缺少横向沟通配合，有越权审批等现象。

2007年2月，闽委编办〔2007〕28号文："调整将5万kW及其以下水电站建设行政管理职能交给省水利厅，水电站建成验收后的电力运行行政管理职能仍由省经贸委承担。"2009年4月，漳州市编委以漳编〔2009〕24号："5万kW以下水电站建设与管理行政职能由水利部门承担，水电站运行的电力调度及联网行政职能有经贸部门承担。"

二、小水电建设管理现状与存在问题

（一）文件出台与各职能执行不一致

2003年起，水行政部门依照规定执行"四项前置"手续、环保部门执行环境评价制度，此前的许多电站业主未办相关手续，补办手续，对于建设项目的合理、合规性难于重新界定。1000kW以下电站流域规划、水土保持方案、环境评价多数采用报告表形式，登记备案。同时各市（县）无统一的执行标准，各部门文件不一致，执行时段上也存在矛盾，较为混乱。福建省人民政府关于加强水能资源开发利用项目管理的通知（闽政〔2007〕227号文）2007年12月出台，此时，我市的电站基本上都建完。按文件要求水利部门负责5万kW以下电站竣工验收成了很棘手的问题。一些小电站，基建程序和施工较不规范，水利部门由于在建设过程中未介入；此时要求工程监管时间上无法保持同步，对已投产电站的隐蔽工程质量难于监督，进行验收；其次相关部门的文件也提出水电站未进行竣工验收的，电网部门不得签订并网协议、工商不予企业注册，但由哪些部门共同组织验收，规定不清，实际上大多数电站都并网发电了，现电站的运行与调度管理归属经贸部门，水利部门难于单方面、有效的从行政手段上对水电站安全、质量控制。国家电监委办资质〔2009〕18 号对水电站按投产时间、装机规模，办理发电许可也作出规定，对符合建设手续 1000 以下的发电企业，可申请豁免电力业务许可证。因此建议相关文件在执行上要统一、部门之间加强配合，联合审批验收，1000kW 以下电站验收是否应简化并按建设时段进行分类处理，提请政府相关部门共同制定行之有效的政策制度，使政府对小水电监管落到实处。

（二）水电站的发电效益与生态问题

1999～2007 年，水电建设为计划的 1.7 倍。主要原因是很长一段时间水电行业管理职能缺位，项目报批较松，支流开发较密。水电站水资源论证中，对生态流量都有较明确的要求，原则上为 $P=90\%$ 的设计流量；对少数有脱水段、造成供水、灌溉影响的电站，相关职能部门应齐抓共管，有配套的奖惩措施。2010 年 5 月，市（县）水利局会同环保等部门根据省经贸委要求，完成九龙江（北溪、西溪）、东溪、芦溪 11 座水电站上安装了最小下泄流量监控装置，实现生态流量的实时监测。而那些干流上符合规划建设、已运行的电站，应尊重历史，优化配置水能资源，水、电联调，水电站运行，应服从防洪减灾、供水灌溉、生态效益；其次应加强流域内工业污染源、养殖业污染源的综合治理、达标排放，定期开展河流水质监测及水能资源后评价。

（三）小水电上网电价偏低

全市小水电上县电网平均电价约 0.29 元/（kW·h），1993 年后投产执行"新电新价"，在 0.27～0.33 元/（kW·h）之间。就连上省网、南二仅 0.285 元/（kW·h），甚至有 0.18 元/（kW·h）上网电价，小水电上网电价 20 年来，几乎无大的变动，而物价、设备和人员工资已翻数倍或近 10 倍，因此水电站业主在电站安全运行和管理上的投入严重不足，这样的状况，造成部分小电站出现重发电经济效益、轻生态和灌溉影响的现象。今后建议发展小水电直供区，推行借网供电模式。例如：北溪梯级电站的建成（17.8 万 kW），无法将富裕的水电就近直供工业开发区，而被供电部门要求全部上网。

（四）水电建设与运行管理职能不顺

水、电无法联调，隶属不同主管部门。水电站在汛期和枯水期按理应服从水行政部门管理，电站运行应满足防洪、灌溉、供水和生态要求。但实际上水电站的运行管理和电力调度由经贸部门负责，除个别装机容量较大的电站的上网负荷和电量由市电业局调度外，其余均按属地原则由所在地县电力公司调度，电网公司和电站业主从往往自身的经济利益考虑，会出现枯水期拼命蓄水发电，造成河道减、脱水段，而汛期部分有水库的民营电站从自身的经济利益出发，往往服从电网的发电调度。《福建省水库大坝安全管理规定》规定 5 万 kW 以下或总库容 1000 万 m³ 以下的水库电站的水库大坝安全管理由水利部门，但目前电站的调度运行与接入系统由经贸部门负责，汛期、枯水期水、电难于联调。

（五）电站管理水平较低，技改后劲不足

我市水电建设基本完成，今后重点是水电站安全运行管理和技改增效减排。1998 年以前投产的电站基本上是由政府资金补助和投工投劳所建，多数都已运行二三十年，设备超期服役、效率低下，应尽快技改、保证公共和自身安全。而且，目

前的上网电价难以维持电站的正常运行，仅靠业主进行电站设备改造，难度较大。希望能通过相关部门的呼吁和支持，提高上网电价，加快改造步伐。

总之，全市有水库的、装机容量较大的、在主河道上建设的水电站能按原流域规划，基建程序较为完整，设计、施工、监理及质量监督单位资质及技术力量也能满足要求。而对于小支流上的、多数在1999～2007年间建设的小容量电站（占水电装机容量20％左右），部分不属于规划范围，开发较密，报批手续不全，引起一些水事纠纷和社会问题，是近期和今后一段时间需解决的问题。在水能资源的合理科学节约配置上，水电站运行遵循防洪减灾、维护公共安全、保证河道生态流量的基础上，发挥小水电绿色能源的优势，为经济发展提供可靠的保证。

（作者单位：漳州市水利局）

关于漳州市水利建设工作
情况的调研报告

谢栋明

【摘　要】本文从漳州市水利建设实际出发，分析漳州市水
　　　　　利建设现状、成效与存在问题，提出加快水利改
　　　　　革发展的意见建议。

【关键词】水利　建设管理　改革发展

为进一步促进 2011 年中央 1 号文件的贯彻落实，推动我市水利建设工作不断跃上新台阶，根据省水利厅和我市的工作安排，我们围绕基层水利服务体系建设、水利工程建设运行管理、水土流失治理和水利建设投融资机制建立等四方面情况，对我市水利建设工作情况进行了专题调研。调研组在听取市直有关部门汇报的基础上，深入龙海、漳浦、诏安、南靖、平和、长泰 6 县（市），听取 6 县（市）有关工作情况汇报，与县（市）有关领导、县（市）直有关部门负责人以及当地群众座谈，并实地察看部分水利建设工程。现将调研情况报告如下：

一、水利建设基本情况及主要成效

我市是水利大市，全市拥有 10 条流域面积在 500km² 以上和 47 条流域面积在 100km² 以上的河流，海岸线 715km，人均潲有水资源 4000m³。多年来，在市委市政府的正确领导下，在上级各有关部门的重视支持和广大干部群众的共同努力下，我市水利工作取得了显著成效：已建成水库 535 座，其

中，大型水库 2 座、中型 22 座、小（1）型 91 座和小（2）型 420 座，总库容 10.56 亿 m³；千亩以上引水工程 133 处，水闸 737 座，其中，大型水闸 9 座、中型 44 座、小型 685 座；现有有效灌溉面积 159.8 万亩，占耕地面积 242.7 万亩的 65.8%；节水灌溉面积 114.95 万亩，占耕地面积的 47.4%；建成江海堤防 966km，保护耕地 94 万亩、人口 166 万人；建成水电装机 67.47 万 kW，占可开发装机容量的 71.8%。

2008 年中央实施扩大内需决策、特别是 2011 年中央 1 号文件出台以来，我市进一步加大水利工作力度，水利事业更是得到长足的发展。据统计，2008～2011 年，全市共争取到中央和省级水利补助资金 21 亿元，完成水利固定资产投资 32 亿元，为历史同期之最；完成峰头、湖后、活盘、妈祖林等大中小型水库除险加固 61 座，加固江海堤防 113.66km；解决 88 个乡镇 108.38 万人（含师生）的农村饮水安全问题；完成平和南胜、漳浦官浔、诏安南诏等 10 条中小河流治理工作。2012 年，全市计划实施水利项目 370 个，年度投资 18 亿元，其中，重点水利项目 19 个，年度投资 11 亿元；前三季度已开工 262 个项目，完成投资 14 亿元，其中，古雷区域供水、后井水库等 16 个重点项目完成投资 6.5 亿元。

二、存在的主要问题

我市水利建设虽然取得了很大成效，但仍然存在一些问题和困难，主要有以下四个方面。

（一）基层水利服务体系比较薄弱

各地普遍存在专业技术人员难招、难留，出去的多、进来的少的现象，水利专业技术人才短缺、人员老化、缺编问题突出。如诏安 3 年来招收了唯一的一名大专生，工作 4 个月后又通过考试调往他处，如今全县水利系统总共只有 5 名水利工程专业技术人员；长泰的乡镇水利工作站定编 20 人，目前在编

7 人，实际在岗 5 人，学历都只有初中或高中。据市水利局反映，全市 11 个县（市、区）、多年来招收不到大学毕业生，技术人员至少缺编 200 个，难以适应当前大量水利项目建设的需要。乡镇水利工作职能履行也不够到位，农村税费改革后，在深化乡镇机构改革中，全市除芗城、龙文、龙海、诏安四县（市、区）共 38 个乡镇保留水利工作站外，其余七县的乡镇水利工作职能均并入乡镇所属的农村经济服务中心或农业服务中心，"服务中心"虽设置水利助理员，但由于要服从于乡镇的中心工作，或者一人多岗，水利助理员很难把主要精力和时间用在水利工作上，影响了农村基层水利建设管理工作。

（二）水利工程建设管理有待加强

一是水利工程设施防洪减灾能力不强。虽经多年努力，我市目前江海堤防标准还不高，尚有 330km 的海堤防洪标准较低，达不到现有设计防潮标准，其中急需加固的有 141km；全市大部分县城防洪能力只达到国家防洪标准的下限要求，绝大部分乡镇的防洪标准达不到国家标准，漳浦、云霄、诏安、平和、南靖等县有的乡镇甚至没有设防；另外，全市还有病险水库水闸 374 座，不但防洪功能无法正常发挥，还存在严重和安全隐患。二是农村安全饮水工程建设任务重。截至 2011 年底，全市农村还有不安全饮水人口 179.69 万人，涉及全市 107 个乡镇场、1071 个村、4600 多个自然村，项目多且分散，要按计划在"十二五"期间全部解决，时间紧，任务重。三是农村小型水利工程管护不到位。由于管理体制没有理顺，小型水利工程产权归属不明确，国家、集体、受益户三者的职责和义务没有明确的界定，工程建、管、用脱节，管护主体缺失，尤其是农村支末渠更是疏于管护，淤积阻塞严重。四是有些项目建设形象进度偏慢。至 9 月份，全年时间已过去 3/4，然而少数的项目才刚刚开工，有的只完成上网招投标，个别的甚至还未上网招投标，还未形成实际工程量。

（三）水土流失治理任重道远

我市是福建省水土流失严重的地区之一，全市水土流失面积 1725.21km²，占土地总面积的 13.55％，其中，轻度水土流失面积 1094.65km²、占总流失面积的 63.45％，中度流失面积 414.4km²、占 24.02％，强度流失面积 207.37km²、占 12.02％，极强度流失面积 8.8km²、占 0.51％；在省定 22 个水土流失重点县中，我市占 75 个，分别是诏安、平和两个Ⅰ类重点县和南靖、华安和长泰三个Ⅲ类重点县，五县水土流失面积共计 1338.84km²。近年来，各级各有关部门虽积极开展治理工作，但由于投入不足等原因，工作进展缓慢，"十一五"期间，金市共治理 233.3km²，年均只有 46.7km²，如果按此速度计算，全市治理一遍至少需要 36 年时间。一方面是原有水土流失面积大，治理进度缓慢，另一方面是新的水土流失问题仍未得到有效遏制，目前仍有不少建设项目未能按规定落实水土保持"三同时"制度，植树栽茶种果还在沿用不利于水土保持的传统方法，新的水土流失仍在大量发生，"边治理、边流失"问题还没有得到根本解决。

（四）水利投入相对不足

我市各级财力都比较紧张，近年来水利建设的资金主要来源于中央和省级补助，相比较于水利建设大量的资金需求，市、县两级财政的投入显得很有限，很多项目的配套资金、前期工作经费、工程管护经费难以落实到位，项目越多，资金缺口越大，水利建设步伐不快，一些水利设施因管护经费不到位而无法发挥预期的效益；在资金配套方面，非苏区县、非老区县的配套比例较高，资金问题更为突出。为解决资金短缺问题，多年来，各地虽然积极探索拓宽水利融资渠道，但由于水利事业以公益性为主，只有少数几类经营性项目能够对银行、企业、社会产生吸引力，因此收效不大。基于同样的原因，小型水利设施产权制度改革效果也不明显，由产权制度改革而盘活的水利资金也十分有限。另外，由于群众投工投劳的积极性不高，通过"一事一议"筹集的资金也不多。据有关部门统计，全市5年来水利工程利用银行贷款和企业投资只有5500万元；2009～2011年，我市各县（市、区、开发区）通过"一事一议"投入农村水利建设资金也只有10869.22万元，平均每年每县筹集资金435万元。

三、加快水利改革发展的意见建议

2011年中央1号文件指出，"加快水利改革发展，不仅事关农业农村发展，而且事关经济社会发展全局；不仅关系到防洪安全、供水安全、粮食安全，而且关系到经济安全、生态安全、国家安全。"各级各有关部门要把思想和行动统一到中央关于水利改革发展的决策部署上来，进一步提高思想认识，切实把水利工作摆上重要议事日程，加大力度，着力解决工作中存在的突出问题，推动我市水利事业实现跨越式发展。

（一）加强基层水利服务体系建设

要建立健全乡镇水利工作机构，没有设置乡镇水利工作站的县要在乡镇农村经济服务中心或农业服务中心加挂水利工作站牌子，进一步明确水利工作职责，配强配足专业技术人员，提高乡镇水利工作服务水平。要加强基层水利干部队伍建设，出台吸引和留住人才的优惠政策，加大招考、招聘力度，吸收专业技术人才、大专院校专业毕业生到基层水利工作部门，充实技术力量、优化年龄结构；加大培训力度，不断提高基层水利干部职工的业务水平，提升水利干部队伍整体素质。各县（市、区）要仿照省、市水利部门职务设置做法，在县级水利部门设置主任工程师职位，为部门副职级别，强化对技术工作的领导。要进一步完善农村水利技术员制度，适当增加人数，提高补助标准，充分发挥农村水利技术员的作用。

（二）进一步强化水利建设运行管理工作

要加快推进水库堤防水闸除险加固和农村安全饮水工程建设，确保按要求在"十二五"期间完成量333座水库，50座水闸的除险加固和农村安全饮水工程建设任务，提高防灾减灾和农民群众饮水安全水平。要加强全市水利发展和水资源配置规划，建立项目储备库，积极推进项目前期工作，争取有更多项目进入国家和省计划盘子。要采取加大财政预算投入、先借后还等措施，缓解前期工作经费紧张状况，促进前期工作顺利推进。要加强工程质量监管，成立县级水利工程质量监督站，落实好"建设单位负责、监理单位控制、施工单位保证"的质量管理制度，确保工程建设质量。要加强农村小型水利工程管护，根据工程是经营性还是公益性等实际情况，采取产权制度改革实行市场化运作或县、乡两级财政分摊兜底的办法，落实管护主体和经费，保证工程安全正常运行。要鼓励支持农民用水合作组织发展，提高农民自我管理、自我服务的积极性，促进农村河港渠的建设和管护。

（三）切实加大水土保持力度

以贯彻落实习近平总书记关于长汀推进水土流失治理工作的重要批示精神为契机，结合"田园都市、生态之城"建设，全力推进我市、犄别是5个重点县的水土保持工作。要加大水土流失治理力度，认真编制县（市、区）水土保持中长期规划，抓紧实施今年治理项目，确保全市"十二五"期间完成510km^{2}的治理任务。要坚持"预防为主，保护优先"的水土保持工作方针，正确处理经济建设与生态保护的关系，全面落实水土保持"三同时"制度，坚决做到依法应当编报水土保持方案的生产建设项目，水土保持方案编报率必须达到100%、水土保持设施验收率必须达到100%。要引导农民科学开发山地，防止因种茶种果引发水土流失，对坡度大于25°的茶果园，要采取措施逐步退茶退果还林。要加强水土保持机构建设，适当增加市、县两级水土保持办公室人员编制，配齐配强工作人员，更好适应新形势下加强水土保持工作的需要。

（四）努力拓宽水利建设投融资渠道

市、县两级要在积极争取上级财政支持的基础上，按照2011年中央1号文件提出的"各级财政对水利投入的总量和增幅要有明显提高"和"进一步提高水利建设资金在国家固定资产投资中的比重"的要求，进一步加大本级财政投入，切实发挥政府在水利投入的主导作用。要进一步完善水利建设基金以及水资源费、水土保持补偿费等规费的征收使用管理办法，落实"丛土地出让收益金中提取10％用于农田水利建设"的政策规定，拓宽财政投入水利的资金来源。与此同时，要广泛吸引社会资金，按照多筹多补、多于多补原则，加大农村"一事一议"财政奖补力度，调动农民兴修农田水利的积极性；要制订优惠措施，鼓励企业、民间资本以全资、参股，承包、租赁、BT、BOT等方式参与水利建设，做大做强经营性水利投融资平台，提高水利建设的市场化投融资水平。

（作者单位：漳州市水利局）

加快推进龙岩新一轮水土流失治理的思考与建议

卢晓香　黄文侣　谢小东

【摘　要】本文认真总结我市水土流失与治理情况，进一步推广"长汀经验"，深入分析加快推进我市新一轮水土流失治理优势和存在的困难与问题，从优化规划、创新机制、科学治理、精确管理、科技支撑等方面提出下一步治理工作的对策建议。

【关键词】新一轮　水土流失　思考与建议　龙岩

水土流失是指在山区、丘陵区和风沙区，由于不利的自然因素和人类不合理的经济活动，造成地面的水和土离开原来的位置，流失到较低的地方，再经过坡面、沟壑，汇集到江河河道内去的现象。水土流失易破坏地面完整，使土壤肥力衰退、土地退化，造成泥沙淤积，加剧洪涝干旱灾害和生态环境的不断恶化等。加强水土保持生态建设，大力治理水土流失，是保障防洪安全、粮食安全、生态安全的迫切要求，是破解资源环境约束、加快转变经济发展方式、增强可持续发展能力的战略选择，是全面建设小康社会、加快推进社会主义现代化建设的重要基础，是必须长期坚持的一项基本国策。

我市是福建省水土流失严重地区之一，尤其以长汀最为严重，曾是我国南方红壤区水土流失最为严重的县份之一。早在20世纪40年代，长汀就设立了水土保持机构，与甘肃天水、陕西长安一起，被列为当时全国三个重点水土保持试验区。1985年遥感普查显示，全市水土流失面积374.7万亩，占国土面积 13.13％，其中：轻度流失 251.3 万亩，占 67.07％；中度流失 67.3 万亩，占 17.96％；强度流失 42.5 万亩，占 11.34％；极强度流失 13.6 万亩，占 3.63％。长汀水土流失面积 146.2 万亩，占国土面积比例高达 31.5％。

经过 30 多年坚持不懈努力，我市水土流失治理和生态保护建设取得显著成效。据 2011 年统计，2000～2011 年累计治理水土流失面积 296.5 万亩，其中彻底治理面积 163 万亩。全市水土流失面积降至 211.22 万亩；长汀县水土流失面积降为 47.69 万亩，比 1985 年的 146.2 万亩减少近 100 万亩，其中强度流失面积比 1999 年减少了 13.57 万亩。2012 年以来，全市完成水土流失治理 47.07 万亩，分别占计划省下任务的 102.4％。治理区农业生产条件明显改善，特色产业快速发展，有力促进了当地农业增产、农民增收和农村经济发展。昔日万壑贫瘠的"火焰山"，如今已变成造福百姓的"花果山"。

长汀水土流失治理的成功实践，被水利部誉为南方红壤区治理的品牌和典范。"政府主导、社会参与、群众主体、多策并举、以人为本、持之以恒"和"人一我十、滴水穿石"被总结为"长汀经验"。

一、目前我市水土流失治理工作处在最好的发展机遇期

（一）各级领导高度重视

1. 中央层面。2011 年 12 月 10 日，习近平副主席在当日人民日报刊载的《从荒山连片到花果飘香 福建长汀十年治荒山河披绿》上作出批示：请有关部门深入调研，提出继续支持推进的意见。当月 21～25 日，中共中央政策研究室、国家发改委、财政部、水利部、环境保护部、林业局、扶贫办联合调研组深入长汀县开展水土保持工作专题调研，并形成了《关于支持福建长汀推进水土流失治理工作的意见和建议》。2012 年

1月8日，习近平副主席再次批示：长汀县水土流失治理正处在一个十分重要的节点上，进则全胜，不进则退，应进一步加大支持力度。2012年5月16~17日，水利部在长汀召开总结推广长汀水土流失治理经验座谈会，充分肯定了长汀水土流失治理成效。

2.省级层面。就长汀水土保持生态建设经验，省委孙春兰书记2011年7月28日批示："我省已有这么好的经验，在当前就是要继续弘扬坚持"；12月19日，再次批示：我省要认真学习领会习近平副主席重要批示精神，总结长汀的经验进一步完善，推动我省水土保持工作。2012年1月12日，第三次批示：要领会"进则全胜，不进则退"的精神，全力推动长汀水土流失治理工作。苏树林省长2011年12月15日批示：一要强化资金支持，补助资金要按时足额到位；二要强化项目支持，省发改委、农业厅、林业厅、水利厅要加大项目扶持力度；三要总结经验，搞好推广；2012年1月13日再次批示：请岳峰同志按照孙书记要求尽快研究提出落实方案。成立了省水土保持工作领导小组，孙春兰书记、苏树林省长亲自任组长。实行省领导挂钩帮扶水土流失治理重点县制度，孙春兰书记挂钩长汀县。

3.市、县层面上。今年以来，市委、市政府先后多次召开市委常委会、市委常委扩大会、市政府常务会、现场推进会等，深入学习贯彻习近平副主席的重要批示和孙春兰书记、苏树林省长的重要指示精神，出台制定了一系列政策措施。黄晓炎书记、张兆民市长亲自研究部署、亲自协调推进新一轮水土流失治理工作，成立了市领导小组，黄晓炎书记、张兆民市长亲自任组长。同时市四套班子主要领导分别挂钩长汀、永定、连城、上杭4个重点县，32位市领导和35个市直部门分别联系挂钩县（市、区）及27个水土流失重点乡镇。各县（市、区）也都成立了相应机构和建立挂钩制度。市里还专门成立了长汀、永定、连城、上杭 4 个重点县水土流失治理工作指挥部，由市政府分管副市长任指挥长，4 个重点县党委、政府主要领导任副指挥长，并从市直机关抽调 4 名处级干部分别担任副指挥长，负责协调、指导、推进重点县的水土流失治理工作。市委还从市直机关事业单位选派 14 名专业技术骨干到长汀挂职，加强长汀水土流失治理工作力量。

（二）各级投入大幅增加

1. 中央、省加大支持。中央七部门联合调研组在《关于支持福建长汀推进水土流失治理工作的意见和建议》中具体拟制尽快建立汀江上下游生态补偿机制及加大对长汀水土保持和水利建设、林业和生态建设、农村环境连片整治和环境保护、土地整治、农村扶贫开发支持力度的措施建议：提出有政策项目进行支持的经费每年 2.17 亿元（包括水利补助资金 1.46 亿元，林业生态保护与建设资金 4000 万元，农村环境连片整治示范区建设资金 1100 万元，纳入土地整治专项的山坡地整治资金 2000 万元），连续支持数年；汀江上下游生态补偿机制经财政部、环保部等协调建立后，长汀县每年可获得 1.5 亿元生态补偿资金。今年，我市实施的"六大生态工程措施"项目有146 个，中央、省将给予大力扶持，预计扶持资金将达 9.74亿元。

2. 市、县加大投入。一是市财政安排 2900 万元专项用于水土流失治理，其中：市级配套扶持长汀水土流失治理专项经费由每年 190 万元增加到 400 万元；对连城县、永定县、上杭县等 3 个县的 8 个水土流失重点乡镇，每年补助专项经费 100万元，计 800 万元；安排 1700 万元用于重点水土流失区群众的燃料补贴；同时每个市直挂钩部门将给予 10 万元以上帮扶资金，至 6 月底已到位帮扶资金 424.87 万元。二是各县（市、区）也相继出台了财政支持政策，如：永定安排 1000 万元作为水保、水利项目规划与项目前期工作经费，安排 100 万元作为 5 个矿区水土流失重点乡镇水土流失治理以奖代补资金；上杭水土流失重点乡镇除按市级补助 100 万元 1：1 配套外，还对新能源农村推广示范村安装太阳能热水器的农户每台补助 500 元；连城对市级水土流失重点乡镇县财政每个乡镇配套 30 万元；新罗区财政安排 300 万元，专项用于水土流失治理；漳平市财政安排 240 万元，作为完善山地茶果园水土保持措施以奖代补资金等。

（三）社会各界积极参与

一是党员、领导干部带头治理。机关事业单位、社会团体积极主动落实挂钩责任制，纷纷到水土流失区开展植树造林活动，指导制定实施方案，帮助解决治理资金、技术、苗木、肥料等。二是企业界积极参与治理。中石油、北京福建企业总商会等企业通过采取帮扶共建、项目扶持、承包治理等形式，开展产业化、规模化治理开发。三是群众积极承包治理。在"谁治理、谁受益"政策引导下，一些农村专业合作社、专业协会、种植大户以承包、租赁、股份合作等形式积极参与水土流失治理，据不完全统计，今年以来全市参与治理的单位有 238 个，企业 36 家，新增治理大户 722 个。

（四）各种模式成功总结

在长期治理水土流失的实践中，长汀县坚持从实际出发，因地制宜、因山施策，遵循植物的生长规律，用"反弹琵琶"的理念指导水土流失治理，把植物措施、工程措施、农业技术措施、封禁措施有机结合，人工治理与自然恢复有机结合，生态效益与经济效益有机结合，探索出各种适合当地实际行之有效的治理模式，如"等高草灌带种植"、"老头松施肥改造"、陡坡地"小穴播草"、"草牧沼果循环种养"等一系列切实可行的新技术、新模式。长汀总结出的一套治理经验，被水利部认为是长汀人民创造的一笔宝贵精神财富，是科学发展观在长汀的创造性运用和实践，认为不仅对长汀进一步推进水土流失治理具有重要指导意义，而且对其他地区也具有重要借鉴价值，值得在全国推广。

二、目前存在的主要困难和问题

（一）规划指导不到位

目前七县（市、区）水土流失综合治理规划初稿已完成，但通过审查发现：一是规划站位不高，目标不明确，就水土流失治理而治理，未能充分与土地利用规划、基础设施建设规划、产业发展规划、村镇建设规划结合起来；二是国家标准新近出台，省级标准正在研究制定，从而导致规划初稿对治理区、预防区的划定不准确，无法作为政府公告和今后执法的依据；三是项目储备不够，特别是乡镇由于以前对水保工作不熟悉，拿不出符合水土流失治理要求的项目来，不是措施不合理就是建设内容不符合要求。上述问题造成规划对今后的水土流失治理工作起不到很好的指导作用。

（二）监督管理不到位

虽然近年来我市不断加强监督执法力度，特别是市委、市政府出台的《关于认真贯彻落实习近平副主席重要批示精神进一步加快水土流失治理和生态市建设的决定》（岩委发〔2012〕1号），突出强调全面落实水土保持"三同时"制度，发改、环保、国土等部门密切配合，水土保持方案审批率大大提高，但我市人为造成新的水土流失现象还是相当严重。据最新遥感调查，我市强烈以上水土流失面积大于 100 亩的区域有 170个，面积为 77.02 万亩，其中开发建设项目点有 75 处，占44%，面积有 24.06 万亩，占 31%。主要原因：一是近年来我市经济发展迅猛，各类开发建设项目多；二是主管部门执法力量不足，造成重审批轻监管现象；三是开发建设单位主动做好水土保持的意识薄弱，造成重申报轻落实现象。据统计，全市开发建设项目水土保持方案审批率达 80% 以上，而验收率仅达 20%左右；个别县（市、区）水土流失案件查处数为零。

（三）发动群众不到位

个别地方对水土保持工作认识不到位，未把"水土流失治理工作事关经济社会发展大局，事关人民群众和子孙后代长远福祉"这个目的意义宣传到位，未出台鼓励群众积极参与的政策措施，同时在水土流失治理过程中，与产业发展结合不够密切，群众看不到水土流失治理的经济效益，所以主动参与率不高，个别县（市、区）尚无典型示范带动的治理大户。

（四）技术服务不到位

全市水保部门有技术职称的 45 人，其中高级职称 9 人（其中市水保办 2 人、长汀 6 人、漳平 1 人），中级职称的 22 人。除长汀县外，市水保办和其余县（市、区）水保办具体从事水土流失治理工作的只有 2～3 人，绝大部分乡镇没有水土保持专职或兼职人员。在此次水土流失治理战役中，虽然已下文调整充实水保队伍，但由于各种原因还未到位，远远不能满足新时期水土保持工作的需要。从今年已种的林草长势来看，还是长汀的最好，很多地方学习长汀经验还是不到位，主要在于技术指导力量的缺乏。

三、加快推进我市新一轮水土流失治理的对策建议

（一）优化规划，分区防治

各县（市、区）要按照《全国水土保持规划》和《革命老区水土保持重点建设工程规划》的统一安排，结合当地水土流失特点，从经济社会发展和生态建设大局出发，优化规划，有序推进水土流失治理工作。一要准确把握规划的总体要求。要以科学发展观为指导，以控制水土流失改善生态环境为手段，以改善民生、增加农民收入为根本出发点和落脚点，以小流域为单元，山水田林路村统一规划，综合治理，实现水土资源的可持续利用和生态环境的可持续维护。二要准确把握规划的基

本原则。坚持统筹规划,突出重点,优先安排水土流失严重率在15％以上的乡镇和矿区水土流失严重的乡镇,特别是对强烈以上水土流失面积大于100亩的区域,要优先列入治理规划;坚持以人为本,服务民生,把水土流失治理与经济发展有机结合起来,特别是与地方特色产业发展紧密结合起来,实现生态建设与经济发展的"双赢";坚持多措并举,综合治理,预防、保护、监督、治理和修复有机结合,工程、植物和耕作措施科学配置,构建完善的水土流失综合防治体系;坚持政府主导,社会参与,建立健全水土保持多元化投入机制。三要准确把握规划的总体目标。至2016年,要把全市待治理区域治理一遍,林草覆盖率达到80％以上,减沙率达70％,农民人均纯收入稳定增长,生态生产生活条件得到明显改善,长汀、连城、永定要率先成为全国水土保持生态文明县;至2020年七县(市、区)均通过全国水土保持生态文明县命名,已治理的水土流失区得到巩固提升,土地利用和产业结构趋于合理,农民人均纯收入显著增长,农业综合生产能力和抵御自然灾害能力大幅度提高。四要准确把握分区防治布局。长汀、连城、上杭以林地水土流失区为主的治理区,要以治理丘陵山地水土流失为首要任务,建设高产稳产田,同时充分利用水热资源和植物资源,发展优质、高效林果业,恢复和提高植被覆盖度,促进农民脱贫致富;永定、新罗以矿山水土流失为主的预防区,要以保护优先为原则,以恢复裸露地植被为首要任务,合理布设拦挡引排等工程措施,最大限度减少水土流失;武平、漳平以茶果园水土流失为主的治理区,重点整治坡耕地,配套坡面水系工程,培植各类经济林果产业,搞好水保林建设,加强生态修复,建立生态清洁型小流域,促进生态经济良性循环;大力推广变崩岗区为生态种养区、工业园区、生态移民安置区的治理模式。

（二）创新机制，广泛参与

一是强化目标责任机制。各县（市、区）要抓紧建立重点片区水土流失治理责任制，对强烈以上水土流失面积大于100亩的红色区域实行挂牌督办，确保废弃矿山水土流失分3年消除现有的轻度和中度流失面积，强度以上流失面积降为中度以下，其中今年内完成30%以上任务；仍在生产的矿山分3年消除现有的轻度和中度流失面积，强度以上面积下降30%以上，其中今年内完成30%以上任务；各类工程建设项目、农业生产开发、林地水土流失分2年消除现有的轻度和中度流失面积，强度以上流失面积降为中度以下，其中今年内完成50%以上任务。二是强化综合治理机制。实行扶持政策与制约措施并举，建立健全激励和约束机制。要依法落实水土保持"三同时"制度，对水土保持方案未通过审查的开发建设项目，发改部门不予办理可研审批或核准，环保部门不予办理环境影响评价审批，国土部门不予办理项目用地预审，规划部门不予办理规划许可；对水土保持设施验收不合格、水土流失治理任务未完成的开发建设项目，相关部门不予进行总体验收，不得投入运行使用。要强化部门合力机制，国土部门要加强对有证矿山水土流失治理的监督管理，对水土保持措施落实不到位的要责令停产整顿，造成严重水土流失的甚至要吊销营业执照；对水土保持措施不到位、水土流失治理任务不落实的开发建设项目，林业部门停止审批林地和木材砍伐及用材指标，煤管、安监、公安、供电等部门也应根据相关职能予以配合。三是强化社会参与机制。要完善项目补助政策，中央、省、市项目资金要优先安排给项目储备充分、项目安排合理、建设内容丰富、最大惠及民生、治理积极性高的乡镇。建议改进对水土流失率15%以上的重点乡镇每个补助市级资金100万元的做法，实行市级资金统筹，以项目定补助额度，好的项目可以先上，多补助，所有乡镇均可享受，这样可以鼓励先进、鞭策后进。

各地要加大宣传力度，制定出台各种优惠政策，发挥市场机制的作用，积极推行承包、租赁、股份合作等治理开发机制，推行"谁投资、谁受益，谁使用、谁管护"的模式，完善水土流失区域荒地使用权流转等制度，引导社会力量主动参与水土流失治理。要积极探索茶果园水土流失治理模式，鼓励群众采取果园套种常绿草本经济植物等措施，防止水土流失。对主动落实茶果园水土保持措施的，给予配套建设蓄水池、排水沟、园间道路等小型水利水保工程；对超过25°山坡地退茶退果还林的，给予苗木和肥料补助。

（三）因地制宜，科学治理

一是坚持分类指导原则。对高山远山人为活动较少和已治理的有林地，实行封育治理，充分利用当地水、光、气、热资源，让大面积植被进行自我修复；对低山丘陵山顶脊部强度水土流失区进行草、灌、乔一起上的办法加速植被恢复，坡面种植灌木和阔叶乔木，建立较为稳定的植被群落；对坡度平缓、交通便利、立地条件较好的小流域采取治理与开发相结合的办法进行开发性治理，林、果、草、畜牧合理配置，发展农村经济。二是坚持综合治理原则。实行人工造林种草与封山育林相结合，继续总结推广"老头松"施肥改造、"等高草灌溉带"、陡坡地"小穴播草"等科学治理措施。实行植物措施、工程措施、农业耕作和改善民生相结合，即治理水土流失与治穷相结合、与发展绿色农业相结合、与发展生态工业相结合。在崩岗治理方面积极探索改"崖"为"坡"、开发坡面、恢复植被的措施，化被动为主动，化不可控为可控，做到既治标又治本。三是坚持封、管、疏、治并重原则。"封"即封育治理，以封为主辅以必要的育林措施，如进行施肥改造促进植被快速生长，进行人工补植木荷、枫香等阔叶树促进林分结构调整，在某些区域可以补植红叶石楠、红枫、紫薇、樱花等风景树种提升治理水平。"管"即监督管理，要引导乡村制定乡规民约，不得使用大型机械开挖平台，不得在果园、茶园内铲草和使用除草剂除草，不得炼山造林，停止砍伐天然阔叶树，加大对违法案件的查处力度，确保植被得到有效保护；"疏"即优先解决水土流失区群众生计问题，大力推广建沼气池、烧煤和以电代柴，加大"猪—沼—果"、"草—牧—沼"等生态模式建设力度，实施生态移民工程、劳动力转移等措施，对农民建沼气池和流失区群众烧煤、以电代柴，政府给予适当补助；"治"即综合治理，以小流域为单元全面规划，林、果、草、畜、牧合理配置，发展农村经济；集中连片，山上山下并治，山、水、田、林、路综合治理，形成山青水秀、岸绿景美的生态清洁型小流域治理格局。

（四）精确管理，务求实效

据遥感调查，我市水土流失面积为 211.22 万亩，其中重点连片区水土流失面积为 77.02 万亩。为加强考核管理，市政府已将 77.02 万亩治理任务划分为 170 个重点片区，下达给各县（市、区），实行挂牌督办，建议市政府要建立跟踪督查考评制度，每 3 年开展一次卫星遥感普查，根据卫星遥感调查数据对各地重点片区水土流失治理进行专项考评，以卫星遥感调查数据评判治理成效，并列入市对县（市、区）党政目标管理考评和五大战役考评，对完成任务好的，给予表彰奖励；对完成任务差的给予通报批评、责任追究。各县（市、区）要根据各重点区域水土流失的类型，逐片制定治理方案，出台政策措施，建立目标管理责任制，签订目标责任状，把治理责任落实到责任单位、责任业主和相关责任人，限时完成治理任务。可以在划定的重点片区中选择 3～5 个点，建立矿山、林地、茶果园、工程项目开发等不同类型的水土流失治理示范点，通过突破重点带动全面治理。

（五）科技支撑，提高水平

一要加强科学技术研究推广。认真总结长汀经验，加强水土保持科技示范和推广工作，推进实用技术、高新技术应用，加快科技成果转化。要加强科技合作与交流，形成有效的科研、教学、生产紧密联系的科技协作平台，促进多层次的科技交流与合作。要建设较为完备的水土保持动态监测体系和评价体系，加强水土保持信息化建设。要进一步提升长汀科技示范园建设，充分发挥其在科研、教学、示范、宣传等方面的重要作用。二要加强水保科技队伍。要根据各自现状配强配齐水保队伍，制定激励政策，不拘一格选人才，合理配置专业结构，把目前最迫切需要的专业人才充实到水保队伍上来，同时重用一些会干事能干事的水保科技人员。三要增强水保监督执法力量。要加强现有执法人员业务培训，熟练掌握水土保持法律法规。建立健全乡镇水利水保工作站，重点乡镇建立水土保持工作站或依托水利工作站配备水保人员，以林业站、水保站为主体，组建专业护林队，各村落实专职护林员，进一步整合护林员队伍，形成健全的县、乡、村护林网络。

（作者单位：龙岩市水利局）

加强水资源保护的对策及措施

张登良

【摘　要】本文介绍了福建省三明市水资源的现状，分析了水资源保护存在的主要问题，提出了水资源保护的对策及措施。

【关键词】水资源保护　对策　措施

　　水是生命之源、生产之要、生态之基，是保证人类生存和社会经济发展重要的经济资源和战略资源。随着社会经济的全面发展，人类社会面临着前所未有的水的挑战，洪涝灾害、水资源不足、水污染作为水资源的三大问题，已经成为全社会关注的焦点，引起了党中央、国务院的高度重视，2012 年国务院出台了《关于实行最严格水资源管理制度的意见》。因此，坚持树立全面、协调、可持续发展观，以水资源的可持续利用支持经济社会的可持续发展，为全面建设小康社会提供有力的支撑和保障，是当前我们面临的紧迫任务。

一、三明市水资源概况

　　三明市位于福建省西北部，属山地丘陵地带，素有"八山一水一分田"之称。水文、气象属中亚热带海洋性风气候，全市多年平均降水量 1695mm。全市水系主要有闽江、九龙江、汀江、赣江和晋江等五大水系。全市河流众多，境内集雨面积 10km^2 以上的河流有 250 多条，流域面积在 5000km^2 以上的重要河流有沙溪、金溪和尤溪三大河流。大多数河流发源于市内，河流受地形起伏影响具有以下特点：流程短，切割较深，

151

比降大，河床裂点多；水流湍急，多峡谷险滩。水力资源与水资源比较丰富，境内流域面积 21834km²，水能资源技术可开发量为 244.71 万 kW，多年平均水资源量为 239.28 亿 m³，人均水资源拥有量 7989m³。目前全市建成各类水利水电工程 5 万多处，其中各类塘坝 3609 座，引水工程 44086 处，机电灌站提水工程 848 处，水电站 1483 座；全市共建成大、中、小型水库 474 座，总库容 57.60 亿 m³，其中，大型水库 4 座（安沙、池潭、水东、街面），中型水库 36 座，小（1）型水库 83 座，小（2）型水库 423 座；全市现有蓄、引、提水利工程（$P=50\%$）平水年供水量达 26.6 亿 m³，全市水电装机容量达 165.04 万 kW（不含安砂、池潭、街面三座电站）；修建、加固各类堤防 908.41km，其中城区（含部分城郊）防洪堤 229.05km；全市有效灌溉面积达到 199.78 万亩，保证灌溉面积达到 180.96 万亩，旱涝保收灌溉面积 170.36 万亩，节水灌溉面积达到 95.04 万亩，农业灌溉水有效利用系数达到 0.55；全市已建成八个初级水利化县（沙县、尤溪、泰宁、将乐、梅列、永安、明溪、三元）和十个农村电气化县（尤溪、永安、沙县、将乐、清流、泰宁、大田、明溪、宁化、建宁）。已初步形成了以灌溉为主，结合防洪、发电和供水等综合利用的水利工程体系。

二、水资源保护存在的主要问题

（一）水资源管理体制不够完善

长期以来，传统的水资源管理体制将城市与农村、地表水与地下水、水量与水质等进行分割管理，严重违背了水资源的自然循环规律和整体性。特别是由此产生的"多龙管水"、"政出多门"等问题，主要导致一些城市和地区"管水源的不管供水，管供水的不管治污，管治污的不管回用"，没有统一机构对水问题负责。这种"城乡分割"、"部门分割"、"政出多门"

福建水利改革发展研究

152

的水资源管理体制，使地表水、地下水难以优化配置，生活用水、生产用水、生态用水难以统筹协调安排，水质管理与水量管理相分离，河道管理和水源地保护不相衔接，这些体制上的弊端，最终不利于水资源的可持续利用。

（二）水资源供需矛盾较为突出

我市水资源相对丰富，但时空分布不均，水利工程建设规模、速度不能适应区域经济社会发展对水资源供给的要求，城乡供水尚未实现为支持经济社会可持续发展应具有的适度的供给能力。主要表现在流域内的中上游地区的主要水库以发电为主，功能单一，区域内生产力要素分散，缺乏骨干性调蓄工程，全市以工程性缺水为主。沙溪、金溪及尤溪三大流域内的区域水资源开发利用程度仅为 12％左右；水资源利用方式粗放、水资源浪费严重和利用效率较低，尤其是占全市总用水量 60％左右的农业用水的灌区渠系水利用系数较低，直接影响农业综合生产能力的提高；农村饮水安全问题依然严峻，仍有已列入国家规划内 21 万人和规划外 49.9 万人的农村人口饮水安全问题尚未解决。

（三）防洪减灾能力不强

一是我市溪流属山区性河流，主要特征是降雨时空分布不均、源短流急、易涨易落，约 70％为汛期洪水，水资源天然利用条件较差；二是水利工程老化退化，效益衰减，使水库的防洪、蓄水能力降低；三是生态环境脆弱，水源涵养能力下降，滞洪蓄水能力差；四是城市、县城及骨干河道防洪设施标准相对较低。据不完全统计，新中国成立以来大约 4 年 1 次较大洪水，5 年有 2 次旱灾，而不同程度不同范围的洪旱灾害几乎年年都有。如 2002 年、2010 年的特大洪灾，均给我市造成了重大损失。

（四）水环境质量不容乐观

根据《2011 年度三明市水资源公报》，在 959km 水质评价河长中，水质符合和优于Ⅲ类水的河长 854km，占评价河长的 89.1％，与上年相比略有减少；水质劣于Ⅲ类标准的河长为 105km，占评价河长的 10.9％。

三、加强水资源保护的几点建议

（一）争取尽快成立三明市人民政府水资源管理委员会

在省上即将成立福建省人民政府水资源管理委员会的模式上，我们将按照省厅的部署要求，成立三明市人民政府水资源管理委员会。并根据我市的实际情况，明确各有关职能部门在落实最严格的水资源管理制度中的职责。

（二）编制完善各项规划，加快水资源管理系统建设

当前首要任务是要抓紧编制水资源综合规划及其他专项规划，摸清水资源现状，科学分析生态环境用水、水资源承载能力和水环境承载能力，为水利部门履行水资源配置、节约、保护职责奠定基础。同时，切实加快水资源管理系统建设，力争 2014 年投入使用。

（三）统一规划，优化配置

对全市的水资源总量及开发利用情况进行综合科学评价，从宏观上把握区域水资源总量、地表水、地下水分布情况及用水结构等，明确地表水与地下水在开发利用中的作用和功能，对区域水资源作出统一规划，实现水资源的优化配置，从而避免水资源过度开发、利用粗放、污染严重等问题的出现，同时采取工程措施与非工程措施，全面提高防洪减灾能力。

（四）强化水资源监管

一是严格落实水资源"三项制度"。严格执行建设项目水资源论证制度，加强取水许可审批管理。加强对重要和取水量较大的取水户的监管力度。强化水资源统一配置，逐步建设以流域为单元的水资源水质水量监控系统和水资源调度管理系统。完善水资源有偿使用制度，进一步规范水资源费征收与使

用范围。二是做好水资源保护。制定完成全市水功能区区划，大力推广应用水功能区划成果，编制全市水功能区划图集。建立水功能区监测、评价、管理体系，加强水质监测能力建设，编制全市水功能区水质监测规划，全面启动重要水功能区的水质监测工作，至"十二五"末全市水功能区监测率达80％。开展入河排污口普查，开展水域的纳污能力的核定工作。加强水源地管理，公布重要饮用水水源地名录，编制全市水库水源地保护建设规划，加快推进水库水源地保护建设进程，"十二五"期间开展5个县级以上水库水源地保护工程建设。

（五）强化队伍建设，完善监管机制

加大对水行政执法人员的培训，建立一支"内强素质、外塑形象"的高素质执法队伍。同时，健全规章制度，水行政执法切实做到有法可依，执法必严。

（作者单位：三明市水利局）

论南平市水利风景区建设

黄大兴

【摘　要】文章分析了南平市水利风景区建设面临的形势、存在的问题，提出从认识、规划、人才、投资、宣传等方面的建议。

【关键词】水利风景　性质意义　认识规划　多元投资　人才队伍

党中央、国务院极其重视水利建设，继 2011 年中央 1 号文件后，又专门召开中央水利工作会议研究水利工作。水利发展的春天来到了，建设民生水利的大气候来到了，建设水利风景区的良好时机来到了。

20 世纪末水利部领导在水利工作会议上就提出了建设水利风景区的命题，并于 2011 年 7 月专门成立了水利部水利风景区评审委员会。十年来伴随着水利建设形势发展，全国已建成国家级水利风景区 475 个，建成省级水利风景区 1000 多个。福建省也建成国家级水利风景区 10 个，其中南平市延平湖于 2005 年 7 月被水利部授牌命名为"延平湖国家水利风景区"。福建省水利厅于 2012 年 3 月 28 日在厦门召开首次水利风景区建设和管理工作座谈会，会议要求全省各设区市认真贯彻会议精神，建立水利风景区领导班子，从规划入手，创造条件努力申报省级水利风景区，进而提高层次，申报国家级水利风景区，把水利建设管理工作提到一个新的水平，为绿色福建、为人民创造更多美好生活环境，为建设社会主义文化强国作一份共献。

一、南平水利风景区建设基础好，优势多但没有迈出大步

1. 南平是福建省水资源最丰富的地区，建国后建设又经近年维修加固的小（1）型以上水库，近年来综合治理后的一条条小流域都是山清水秀，花团锦簇，生态优良，人文历史资源丰厚的地方。只要有所投资，加以规划，加强管理，旅游休闲配套设施跟上，南平一处处水域（水体）及其周边山水就是一个个"深山闺秀"绮丽绝美的风景区。

2. 我市有大型水库一座，中型水库 10 座，小（1）型水库 69 座；另有发电水库 16 座，其中大型水库 1 座，中型水库 15 座；流域面积在 $50km^2$ 以上的河流 176 条，经流域综合治理，这些河流两岸及以上 86 座水库中的多数，经过规划，建设"装扮"都可以成为国家级甚至世界级的风景区。

3. 武夷山已经成为世界自然和文化遗产地的国家 5A 级旅游风景区，国家级度假区，它的核心区域，它的灵魂就是崇阳溪及其支流九曲溪。由于其流水九曲、清悠澄澈，加上峰峦奇特，更增厚重的历史文化，所以名冠天下，这就是典型的水利风景区。经过一代代人的策划、建设、雕琢、美不胜收；经过一代代人的努力，以水为载体的竹筏轻舟成为旅游产业支柱，这个"水利风景区"已属于世界，给南平、给武夷山创造了多少政治效益、社会效益和经济财富。

4. 南平人已经重视江河湖库的作用，建设水利风景区的序幕已经拉开。2004～2005 年，以延平区旅游局为主、延平区政府和南平市政府、市区两级水利局已收集整理延平湖申报国家级水利风景区的文化历史、民俗风光资料、图片、影像，还制作成光碟。2005 年 6 月，水利部组织专家组到南平开展为期 2 天的验收活动。这两天，验收组专家看了延平湖有关资料，详细察看了南平市防洪堤上的反映南平历史人文景观的

200多幅《中国南平画廊》图片，察看了溪源峡谷景区如十里水墨画的风景，乘船考察了延平湖两岸九峰山、玉屏山景致，最后在杉湖岛开会讨论评审。水利部专家组回北京后，2011年8月延平湖授"国家级水利风景区"牌匾，这是南平市得到的水利风景区的首块金牌。

5. 南平有众多的水库湖面，周边层峦叠嶂、森林密布、古树参天，有丰富的儒、释、道文化，有许多庙宇、宫观及农民起义遗址，老区苏区文物。各级政府及水利部门的人有没有开发建设的理念呢？有。武夷山市政府及武夷山市水利局、东溪水库管理局领导十多年前就把"东溪水库"称为"东湖"，并在其后成立了"东湖旅游开发公司"，也请设计部门做规划，并开始了承接少量旅游服务工作，开辟了如乘游船游览库区山水项目。各县（市）政府和水利局用水库开发旅游理念开始萌动。如光泽县把高家水库称为"高山天池"；邵武市把东关水利枢纽形成的市区库面称为"紫云湖"；顺昌县把洋口水电站形成的城关库区水面称为"富金湖"；建瓯市把北津电站形成的库区水面称为"北津湖"；政和县把洞宫水库称为"洞宫湖"；松溪县把茶州水库称为"茶州水库旅游区"；浦城县已开始注意"九石渡"风景开发宣传。这些县（市）在萌动开发水利风景区同时，有的也付诸行动，少数形成规模，还打出名气。如顺昌建起了华阳山水库形成了水景后的华阳山风景区，已成了国家4A级风景区，并有了效益。但是多数县（市）没有做好规划，只有口号没有行动。因此，南平市自从2005年拿到国家级一块金牌后，水利风景区建设没有进展。当然省水利厅、市水利局也鲜有这方面的工作部署，甚至不少领导不知有此一事。

二、水利风景区建设的本质、意义和水利人责任

1. 有的人会问，水利部门只管水工程的规划、设计、施

工，大堤建好，水库安全管好就行了，去抓水利风景区建设是不是管了别人的责任田？

2. 什么是水利风景区？指以水域（水体）或水利工程为依托，与水利风景资源即水域（水体）及相关联的岸地、岛屿、林草、建筑等能对人产生吸引力的自然景观和人文景观；具有文化、科学价值和良好的水资源生态环境能被人们利用的地理空间，称为水利风景区。它亦是经水利部景区评审委员会（或省水利风景区评审委员会）评定，由水利部（水利厅）公布的可以开展观光、娱乐、休闲、度假或科学、文化、教育活动的区域。国家级（省级）水利风景区有水库型、湿地型、自然河湖型、城市河湖型、灌区型、水土保持型、瀑布溪潭型，古今重大工程等类型。

3. 水利风景区的本质，就是在保护水资源和水工程安全的前提下最大限度的利用水域（水体）及其周边的自然生态景观和人文历史景观，让人们赏心悦目，达到休闲度假、健身强体的目标，使山川秀美、经济社会可持续发展。

4. 建设水利风景区有什么意义？随着国民经济和社会的发展，人民生活水平逐步提高，人们对碧水蓝天的良好环境期望值越来越高。第一、水利风景区建设是适应时代要求产生的，是生态文明建设的重要组成部分。南平市水利建设近年以"山青、岸绿、水美"为基本要求，已把不少水利工程建成生态工程、水资源保护工程、环境美化工程，如武夷山东溪水库、邵武同青溪小流域整治等处，工程建设中做到顺应自然、尊重规律、亲近水、涵养水、善待水。只要注意进一步做好规划，按风景区规划要求提高档次，这些水工程就能成为水利风景区，就能在生态文明建设中起重要的示范作用。第二、水利风景区建设是建设发展民生水利的重要手段。过去我们建一个水库，大坝做好后，建一个管理站，请人值班，防汛保安，有时还清理库区、顶多把水面租出去让人养鱼。如能进行规划建设成水利风景区，进行有序开发和保护，就不仅能保障水利工程的运行安全和防洪、灌溉、供水、供电等，又能够为群众提供优美的休闲、娱乐、观光、科研等活动空间，还能改善库区周边城镇、乡村、居民的生活环境，让人民群众共同享受水利发展的成果。第三、水利风景区建设是传承中华文化、发展水文化的载体。不少水利风景区有古代文化的积淀、还有近现代文化元素，不仅有宫观庙宇、碑刻雕塑，还有水文化的丰富内涵。如游览著名的都江堰景区，人们为李冰父子等伟大治水史实而感动，精神受到陶冶；游览延平湖风景区，会让人感觉到水天辽阔，进一步了解南平治水的历史，水利人治水办电的伟大成就，从而提高水文化影响人、教育人的作用。第四、水利风景区建设是水利改革的重要抓手，是解放思想行业创新的突破口。不少部门和个体经营者在库区较好的位置盖别墅、建酒楼，不仅手续不健全，甚至破坏了水库的生态，带来了水体的污染，危及水库的安全。这其中水利人放弃水资源管理，应承担相应责任。只有把该水库建成水利风景区，把工程管理单位同时变成风景区管理单位，才能为水利工程管理单位引进资金和积累管理经验，又能拓展多种经营渠道，创造更多经济效益，增强水管单位实力。水利风景区的建设对水利传统思维是个冲击，利于解放思想，特别利于水管单位水利工程管理体制的改革。第五、水利风景区建设将拓展水利服务领域，水利风景区将成水利部门的亮丽窗口。水库单一功能转为复合功能，水库由闭库自守到开放迎客是重大转变，它使水利系统走向社会，扩大服务功能，使水利对国民经济和社会发展的支撑作用进一步强化。许多水利风景区成为国家明片、地方明珠，为全社会的政治文明、生态文明、物质文明、精神文明做出重大贡献。因此，水利部门只管水工程建设等的单一日子过去了，建设水利风景区不仅是水利部门的责任，而且是时代赋予的光荣使命。

三、建设水利风景区的步骤、办法、路子

建设水利风景区的步骤如何走，有哪些办法，建设路子怎样越走越宽畅？

水利部及省水利厅关于水利风景区申报材料、评价标准、发展规划、管理办法等问题在水利部及省水利厅网站上有详细文字刊登。

1.2001 年 7 月水利部就成立了水利部水利风景区评审委员会，2004 年 5 月 8 日颁布实施《水利风景区管理办法》，2004 年 8 月 1 日施行行业标准《水利风景区评价标准》，2005 年又出台了《水利风景区发展纲要》12 年来有规章制度及各地的实践经验可供学习借鉴，这里我主要对南平建设水利风景区有关问题谈一些个人看法。

2. 提高领导认识，把建设水利风景区作为加强民生水利建设的重要工作摆上议事日程。由于闽北水利资源丰富，而且森林覆盖率高，库边、岸边自然风景绝佳为北方所不能比拟；由于有不少水库、岸线已被各种经济人、个私企业开发，举办餐饮、休闲、服务等商业项目，对水库河流生态有不同程度的破坏；由于部分地方领导已发现水库、河流的极大经济潜力及服务民生优势，并把水利风景区建设作为县域经济发展的重要决策；由于国家和地方近几年加大水利投资，对水库、流域治理提高了标准，在除险加固、河流整治同时对库周、河岸绿化、美化、香化更加重视，且投入更多人力管理，建设水利风景区的物质基础、环境基础较雄厚。因此地方政府及各级水利部门应统一班子的思想，学习已建成水利风景区地方的经验，提高认识，下大决心，这项工作才有保证。

3. 统一规划、舞动龙头、分期实施，这是水利风景区起步的关键。领导层下决心之后，就得请有关的部门对风景区进行评价。南平各县（市、区）水利风景区的水文景观、地文景

观、天象景观、生物景观、工程景观、文化景观及其组合总的说是得天独厚的；其区位条件、交通条件、基础设施等随着宁武高速、京台高铁、延顺、顺邵、邵光等高速公路的建设将更加完善；主要是各县（市）要把这个工作放在前头，在评价之后，再请高等级的规划院做出高起点规划。规划应包括小区详细规划、各种专项规划。经权威部门批准，如资金不能一步到位，建设也需要分期实施。重要的是要坚决按规划执行，如是钓鱼区的不能改做娱乐区，是休闲别墅区不能改做狩猎区。要按设计风格建设，不要千篇一律，要以人为本、人水和谐、不要违背自然法规。

4. 水利风景区建设要和周边的山水风景、民俗风情、古迹民居、历史文物、庙宇栈道融成一体，拓展空间。不少水利风景区就包含上述其他品种的风景区。在建设时就应统筹兼顾，全盘考虑，在交通、娱乐、休闲、文化建设上相配套、相同步。经过数年建设，逐步完善。把硬件设施建设好，再加上导游、服务管理队伍等软件建设跟上，这样的风景区将成为国家级、省级的优秀风景区。我们原来单一的水库、河道发展了民生水利，就将给人民带来多种收益，给游客带来福祉。库区沿河发展了旅游等相关产业，做大产业链，甚至可能成为地方支柱经济。只要水利风景区建设和其他多品种风景建设相结合，水利风景区旅游就能和其他多种旅游共同发展、相得益彰。

5. 水利风景区人才队伍建设是水利风景区建设发展的保证。原来的水利队伍、含水库管理人员、水政河道管理人员应该说素质较高，科技含量较高。但是由于这几年编制控制，不少职员退休，人员老化，新人少进，所以建设水利风景区必定人才不足。加上水利风景区的规划建设、管理需要各学科各门类人才，如风景区的导游业、旅行社业、酒店业、管理人才等需求。因此组织人事部门应支持广进人才，必须加快人才的培训，要探索创新用人机制分配机制，留住人才。

6. 要加大投入，多元化开发、动员全社会力量参与建设风景区。虽然国家和各级水利部门在增大投入的情况下，未来几年可能有资金顾及水利风景区开发，也可能是投资的主渠道。但是在当前市场经济的情况下，应积极筹措资金，走多元化投资的路子。如已经是建好的水库等水利工程或整理过的流域，国家已经投入大量的资金，风景区主体工程已经完成，现在规划建设人造景观，添进文化元素，进行园林化建设等，已是投资小头，属于锦上添花，完全可以引进社会、企业、民营民间资本投入了。当然在景区外围建设旅游酒店、建设配套设施的投入大，则更应引进资金，引进财团或实施股份制开发。解放思想，路在眼前，在严格保护水资源水环境的同时，把水资源变成水"金库"，为社会服务是水利人的新的担当。

7. 加强宣传和营销工作，实行产业化运作。好山好水好风景，必须加强宣传。水利人一向只知道建好水库，只注意其防汛减灾，供水灌溉，发电供电的主要功能，殊不知其供人们旅游休闲、科技探索、养心健身、美化环境、提高人的素质、提高水利行业品位的多功能作用。我们应用当前的良好时机，加强宣传促销，将风景区的自然、历史、人文景观制作包装，利用平面媒体及各种信息化新媒体，利用旅游展销会及各种节庆活动进行宣传，请有关影视集团制作各种影视产品，都是进行产业化运作的极好促销办法。让一个个水利风景区走出南平，走出八闽、走向世界，就像成都都江堰和武夷山风景区一样名满天下，这就是南平水利人的大目标、大境界。

10 多年前，水利部就高屋建瓴做出水利风景区建设的工作部署，如今省、市领导都高度重视这项工作，有关县（市、区）也开始策划建设水利风景区的重大工程事项。我们坚信有了良好开端，南平市的许多江河湖库未来将成为上星级的经典风景区，在八闽和祖国的土地上放出异彩。

（作者单位：南平市水利学会）

南平市水利工程管理问题探讨

魏强

【摘　要】文章概述了南平水利工程的现状、管理情况及各
类水利工程管理中存在的问题，指出在当前中央
增大水利投资的情况下，应克服水利工作中"重
建轻管"的历史老问题，应加强管理充分发挥工
程的效益。

【关键词】水利工程　管理现状　问题分析　运行机制　有
关建议

水是生命之源、生产之要、生态之基，兴水利、除水害事
关人类生存、经济发展和社会进步，历来是治国安邦的大事。
促进经济长期平稳较快发展和社会和谐稳定，夺取全面建设小
康社会新胜利，必须下决心加快水利发展，切实增强水利支撑
保障能力，实现水资源可持续利用。新中国成立以来，特别是
改革开放以来，党和国家始终高度重视水利工作，领导人民开
展了气壮山河的水利建设，取得了举世瞩目的巨大成就，为经
济社会发展、人民安居乐业作出了突出贡献。在"十二五"规
划实施的起步之年，中央不仅颁布了1号文件《关于加快水利
改革发展的决定》，而且专门召开了中央水利工作会议。中央
文件和会议都提出水利改革和发展的总体目标，也提出了要建
立水利科学发展的制度体系，为建立水利工程良性运行机制创
造了极为有利的条件。近年中央增大了水利投资，水利建设规
模越来越大，而存在的"重建轻管"老问题始终挥之不去。本
文力求通过对南平市水利工程的现状、管理现状、问题分析、

提出建议，以尽快建立水利工程良性运行机制。

一、南平市现有水利工程现状

建国初期，百废待兴，南平市水利建设的重点是修复年久失修的水利工程，恢复农业生产，保证粮食丰收。从1958～1978年这20年，水利建设掀起浪潮，为闽北经济发展打头阵铺基础；从1978年中共十一届三中全会后到2010年这32年，水利建设插上了腾飞的翅膀，国家实行改革开放政策，水利作为国民经济基础设施和基础产业，进入了发展新时期。主要建设成就有：

（一）水利水电工程

中华人民共和国成立后至2010年，全市用于农田灌溉的水库有476座，总库容9.08亿m^3，灌溉面积3.25万hm^2。其中大型水库1座，蓄水库容10180万m^3，灌溉面积0.07万hm^2；中型水库10座，蓄水库容27661万m^3，灌溉面积0.75万hm^2；小（1）型水库104座，蓄水库容20981.9万m^3，灌溉面积1.28万hm^2；小（2）型水库361座，蓄水库容7390.85万m^3，灌溉面积1.15万hm^2。小山塘901座，蓄水库容1213.62万m^3，灌溉面积0.45万hm^2。全市还有发电水库22座，其中大型1座（沙溪口电站水库）、中型21座（峡阳电站水库、照口电站水库等），总库容达6.53亿m^3。

全市共有引水工程18610处，灌溉农田面积11.72万hm^2，占全市有效灌溉面积17.0万hm^2的68.94%。其中：灌溉万亩以上的引水工程4处，灌溉面积0.36万hm^2；灌溉千亩以上、万亩以下的引水工程156处，灌溉面积1.69万hm^2；灌溉千亩以下的引水工程18450处，灌溉面积9.68万hm^2。全市节水灌溉工程，至2010年底，已累计发展节水灌溉面积6.389万hm^2，其中微喷灌面积0.271万hm^2，微灌面积0.029万hm^2，低压管灌面积0.235万hm^2，渠道防渗面积

5.852万hm²，埋设低压管道长度50km。

（二）防洪堤工程

新中国成立后至2010年底，全市共建有防洪堤（包括河堤、护岸）958.478km，保护耕地面积3.58万hm²，保护人口138.25万人；其中城区防洪堤110.5157km，保护人口62.35万人。南平市区防洪标准达"50年一遇"，武夷山城区防洪标准为"30年一遇"，其余各县（市）城区防洪标准皆达到抗御"20年一遇"洪水。光泽县崇仁乡、建瓯市南雅镇、邵武市卫闽镇、顺昌县大干镇等乡填的防洪标准达到"10年一遇"；武夷山市三姑度假区、延平区峡阳镇防洪标准达到"20年一遇"。

（三）农村安全卫生饮水工程

20世纪50年代，南平、建瓯、邵武、建阳、顺昌、光泽等县，公私合营创办或投资扩建自来水厂；60年代起，全区各县（市）先后成立地方国营自来水厂；70年代，松溪、邵武、建阳、顺昌、政和先后扩建水厂规模。至1980年，全区有城区水厂14座，供水能力5.8万t/d，供水普及率48.90％，仍有半数居民饮用井、河水；农村群众饮用水，主要靠凿井、溪河取水，一些地方利用已建的灌溉工程设施、兴建简易自来水兼及解决农民饮水，有规划的开展农村饮水工程建设，几乎是个空白。

1985年，水利部在郑州召开第二次全国农村人畜饮水工作会议，研究贯彻国务院关于"解决人畜饮水问题，是关系群众切身利益的大事，各地区要引起重视，工作中要切实抓紧，并在财力、物力和技术指导方面给予积极支持，力争早日解决这个问题"的批示。南平认真落实会议精神，于1986年开始了农村自来水的建设。"七五"期间全区各县（市）21.68万人饮上卫生水，其中乡镇供水17处，受益9.79万人。

1991年，省委、省政府，把人畜饮水困难和乡镇供水列入为民办实事内容，批准水电厅"三定"方案，规定乡镇供水由各级水行政主管部门归口管理；1992 年，开展利用贴息贷款兴建乡镇供水工程的试点工作；1996 年，省财政正式设立了乡镇供水专项补助资金，是年，南平启动乡镇供水工程，每个乡镇供水补助 5 万～10 万元，促进了乡镇供水事业的发展。

2000 年，全市饮水困难村调查摸底，有 1094 个村达不到饮用卫生水标准，列入南平第一轮农村饮水安全工程建设规划，建设年限为 2003～2008 年。

2001 年，启动村级供水工程建设，重点解决行政村村部所在地的饮水问题，以通简易自来水为基本标准，有条件的地方，可以按照自来水标准来建设实施。2001～2003 年，省财政拨出专项资金，对建设供水工程的老区、民族村，每村补助 2 万元，2004 年后对建设中的每村补助 3 万元。

南平市委、市政府从 2002 年开始，年年将农民饮水改善工程列入"为民办实事项目"，并列为 2002 年"南平市十大重点工程"之一。

2004 年，全省启动千万农民饮水安全工程建设，出台《福建省千万农民饮水工程建设项目管理办法》，从规划、设计、投资、施工、验收、管理等方面提出明确具体要求，严格强化质量监管；确定从 2004 年起，全省每年组织实施一批村级供水工程建设，2007 年底前，全部解决全省未通水行政村的通水问题，实现全省村村（行政村村部所在地自然村）通水。要求建集中式供水工程，应具有简易的净化设施、清水池、供水管道等设施，分散式供水（如打井等）应具有较永久性供水管道，水质符合《农村实施〈生活饮用水卫生标准〉准则》。是年，南平市政府出台《南平市农村供水工程建设实施意见》，提出在 2005 年底前，实现全市 141 个乡镇（街道）全部通自来水，到 2007 年底，全市 1628 个行政村（场）全部通简易自来水。确定在省财政每个乡镇供水工程补助 10 万元、每个村供水工程补助 3.5 万元专项资金基础上，市级财政按平均每个乡镇 5 万元、每个村 1 万元配套，要求各县（市、区）按每个乡镇 5 万元、每个村补助 1 万元配套，缺口资金通过盘活资产、转让经营权、产权，采取承包、租赁、拍卖、股份合作等形式筹集，南平农村饮水工作快速发展。

2003～2005 年，3 年间全市投入 8865.18 万元资金，建成村级供水工程 605 处、乡镇供水工程 19 处。建瓯市大胆探索适合农村特点的供水模式，将生物慢滤水处理技术应用于农村安全饮水水处理生产实践，为农村饮水安全工程提供一种适宜的净化模式，在农村饮水安全水处理研究与应用方面，达到国内先进水平。

至 2010 年底，全市乡镇及行政村人饮自来水通水率实现百分百。在 10 个县（市、区）、67 个乡镇建成供水工程 410 处，争取资金 2.3 亿元，解决农村饮水不安全人口 46.74 万人，占任务数（139.5 万人）的 33.5％。农村安全饮水普及率达 85％以上。乡镇供水质量基本符合《农村实施〈饮用水卫生标准〉准则》要求；村级饮水工程，部分建有标准的净化实施或采用生物漫滤工艺，大多是采取简易沉淀和过滤，供水质量达到生活饮用水的卫生标准要求。

二、南平市现有水利工程管理现状

南平市水利工程管理经历了由建国之初农村小型水利工程管理由群众自修自管到改革开放后实施小型水利设施产权制度和水利工程管理体制改革的各个历史发展时期。

（一）水利水电工程管理

建国初期，农村小型水利管理由群众自修自管。

1956 年，南平专员公署水利局设水利工程管理股，负责全区水利工程管理。

1959 年，各地人民公社由青年、民兵、妇女、老农组成水利管理委员会，随后，以公社为单位，组织水利电力管理中心站，由公社确定 1~2 名干部职工负责，对公社范围内的小型水利水电工程组织管理。

"文化大革命"中，全区各级水利管理机构瘫痪。

中共十一届三中全会以后，地区水利电力局恢复水利管理科，县（市）水利电力局也设置了水利管理股；各乡（镇）设立水利电力工作站；已建的中小型水库及灌区开始建立管理站（所），还有相当一部分村组织村级管水队伍。1985 年全区有113 个水利工作站，负责基层的水利建设、管理工作。

1988 年，福建省编委、财委、水利电力厅、水保委，联合下达南平乡镇水利水电、水土保持工作站编制 337 人，解决了 20 世纪 60 年代省水利规划测量队安排到南平地区的一批技术人员（时称水利助手）待遇问题，稳定、充实、加强了全区的乡镇水利水电工作站。

21 世纪初，实施小型水利设施产权制度和水利工程管理体制改革，全市小型水利设施出现水利协会、股份合作、租赁、承包等新管理体制。

至 2010 年，南平市水利局和 10 个县（市、区）水利局设有水利水电工程管理站（科）；各乡（镇）设有水利（水电）工作站；武夷山市东溪大（2）型水库，设立工程管理局（副处级）；浦城东风、光泽高家等 24 座中型水库，设立水库管理处或由水库所在的电力部门管理；建阳罗山、松溪六墩等 4 处万亩灌区，设立引水工程管理处；建阳水吉、邵武下晒口等 4 处万亩提水灌溉工程，设立提水工程管理站；84 座小（1）型水库，198 处千亩至万亩引水工程，由乡（镇）统一管理，设立工程管理站（所）；272 座小（2）型水库及受益千亩以下的各种工程，小山塘、小电灌站、小水渠以行政村、村民小组、水利协会或以股份合作、租赁、承包的形式管理。

在现有体制管理下，南平市水利水电工程运行状况表现为如下几种类型：

（1）大型水库（武夷山市东溪水库），设立工程管理局（副处级）；有一支正规的管理队伍，经济效益和社会效益良好，枢纽工程维护良好。

（2）中型水库，设立有水库管理处或由水库所在的电力部门管理；有一支比较正规的管理队伍，经济效益和社会效益参差不齐，以发电为主的效益好，枢纽工程维护也好。以供水带发电的效益一般，枢纽工程维护也一般。以农业灌溉供水为主的效益差，管理队伍不稳定，枢纽工程维护差。

（3）万亩灌区引水工程和小（1）型水库工程，这类工程由乡（镇）统一管理，设立工程管理站（所）；绝大部分以农业灌溉供水为主兼发电养殖，经济收入较差，管理队伍不稳定，枢纽工程维护差。

（4）小（2）型水库及受益千亩以下的引水工程，小山塘、小电灌站、小水渠等各种小微型水利工程，这类工程分布广，涉及面大，且以农业灌溉供水为主，没有管理队伍，没有经济收入，没有管理房，"最后一公里"的渠系更缺乏资金投入，各家农户难以形成合力，沟渠破败，有的农田以成"靠天田"。我们现场察看调查的 11 座小（2）型水库大坝迎水坡、背水坡都是杂草、树木丛生，启闭设备锈蚀、溢洪道破败不堪，枢纽工程基本处于无人管理维护状态。

（二）防洪堤工程管理

随着经济社会的不断发展，城市防洪日显重要，党和国家越来越重视防洪堤工程的管理工作。

1997 年 6 月 11 日，南平市编制委员会批准成立南平市堤防管理处；11 月 3 日，南平市城防指挥部将其原管理的防洪堤段移交给市堤防管理处。

1998 年 7 月 2 日，南平市人民政府颁发《南平市城市规划区河道管理及防洪堤管理保护范围的通知》（南政〔1998〕综 178 号），规定即日起，南平市城市规划区防洪堤，由市堤防管理处实行统一管理和保护，管理范围为堤脚外延 1～5m 内的护堤地，保护范围为护堤地外延 30～50m。

2002 年 10 月 23 日，南平市城区水南段防洪堤，绿化、夜景、防洪墙装饰工程通过验收，南平城区防洪堤全面移交堤防管理处。管理范围包括：南平大桥至明翠阁堤段 3.56km；马站段防洪堤 1.12km；西芹段防洪堤 1.3km；玉屏山段防洪堤和明翠阁以东南平大桥以西等非中心地段防洪堤 9.446km。主要任务有：已建成的西门排涝站管理维护、运行，已建成的防洪堤平台 2.93 万 m² 休闲场所卫生和 1.4 万 m² 绿化面积的管理维护，防洪堤管理房、防洪仓库的防汛设施维护保养，以及协助督促地税等部门依法征收防洪工程维护管理费。

2004 年 5 月 8 日，南平市人民政府印发《南平市防洪工程设施及滨江外侧环境管理暂行规定》（南政〔2004〕综 97 号），确定延平区西溪沙溪口电站、建溪常坑高速公路出入口至闽江大洲下游 1000m 的沿江两岸道路外侧的防洪堤上下层平台、护堤地、防洪堤绿化、夜景照明、排涝设施、安全保护区和专用地范围内的防洪工程及附属设施，由市水利局负责巡查和维修养护，保证防洪工程设施的完整和运行安全，保证防洪堤上绿化养护和夜景照明、排涝设施的正常运转。

邵武、顺昌、建瓯、松溪、政和、光泽、浦城、建阳、武夷山等县市，先后成立堤防管理机构配备专人，负责对辖区内堤防工程的管理和保护。

但是至 2010 年底南平市本级及 10 县、市（区）的防洪堤管理状况不容乐观，主要有如下问题：

（1）部分县市没有进行防洪堤工程日常维护管理，至使不少堤段野草覆盖，护堤石块脱落残缺，有的堤顶辟为菜地，瓜棚相依，有的扎墙圈养禽畜，垃圾污秽不堪；堤防设施屡屡被盗。

（2）部分县市（区）乡镇防洪堤工程未封闭及未建排涝设

施，存在工程缺陷，难于管理。

（3）组织管理机构不完善，没有明确市本级与 10 县、市（区）分级管理所属关系。

（4）管理队伍不稳定，目前只有市本级和邵武市堤防正式工作人员纳入财政拨款，其余县市皆为自收自支，没有待遇保证。

（三）农村安全卫生饮水工程管理

农村安全卫生饮水工程管理分乡（镇）和村（居委会）两级，乡（镇）供水工程，一般都成立乡镇自来水厂，有专门的维护和管理人员，供水水价以县（市、区）物价部门审批的价格为准；村（居）级供水工程的管理和维护，多数采用承包管理或由村民委员会指定专人进行维护管理，通过村民"一事一议"来确定供水价格，供水价格一般在 $0.2\sim0.8$ 元/m³，全市平均水价 0.45 元/m³。

至 2010 年农村安全饮水管理有以下几类情况：

（1）乡镇供水工程，都成立乡镇自来水厂，有专门的维护和管理人员，管理队伍比较稳定，供水水价以县（市、区）物价部门审批的价格为准；经营状况较好，工程运行情况良好。

（2）村级供水工程，多数采用承包管理或由村民委员会指定专人进行维护管理，管理队伍不稳定。通过村民"一事一议"来确定供水价格，收费困难，工程维护困难，工程运行情况较差。有些饮用水工程建好后水源地生态遭破坏，水量减少水质下降，供水设施无围墙无看管无安全保障等问题。

由于种种原因，水利工程管理存在体制不顺，机制不活，经费不足、管理粗放等问题，这些问题使大量水利工程得不到正常的维修养护、效益严重衰减，更令人不安的是对国民经济和人民生命财产带来极大的隐患。

三、南平市水利工程管理方面存在的问题分析

水利系统几十年来在总结工作谈到问题时，都讲到本系统

存在重建轻管问题，为什么痼疾难医呢？南平市 10 县、市（区）水利工程管理方面存在问题主要有以下几方面的原因。

1. 以发电为主的水利工程项目已建立了市场经济机制，工程管理与效益已走向良性循环。这类水利工程管理队伍稳定，枢纽工程维护管理良好。以供水为主兼营发电等多种经营的水利工程项目建立了部分市场经济机制，但这类水利工程兼顾了部分公益性质，加上水价偏低及发电企业上网电价偏低，经济效益较差，管理队伍一般都不够稳定，枢纽工程维护管理也不够好。

2. 以农业灌溉为主的水利工程项目责任主体缺失，受历史、现有社会等众多原因影响目前无法建立市场经济机制，收不上水费，没有维护管理经费自然无人管理。但是这类小微水利工程数量众多分布广影响面大，既影响下游防洪安全又直接影响农业粮食生产，而粮食又是战略物资，关乎国家安全，民生大计。国家每年都要花费大量资金进行除险加固。

3. 以保护城镇免受或少受洪水灾害的防洪堤工程，还没有得到各地政府部门的重视，在管理队伍人员编制、经费来源等问题上，目前只有市本级和邵武市堤防正式工作人员纳入财政拨款，其余县（市）皆为自收自支，没有待遇保证。

4. 农村安全饮水工程管理，乡镇一级的已建立了市场经济管理体制，工程管理走向良性发展。村一级的主要是村民的用水思想意识还没转变，没有形成水是商品的统一认识，导致水费收缴困难，饮水工程没有维护管理经费。

5. 水库大坝、灌溉设施、防洪堤及排涝站等水利工程数量多、分布广、规模总量大，但普遍未纳入保险、缺乏应对风险机制。

四、南平市水利工程管理的一些建议

1. 应转变思想，继续深化水利工程管理体制改革。要落实好公益性、准公益性、经营性的水利管理单位性质，进一步明晰产权归属关系，重点关注那些工程数量众多分布广影响面大，既影响下游防洪安全又直接影响粮食安全的小微型水利工程和防洪堤工程。既要坚决纠正几十年来存在的"重建轻管"老问题，也要克服近年新建工程失管的问题。要树立建设水利工程重要，管好水利工程更重要的思想。把管好当地的水利工程列入政绩重要考核指标。要开展水利工程管理考核，组织水利工程运行管理督察。

2. 抓住机遇，用好有关水利管理工程的优惠政策。近年国家高度重视水利，不仅大江大河防洪工程大投入、民生水利工程、水库除险加固工程等等都增大投资，目前南平市大（1）型水库1座，中型水库8座，小（1）型水库60座已完成除险加固，小（2）型水库正在分期分批开展除险加固工作。从已除险加固水库看，这些病险水库大部分都是由于平时疏于管理造成的，而正在除险加固的小（2）型水库更是如此。2010年水库除险加固国家补助每个小（2）型水库240万元。一个小（2）型水库如果每年花2.4万元费用管理可以管100年，如果常规管理跟上，每年国家补助5万～10万元，或经评估确定补助经费，国家就不要一次花那么大笔经费。目前南平市各地大部分水库建成时间都在60～70年代已运行50多年，根据目前水库安全鉴定情况，全南平市的水库都要进行一次除险加固，361座总投资达8.9亿多元。这两种费用的投入那个合算一看便知，更何况有的水库还进行过好几次的除险加固耗资极大，因此建议把以供水（特别是农业灌溉供水）为主的水利工程项目的管理费用列入国家及省财政预算，大、中、小（1）型水库国家财政拨付，小（2）型以下省财政拨付。

3. 近年来全区各县市已建有一百多公里城市防洪堤及一批排涝站（闸），也建立了堤防管理站（所），建议尽快把那些没有列入财政预算的管理站（所）列入财政预算。为加快推进江河治理，进一步提高全市防洪减灾的综合保障能力，全市拟建项目涉及流域面积 3000km² 的河流干流及其主要支流，武夷新区，10 个县级以上城区及周边拓展区，经省、市政府批准的经济开发区、干流上重要乡镇所在地的防洪排涝工程，其中主要是防洪堤和排涝站工程，尤其是到"十二五"规划末期预计建设约 160 多 km 的防洪堤，防洪工程估计投资将达到 30 亿元。防洪工程越建越多，国家投资越来越大，没有完善的堤防管理机构，没有一支有现代化管理水平的队伍，将使这笔巨大的国有资产蒙受损失，人民的生命财产遭受威胁。

4. 建设高素质水利管理队伍，健全基层水利站（所）。这几年由于人事制度等原因，有的县（市）最年轻科技人员已52 岁，闽北水利队伍新人难进，队伍老化，人才匮缺；有的人才外流，工程技术人员提前退休下海，形成人才断层。全市水利系统应抓紧吸纳人才，稳定人才，培养人才，建设一支高素质的水利管理队伍。要努力健全基层水利站（所），明确基层水利站（所）的主要任务是抓好水利工程管理。在 80 年代前后，基层水利站所较完善，水利建设形成高潮。由于机制转换，现在除部分大型骨干工程及部分县（市）管理机构较完善外，不少小（2）型水利工程、多数基层水利工作站（所）无资金、无设施、无人员，站（所）处于瘫痪状态。基层站（所）是贯彻党和政府水利工作方针政策的最后落脚点，水利改革发展的奠基石，是水利工程管理的最后也是最重要环节。因此，中央的文件和会议都提出要健全农村基层水利管理服务机构，要明确该机构的公益性主体地位。建议对基层水利工作站制定出站房、人员、资金、设备等方面要达到的目标，用 3 年左右的时间开展水利工作站达标建设，提高管理服务能力。同时要求各行政村应配一名有水利管理知识和经验的水利技术服务员，纳入农村农业、林业、计生等技术服务员系列。对小（1）型以上水利工程要解决事业编制，对小（2）型以下的微小型水利工程应当进行改革，走多元化管理服务路子，要加大公共财政的经营保障力度，也可以鼓励管理者在保证水利工程安全的前提下，利用水利工程资源适当搞些创收贴补经费不足。

5. 建议加大科技管理投入、建立现代信息工程管理体系。水利现代化要求水利工程管理要运用先进的科技支撑。大中型水利工程的微机联网应用管理、防汛减灾的信息处理、水资源保障和水生态环境的预测和评价、水资源节约和提高农业用水效率、防洪工程建设和维修、排涝泵站的自动控制和技术处理的新技术、河道整治和水系统景观的建设和管理、生态修复工程的新科技应用、水环境的远程遥控体系、水工程险情自动检测报警体系等等，都要求有一批中高层次管理人员和基层站（所）中等科技管理人员来掌握。要有稳定增长的科技管理投入。建议中央和省、市每年水利预算经费中要有明确的科技普及宣传和应用资金投入，不少于当年水利总投资的 10%。

6. 加强舆论引导，形成全社会人人关心水利、支持水利发展的氛围。加大做好管理水利工程、人人有责，水利工程利国利民利家的宣传与普及工作、培养全社会爱护支持水利工程的良好氛围。

各地应认真学习贯彻中央 1 号文件和中央、省、市水利会议精神；大力宣传水利工程及其管理对当地社会经济发展的重大意义；利用广播电视、各种文艺形式宣传水利对于国计民生的战略地位；用"3.22"中国水日和国际水周宣传水工程对水生态环境的重大作用；在各个水利工程进行科学规划、设计出有象征意义的雕像、壁画，反映长期在水利工程建设管理中的先进人和事等文艺作品，提高水文化在建设社会主义强国中的特殊功能，加快促进水利现代化步伐。

（作者单位：南平市水利局）

环三都澳区域水资源配置及其值得重视的几个问题

缪见武

【摘　要】本文以环三都澳区域水资源配置规划结合多年的水资源管理工作体会，提出了环三都澳区域水资源配置中值得重视的几个问题与水资源管理同行交流，力求在水资源管理工作水平上能够有一个新的提高。

【关键词】环三都澳区域　水资源　配置　问题

一、环三都澳区域发展规划与水资源配置规划概况

以环三都澳海域的福安、霞浦、蕉城3县（市、区）为核心区，辐射福鼎、柘荣、寿宁、周宁、古田、屏南六县（市、区）形成的环三都澳区域地处长江三角洲、海峡西岸和台湾三大经济区之间的核心区位，是海峡西岸经济区对接长江三角洲经济区的前沿门户，也是福建北部和部分内陆地区直线距离最短的出海口，区域拥有世界级深水港口岸线资源，可建设3万吨级以上泊位150多个，区位优势与战略地位突出。

本区域属中亚热带海洋性季风气候区，温暖湿润，多年平均气温约19℃，多年平均年降水量约1650mm，4～9月降水量约占全年降水量的75%，由西北部、北部向东南沿海递减，无霜期约300天。

2008年9月30日，福建省人民政府以闽政文〔2008〕307号批复了中国城市规划设计研究院编制的《环三都澳区域

发展规划》。根据该规划，环三都澳区域以"一线三湾四片区"的整体空间功能结构进行构建，依托由东冲口经东冲水道、官井洋、加仔门水道至赛江白马门的深水航线，形成"以港兴城"的区域功能发展主线，集中布局功能各异、空间相对分离的城市湾、产业湾、旅游湾三个特色突出的功能湾区，促进"港业城"互动，实现区域内各功能区的协调发展。通过内部空间整合、交通网络组织形成四大片区（宁德主城区、溪南片区、漳湾片区和赛江片区）和三大功能湾（城市功能湾、产业功能湾、旅游功能湾）。

规划水平年 2020 年霞浦、福安、蕉城 3 县（市、区）的四大片区城镇人口达到 100 万人，城区面积达到 125km²，发展用地达到 145km²。地区生产总值 1300 亿元，人均生产总值10 万元，工业化率 50%，港口货物吞吐量大于 10000 万 t。

本区域水系沿构造线发育，河流多呈西北—东南走向，形成独流诸河，主要河流有赛江、霍童溪、七都溪、杯溪、罗汉溪、金溪等。根据水文计算，本区域水量充沛环三都澳区域涉及 3 县（市、区）$P = 95\%$ 设计枯水年水资源可利用量为28.47 亿 m³，可利用率为 23%（见表 1），而环三都澳区域所在 3 县（市、区）现状多年平均水资源开发利用率为 7.2%，与社会经济发展规划及不协调，根据水量供需平衡环三都澳区域存在工程性缺水问题（见表 2），需进行区域外调水配置，满足社会经济发展需求。

表 1　环三都澳区域 $P = 95\%$ 设计枯水年水资源可利用量估算表

序号	项　　目	霞浦县	福安市	蕉城区	合计
1	多年平均境内水资源量	15.01	19.8	18.29	53.1
2	多年平均客水水资源量	3.63	46.07	20.95	70.65
3	多年平均水资源总量①＋②	18.64	65.87	39.24	123.75
4	调入水资源量 W_{q3}（$P = 95\%$）	0.22	0	0	0.22

序号	项　　目	霞浦县	福安市	蕉城区	合计
5	调出水资源量 W_{q4}（$P=95\%$）	0	0.15	0	0.15
6	境内水资源可利用量 W_{q1}（$P=95\%$）	4.05	5.13	4.5	13.68
7	过境水资源可利用量 W_{q2}（$P=95\%$）	0.77	8.5	5.45	14.72
8	水资源可利用量 W_q⑥＋⑦＋④－⑤	5.04	13.48	9.95	28.47
9	水资源可利用率（％）⑧/③	27.0	20.5	25.4	23.0

表 2　　环三都澳区域各供水片不同水平年水量供需平衡表

水平年	县（市、区）名称	供水分片	各类工程可供水量（万 m³）	需水量（万 m³）						缺水量（万 m³）
				工业	城镇生活	农村生活	灌溉	生态环境	合计	
近期（2020 年）	霞浦县	溪南片	2422	10545	670	206	3158	458	15037	12615
		东冲半岛片	1029	3705	709	154	1760	177	6506	5477
	福安市	赛江右岸片	1734	2148	1191	136	2469	137	6080	4346
		赛江左岸片	8501	2185	818	92	3408	75	6578	
		溪尾片	1818	210	109	21	488	13	840	
	蕉城区	宁德主城区及漳湾片	22168	8384	5024	403	6947	548	21306	
远期（2030 年）	霞浦县	溪南片	2422	18046	1204	110	2838	772	22970	20548
		东冲半岛片	1029	7464	1159	102	1690	334	10749	9720
	福安市	赛江右岸片	1734	4212	1622	107	2469	242	8652	6918
		赛江左岸片	8501	3351	1115	90	3132	137	7825	
		溪尾片	1818	443	169	14	488	25	1139	
	蕉城区	宁德主城区及漳湾片	22168	15622	7470	385	6947	953	31376	9208

　　根据环三都澳区域各供水片水资源条件（见表 3 环三都澳区域各供水片不同水平年水量分配表）和水源工程分布情况，规划对环三都澳区域水资源进行调水配置。

表3 环三都澳区域各供水片不同水平年水量分配表（P＝95％）

县（市、区）名称	供水片		各水平年调水流量（m³/s）	
			2020年	2030年
霞浦县	溪南片		4.0	6.5
	东冲半岛片		1.7	3.1
	合计		5.7	9.6
福安市	赛江左岸片	赛岐	0.66	0.69
		溪柄	0.50	0.68
		湾坞	1.21	1.55
		合计	2.37	2.92
	溪尾片（包括腾川围垦）		0.55（其中溪尾0.25）	0.55（其中溪尾0.35）
	赛江右岸片		2.03	3.23
蕉城区	宁德主城区片		2.83	4.43
	漳湾片		1.6	3.17
	合计		4.43	7.60

（1）近期。近期拟建工程有：霞浦县杯溪田螺岗水库供水工程（近期在满足本流域需水的基础上，尚可供溪南及东冲半岛片1.23m³/s），福安市茜洋溪调节库及茜安引水改造工程（向赛江左岸片供水，设计流量2.92m³/s）、福安市溪尾片黄土岩水库供水工程（向溪尾片和腾川围垦供水，设计流量0.55m³/s）、穆阳引水工程（向穆阳溪下游沿岸及赛江右岸、溪南及东冲半岛片供水，设计引水流量6.5m³/s）、蕉城区的官昌水库供水工程（向宁德主城区及漳湾片供水，设计引水流量4.68m³/s）。

（2）远期。远期2030年赛江左岸片、溪尾片及宁德主城区片水量基本供需平衡，穆阳调水供给赛江右岸片3.23m³/s，尚可向溪南及东冲半岛片供水3.27m³/s；漳湾片缺水2.92m³/s；溪南及东冲半岛片在考虑杯溪调水1.0m³/s和穆阳调水3.27m³/s的情况下，尚缺水5.33m³/s。

规划溪南及东冲半岛片、漳湾片供水推荐方案：上白石水库调水方案，总调水流量 $8.25\mathrm{m}^3/\mathrm{s}$。漳湾片不足 $2.92\mathrm{m}^3/\mathrm{s}$ 由霍童溪供给，溪南及东冲半岛片不足的 $5.33\mathrm{m}^3/\mathrm{s}$ 由上白石水库调水供给。

二、环三都澳水资源配置值得重视的几个问题

（一）实施跨流域调水配置水资源解决工程性缺水，要重视水源结构性矛盾的调整

三都澳区域水资源总量虽然丰富，但时空分布不均衡，4～9 月降水量约占全年降水量的 73%，10 月至次年 3 月降水量仅占全年降水量的 27%，经济较发达的海岛及半岛一带水资源贫乏，水资源供需矛盾突出，而经济较为落后的山区地区水量丰沛，水资源的天然时空分布与社会经济发展布局不相适应。新中国成立以来，环三都澳区域相继建成一批蓄、引、提、调水工程并发挥重要作用，但总体调节性能较差，汛期洪水径流大多难于转化为可利用水量，现状多年平均水资源开发利用程度仅 7.2%，水资源开发利用水平较低，工程性缺水问题突出。为解决环三都澳区域工程性缺水问题，需进行跨流域水资源调水配置，上马若干大中型水库进行跨流域调水，然而，由于以往规划实施的工程项目中大部分功能单一，或担负发电任务或担负灌溉任务，随着社会经济发展，土地用途的变更，供水、发电、灌溉之间需求发生变化，水源结构性矛盾突出，需要及时加以适当调整。如茜洋溪流域已建柏洋电站及马头山电站均为招商引资的项目，仅有发电功能，穆阳溪流域的闽东电站和丰源电站为闽东电力股份上市公司的主要发电电站，跨流域引水调配水资源的供水与发电存在水源结构性矛盾，都需加以适当调整。

（二）要重视社会经济发展规划与水资源配置规划相协调问题

宁德市水资源多年平均量可达 146.5 亿 m^3，水资源相对

丰富，给环三都澳区域社会经济发展提供了一定的水资源保障，但再丰富的资源都有一个量的局限，无法无止境的开发利用，也无法满足无止境的需求。按照水利部实施最严格的水资源管理要求，按三条红线管理水资源，用水总量和用水效率都是控制红线，《环三都澳区域发展规划》已经拟定了区域发展的大局方向，确定了四大片区和三大功能湾的空间和产业总体布局，但是在细化空间和产业布局以及引进项目的过程中，仍然需要重视水资源环境的可持续性，遵循"以供定需"的原则布局空间和产业，同时也要求在总量控制用水企业布局的前提下，对产业节约用水提出要求，采用中水利用和循环用水等办法提高用水效率，使区域社会经济发展规划与水资源配置规划相协调。

（三）要重视水资源统一管理问题

环三都澳区域水资源合理配置和安全供水格局尚未形成健全体系，水资源统一管理尚未到位，存在多头管水的现象。水利、经贸、建设多部门对水源利用企业都有管理职能，给水资源的合理配置带来较大的困难，不利于安全供水保障。随着环三都澳区域水资源配置工程的实施，跨区域调水总量的增加，重大项目的落地（如中海油项目及鞍钢钢铁基地项目）对供水需求的增大和安全供水要求的提高，以及水资源供给的紧张，水资源配置和调度在利益分配上的矛盾将更加突出，要重视水资源统一管理问题，尽快形成水资源统一管理，统一调度，统一配置的健全体系，以形成环三都澳区域水资源合理配置安全供水格局。

（四）要重视流域水功能区划管理与水环境保护问题

随着经济的快速发展和城市化水平的提高，以及环三都澳区域产业布局调整的快速推进，承接江浙一带产业转移的快速增长，排向江河水域的工业和生活废污水及污染物质的排放量不断增大，水环境恶化问题已不容忽视，如交溪有些河段工业布局对下游城市供水水源造成一定影响就是一个例子。为此，要重视流域水功能区划管理与水环境保护问题。继 2004 年省水利厅《福建省水（环境）功能区划》对流域面积 200km² 以上河流进行水功能区划和 2011 年《宁德市水功能区划》编制获得了市政府批准印发，宁德市流域面积 50km² 以上流域和城镇主要集中供水流域都划定了功能区，要使环三都澳区域水资源配置规划实施后，能够有一个量足质优的供水水源，必须在流域水功能区划的指导下，按水功能区划的要求合理布局工业产业，加强城镇雨污分流及生活污水集中收集处理，减少水源保护区农业面源污染，确保水源的清洁和质量，为社会经济建设提供优质水源保障。

三、结束语

环三都澳区域水资源配置规划的实施将大力提升区域社会经济发展的后劲，同时对社会经济发展与水资源环境的协调提出了新的要求，立足于最严格的水资源管理制度，合理配置水资源，科学管理水资源，对当地政府和水资源管理部门都是新的挑战，本文以环三都澳区域水资源配置规划结合多年的水资源管理工作体会，提出了环三都澳区域水资源配置中值得重视的几个问题与水资源管理同行交流，力求在水资源管理工作水平上能够有一个新的提高。

（作者单位：宁德市水利局）

福建省基层水利人才
现状调研报告

江勇　孙晓波　林辉

【摘　要】本文深入分析福建水利系统人才队伍现状、问题的基础上，提出加快推进水利人才队伍建设的思路、对策和措施。

【关键词】水利人才现状　队伍建设　对策措施

要推进我省水利建设与管理事业更好更快的发展，基础要素有两个，一是水利设施建设与管护，二是水利人才培养及其使用。前者作为水利事业发展的基础，而后者则是水利工程发挥作用的保障。一方面，经过"十一五"、"民生水利"等建设，我省水利基础设施有了长足发展，已建成了防洪、排涝、供水、灌溉、发电等多功能的水利工程体系。但另一方面，却出现重建轻管的情况，即建工程千军万马，管工程单枪匹马的失衡现象。同时水利管理机制不合理，结构臃肿，人员学历、职称层次低，年龄结构老龄化，专业结构不合理，人员整体素质与现有水利工程设施管理要求难以匹配，已经严重地制约着我省水利事业的发展和水利现代化的正常推进。

根据省水利厅关于下达 2012 年福建水利课题调研计划的通知（闽水法规〔2012〕8 号），围绕加快水利改革发展，着力研究和解决当前水利领域存在的重难点问题，为实现福建水利科学发展、跨越发展提供强有力的人才支撑，福建水利电力职业技术学院在 2012 年 7～8 月间，通过组织人员深入到 23

个县（市、区）相关部门和基层水利单位调研，通过座谈会、走访、信函等多种形式开展调查，并引用了全省水利普查的部分成果，借以了解我省基层水利人才现状，提出提升我省基层水利人才供给的模式及其实现路径，以期为我省水利事业的发展和上级领导部门决策提供参考和依据。

一、福建省水利系统人才队伍的总体现状

截至 2011 年底，福建省基层水利事业单位在岗职工 11495 人，乡镇水利管理单位从业人员 2901 人，编制内人员 2660 人，基层事业单位和乡镇水利管理单位之间存在着较大的差异，其基本分布状况如下。

（一）福建省基层水利事业单位按学历划分人才现状

我省基层水利事业单位在岗职工 11495 人，大学本科及以上学历的 2858 人，占总人数的 24.86％；大专学历的 2852 人，占总人数的 24.81％；中专学历的 1583 人，占总人数的 13.77％；高中及以下学历的 4459 人，占总人数的 38.79％。大专以上学历比重总计为 49.67％，这一数据低于《中国现代化水利的内涵与评价指标体系》中设置的大专以上管理人员比重要达到 60％的指标，与发达国家 20 世纪 90 年代 98％以上的水平相比更是望尘莫及。其中博士、硕士比重严重偏低，仅占 1.36％，要知道在本次调研中包括了福建省水利规划院、福建水利电力职业技术学院、福建省水利水电干部学校、福建省水利管理中心等教科研管理单位。而在大学本科、大专学历中还有一大部分取得的还是成人教育的学历。整体偏低的学历结构，对于我省水利事业的发展、制度创新、做强做大水利产业产生了较大的制约，见图 1。

（二）福建省基层水利事业单位按职称划分人才现状

职工队伍的职称在一定程度上反映了水利人员的水平和业务能力，与学历结构相对应，学历越高，职称就越高。我省基

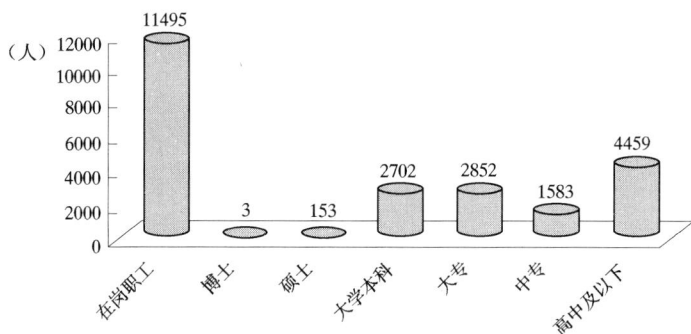

图 1　按学历划分人才现状

层水利事业单位在岗职工 11495 人中，高级职称 769 人，占总人数的 6.69%，其中有正高 72 人；中级职称 2088 人，占总人数的 18.16%；初级职称 1928 人，占总人数的 16.77%。这一职称结构比例明显与福建水利大省的身份不符，据报道：截至 2007 年底，甘肃省水利系统高级职称 710 人，占 7.67%；中级职称 2780 人，占 30.20%；初级职称 5731 人，占 62%。这说明我省虽然水利事业较为发达，但是中高级技术、管理人才较少，比重较低，今后一段时间如何培养和引进水利中高级人才是我省人才培养工作的重心，见图 2。

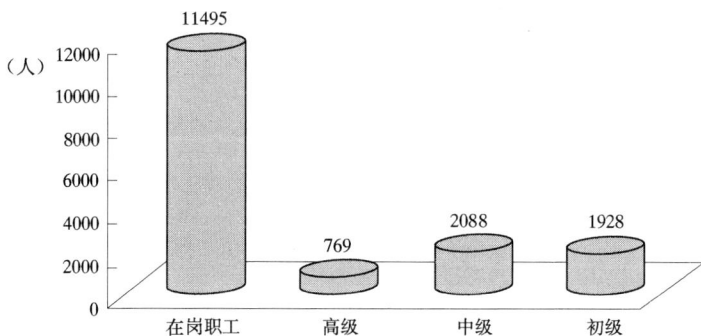

图 2　按职称划分人才现状

（三）福建省基层水利事业单位按技术等级划分人才现状

职工队伍的技能结构在一定程度上反映了水利人员的水平

和业务能力。我省基层水利事业单位共计有工人5860人，占职工队伍的50.98%，其中高级技师56人，占工人总数的0.956%；技师242人，占工人总数的4.13%；高级工2507人，占工人总数的42.78%；中级工1334人，占工人总数的22.76%；初级工1022人，占工人总数的17.44%。从整体来看，我省高级技师和技师数量相对缺乏，如高级技师平均到每个地市才7人，有些地市甚至一个高级技师都没有，见图3。

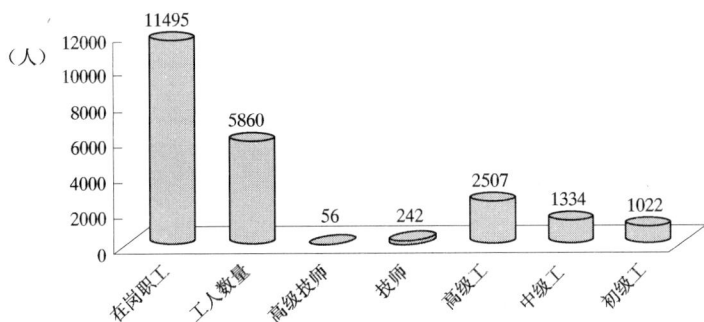

图3　按技术等级划分人才现状

（四）福建省基层水利事业单位按年龄划分人才现状

在全省水利事业单位职工中，56岁以上的有950人，占职工总人数的8.26%；46～55岁的有3602人，占职工总数的31.34%；36～45岁的有4613人，占职工总数的40.13%；35岁以下的有2587人，占职工总数的22.51%。

许多学者认为，一个组织系统的年龄结构应该显现出梯级层次结构，青、中、老比例应保持在4∶4∶2的水平，这样才能使其组织更能适应经济发展的需要，更有活力和创新精神。但从我省情况来看，35岁以下的青年职工只占职工总数的22.51%，比例偏低，这说明我省水利事业后备力量不足，当然这与近年来我国事业单位"减员增效"的改革有很大关系。但是从中老年职工比例偏高而职称、技术等级偏低两个现象来看，说明我省水利事业在人才培养方面存在严重不足，见图4。

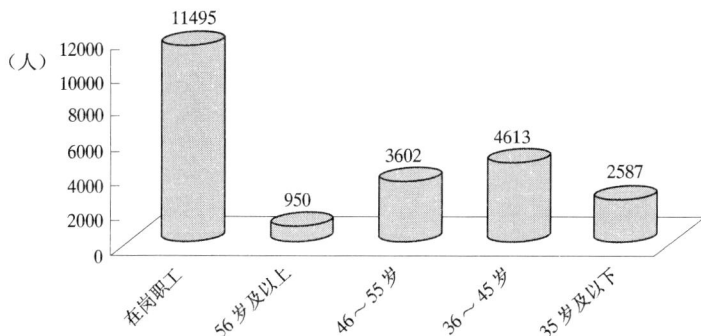

11495

（人）

950   3602   4613   2587

在岗职工   56岁及以上   46～55岁   36～45岁   35岁及以下

图4   按年龄划分人才现状

（五）福建省乡镇水利管理单位按学历划分人才现状

全省乡镇水利管理单位共计有在岗职工5219人，在编职工4822人，有397人有岗无编，中专以上学历职工4424人，占职工总数的84.77%；高中及以下学历职工795人，占职工总数的15.23%。乡镇水利管理单位是水利行业最基层的管理单位，据调研数据显示，编制不足是全省普遍存在的问题，但是这一问题的解决设计到国家政策、水利行业发展状况、地方政府政策等多项宏观因素的影响，要合理的解决乡镇水利人才不足的困境，需要多方面的共同努力，见图5。

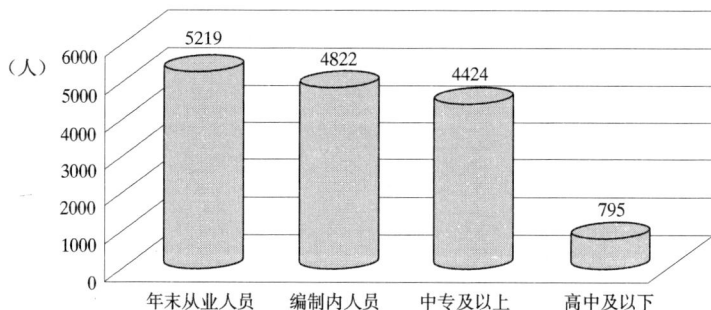

5219

（人）

4822   4424

795

年末从业人员   编制内人员   中专及以上   高中及以下

图5   水利管理单位按学历划分人才现状

（六）福建省乡镇水利管理单位按职称划分人才现状

全省乡镇水利管理单位共计有在岗职工 5219 人，其中初级以上职称职工数共计 3370 人，占总人数的 64.57％；员级职称职工数共计 640 人，占总人数的 12.26％，见图 6。

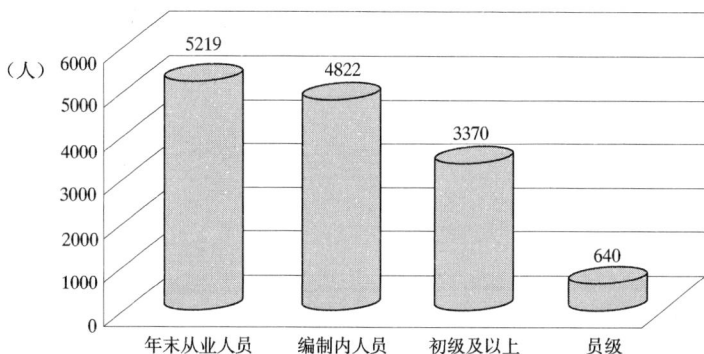

图 6 水利管理单位按职称划分人才现状

（七）福建省乡镇水利管理单位按技术等级划分人才现状

全省乡镇水利管理单位共计有在岗职工 5219 人，其中中级工以上的 1053 人，占总人数的 20.18％；初级工的 539 人，占总人数的 10.33％，见图 7。

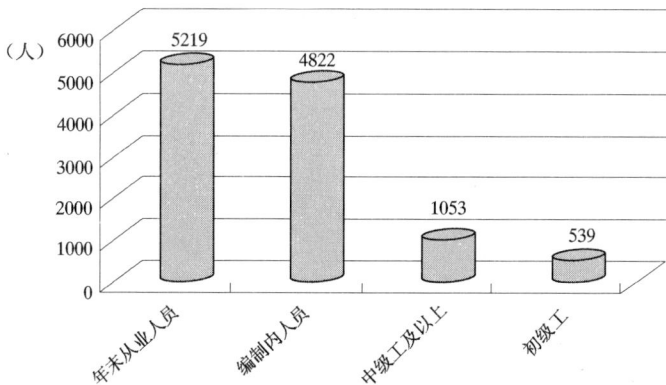

图 7 水利管理单位按技术等级划分人才现状

二、福建省各地市水利系统人才队伍的现状

(一)福州市水利系统人才队伍的现状

见表1。

表1　　　　　　　福州市水利系统人才队伍的现状

基层水利事业单位	按学历分	在岗职工	博士	硕士	大学本科	大专	中专	高中及以下
		1825	3	37	555	381	186	673
		所占比例	0.16%	2.03%	30.41%	20.88%	10.19%	36.88%
	按职称分	在岗职工	高级	其中:正高	中级	初级		
		1825	210	34	304	314		
		所占比例	11.51%		16.66%	17.21%		
	按技术等级分	在岗职工	工人数量	高级技师	技师	高级工	中级工	初级工
		1825	787	1	48	338	200	152
		所占比例	43.12%	0.13%	6.10%	42.95%	25.41%	19.31%
	按年龄分	在岗职工	56岁及以上	46~55岁	36~45岁	35岁及以下		
		1825	169	594	648	424		
		所占比例	9.26%	32.55%	35.51%	23.23%		
乡镇水利管理单位	按学历分	年末从业人员	编制内人员	中专及以上	高中及以下			
		1005	983	838	167			
		所占比例		83.38%	16.62%			
	按职称分	年末从业人员	编制内人员	初级及以上	员级			
		1005	983	636	125			
		所占比例		63.28%	12.44%			
	按技术等级分	年末从业人员	编制内人员	中级工及以上	初级工			
		1005	983	264	154			
		所占比例		26.27%	15.32%			

福州市基层水利事业单位在岗职工 1825 人，其中博士 3 人，占总人数的 0.164％；硕士 37 人，占总人数的 20.16％；大学本科学历的 555 人，占总人数的 30.24％；大专学历的 381 人，占总人数的 20.76％；中专学历的 186 人，占总人数的 10.13％；高中及以下学历的 673 人，占总人数的 36.67％。

福州市基层水利事业单位在岗职工 1825 人中，高级职称 210 人，占总人数的 11.44％，其中有正高 34 人；中级职称 304 人，占总人数的 16.57％；初级职称 314 人，占总人数的 17.11％。

福州市基层水利事业单位共计有工人 787 人，占职工队伍的 42.89％，其中高级技师 1 人，占工人总数的 0.055％；技师 48 人，占工人总数的 2.62％；高级工 338 人，占工人总数的 18.41％；中级工 200 人，占工人总数的 10.90％；初级工 152 人，占工人总数的 8.28％。

福州市基层水利事业单位职工中，56 岁以上的有 169 人，占职工总人数的 9.26％；46～55 岁的有 594 人，占职工总数的 32.55％；36～45 岁的有 648 人，占职工总数的 35.51％；35 岁以下的有 424 人，占职工总数的 23.23％。

福州市乡镇水利管理单位共计有在岗职工 1005 人，在编职工 983 人，有 22 人有岗无编，中专以上学历职工 838 人，占职工总数的 83.38％；高中及以下学历职工 167 人，占职工总数的 16.62％。

福州市乡镇水利管理单位共计有在岗职工 1005 人，其中初级以上职称职工数共计 636 人，占总人数的 63.28％；员级职称职工数共计 125 人，占总人数的 12.44％。

福州市乡镇水利管理单位共计有在岗职工 1005 人，其中中级工以上的 264 人，占总人数的 26.27％；初级工的 154 人，占总人数的 15.32％，见表 1。

（二）厦门市水利系统人才队伍的现状

表2　　　　　　　　厦门市水利系统人才队伍的现状

基层水利事业单位	按学历分	在岗职工	博士	硕士	大学本科	大专	中专	高中及以下
		385	0	1	98	73	39	174
		所占比例	0.00%	0.26%	25.45%	18.96%	10.13%	45.19%
	按职称分	在岗职工	高级	其中:正高	中级	初级		
		385	18	2	65	40		
		所占比例	4.68%		16.88%	10.39%		
	按技术等级分	在岗职工	工人数量	高级技师	技师	高级工	中级工	初级工
		385	206	0	11	128	48	16
		所占比例	53.51%	0.00%	5.34%	62.14%	23.30%	7.77%
	按年龄分	在岗职工	56岁及以上	46～55岁	36～45岁	35岁及以下		
		385	30	147	140	68		
		所占比例	7.79%	38.18%	36.36%	17.66%		
乡镇水利管理单位	按学历分	年末从业人员	编制内人员	中专及以上	高中及以下			
		236	186	202	34			
		所占比例		85.59%	14.41%			
	按职称分	年末从业人员	编制内人员	初级及以上	员级			
		236	186	108	25			
		所占比例		45.76%	10.59%			
	按技术等级分	年末从业人员	编制内人员	中级工及以上	初级工			
		236	186	50	13			
		所占比例		21.19%	5.51%			

厦门市基层水利事业单位在岗职工 385 人，其中博士 0 人；硕士 1 人，占总人数的 0.26％；大学本科学历的 98 人，占总人数的 24.54％；大专学历的 73 人，占总人数的 18.96％；中专学历的 39 人，占总人数的 10.13％；高中及以下学历的 174 人，占总人数的 45.19％。

厦门市基层水利事业单位在岗职工 385 人中，高级职称 18 人，占总人数的 4.68％，其中有正高 2 人；中级职称 65 人，占总人数的 16.88％；初级职称 40 人，占总人数的 10.39％。

厦门市基层水利事业单位共计有工人 206 人，占职工队伍的 53.51％，其中高级技师 0 人；技师 11 人，占工人总数的 5.34％；高级工 128 人，占工人总数的 62.14％；中级工 48 人，占工人总数的 23.30％；初级工 16 人，占工人总数的 7.77％。

厦门市基层水利事业单位职工中，56 岁以上的有 30 人，占职工总人数的 7.79％；46～55 岁的有 147 人，占职工总数的 38.18％；36～45 岁的有 140 人，占职工总数的 36.36％；35 岁以下的有 68 人，占职工总数的 17.66％。

厦门市乡镇水利管理单位共计有在岗职工 236 人，在编职工 186 人，有 50 人有岗无编，中专以上学历职工 202 人，占职工总数的 85.59％；高中及以下学历职工 34 人，占职工总数的 14.41％。

厦门市乡镇水利管理单位共计有在岗职工 236 人，其中初级以上职称职工数共计 108 人，占总人数的 45.76％；员级职称职工数共计 25 人，占总人数的 10.59％。

厦门市乡镇水利管理单位共计有在岗职工 236 人，其中中级工以上的 50 人，占总人数的 21.19％；初级工的 13 人，占总人数的 5.51％，见表 2。

（三）莆田市水利系统人才队伍的现状

表 3　　　　　　　　　莆田市水利系统人才队伍的现状

基层水利事业单位	**按学历分**	在岗职工	博士	硕士	大学本科	大专	中专	高中及以下
		1254	0	6	239	290	196	544
		所占比例	0.00%	0.48%	19.06%	23.13%	15.63%	43.38%
	按职称分	在岗职工	高级	其中:正高	中级	初级		
		1254	70	2	233	313		
		所占比例	5.58%		18.58%	24.96%		
	按技术等级分	在岗职工	工人数量	高级技师	技师	高级工	中级工	初级工
		1254	570	1	6	271	153	111
		所占比例	45.45%	0.18%	1.05%	47.54%	26.84%	19.47%
	按年龄分	在岗职工	56岁及以上	46~55岁	36~45岁	35岁及以下		
		1254	124	361	484	306		
		所占比例	9.89%	28.79%	38.60%	24.40%		
乡镇水利管理单位	**按学历分**	年末从业人员	编制内人员	中专及以上	高中及以下		
		396	335	321	75		
		所占比例		81.06%	18.94%		
	按职称分	年末从业人员	编制内人员	初级及以上	员级		
		396	335	301	26		
		所占比例		76.01%	6.57%		
	按技术等级分	年末从业人员	编制内人员	中级工及以上	初级工		
		396	335	55	31		
		所占比例		13.89%	7.83%		

莆田市基层水利事业单位在岗职工 1254 人，其中博士 0 人；硕士 6 人，占总人数的 0.48％；大学本科学历的 239 人，占总人数的 19.06％；大专学历的 290 人，占总人数的 23.13％；中专学历的 196 人，占总人数的 15.63％；高中及以下学历的 544 人，占总人数的 43.38％。

莆田市基层水利事业单位在岗职工 1254 人中，高级职称 70 人，占总人数的 5.58％，其中有正高 2 人；中级职称 233 人，占总人数的 18.58％；初级职称 313 人，占总人数的 24.96％。

莆田市基层水利事业单位共计有工人 570 人，占职工队伍的 45.45％，其中高级技师 1 人，占工人总数的 0.18％；技师 6 人，占工人总数的 1.05％；高级工 271 人，占工人总数的 47.54％；中级工 153 人，占工人总数的 26.84％；初级工 111 人，占工人总数的 19.47％。

莆田市基层水利事业单位职工中，56 岁以上的有 124 人，占职工总人数的 9.89％；46～55 岁的有 361 人，占职工总数的 28.79％；36～45 岁的有 484 人，占职工总数的 38.60％；35 岁以下的有 306 人，占职工总数的 24.40％。

莆田市乡镇水利管理单位共计有在岗职工 396 人，在编职工 335 人，有 61 人有岗无编，中专以上学历职工 321 人，占职工总数的 81.06％；高中及以下学历职工 75 人，占职工总数的 18.94％。

莆田市乡镇水利管理单位共计有在岗职工 396 人，其中初级以上职称职工数共计 301 人，占总人数的 76.01％；员级职称职工数共计 26 人，占总人数的 6.57％。

莆田市乡镇水利管理单位共计有在岗职工 396 人，其中中级工以上的 55 人，占总人数的 13.89％；初级工的 31 人，占总人数的 7.83％，见表 3。

（四）泉州市水利系统人才队伍的现状

表4　　　　　　　泉州市水利系统人才队伍的现状

基层水利事业单位

按学历分	在岗职工	博士	硕士	大学本科	大专	中专	高中及以下
	1801	0	18	565	476	185	581
	所占比例	0.00%	1.00%	31.37%	26.43%	10.27%	32.26%
按职称分	在岗职工	高级	其中:正高	中级	初级		
	1801	122	12	322	342		
	所占比例	6.77%		17.88%	18.99%		
按技术等级分	在岗职工	工人数量	高级技师	技师	高级工	中级工	初级工
	1801	909	1	62	505	201	65
	所占比例	50.47%	0.11%	6.82%	55.56%	22.11%	7.15%
按年龄分	在岗职工	56岁及以上	46～55岁	36～45岁	35岁及以下		
	1801	130	485	711	499		
	所占比例	7.22%	26.93%	39.48%	27.71%		

乡镇水利管理单位

按学历分	年末从业人员	编制内人员	中专及以上	高中及以下
	1098	1062	953	145
	所占比例		86.79%	13.21%
按职称分	年末从业人员	编制内人员	初级及以上	员级
	1098	1062	785	93
	所占比例		71.49%	8.47%
按技术等级分	年末从业人员	编制内人员	中级工及以上	初级工
	1098	1062	171	83
	所占比例		15.57%	7.56%

泉州市基层水利事业单位在岗职工 1801 人，其中博士 0 人；硕士 18 人，占总人数的 1％；大学本科学历的 565 人，占总人数的 31.37％；大专学历的 476 人，占总人数的 26.43％；中专学历的 185 人，占总人数的 10.27％；高中及以下学历的 581 人，占总人数的 32.26％。

泉州市基层水利事业单位在岗职工 1801 人中，高级职称 122 人，占总人数的 6.77％，其中有正高 12 人；中级职称 322 人，占总人数的 17.88％；初级职称 342 人，占总人数的 18.99％。

泉州市基层水利事业单位共计有工人 909 人，占职工队伍的 50.47％，其中高级技师 1 人，占工人总数的 0.11％；技师 62 人，占工人总数的 6.82％；高级工 505 人，占工人总数的 55.56％；中级工 201 人，占工人总数的 22.11％；初级工 65 人，占工人总数的 7.15％。

泉州市基层水利事业单位职工中，56 岁以上的有 130 人，占职工总人数的 7.22％；46～55 岁的有 485 人，占职工总数的 26.93％；36～45 岁的有 711 人，占职工总数的 39.48％；35 岁以下的有 499 人，占职工总数的 27.71％。

泉州市乡镇水利管理单位共计有在岗职工 1098 人，在编职工 1062 人，有 36 人有岗无编，中专以上学历职工 953 人，占职工总数的 86.79％；高中及以下学历职工 145 人，占职工总数的 13.21％。

泉州市乡镇水利管理单位共计有在岗职工 1098 人，其中初级以上职称职工数共计 785 人，占总人数的 71.49％；员级职称职工数共计 93 人，占总人数的 8.47％。

泉州市乡镇水利管理单位共计有在岗职工 1098 人，其中中级工以上的 171 人，占总人数的 15.57％；初级工的 83 人，占总人数的 7.56％，见表 4。

（五）漳州市水利系统人才队伍的现状

表 5　　　　　　　　漳州市水利系统人才队伍的现状

基层水利事业单位	按学历分	在岗职工	博士	硕士	大学本科	大专	中专	高中及以下
		2157	0	13	323	490	342	1013
		所占比例	0.00%	0.60%	14.97%	22.72%	15.86%	46.96%
	按职称分	在岗职工	高级	其中:正高	中级	初级		
		2157	95	2	295	241		
		所占比例	4.40%		13.68%	11.17%		
	按技术等级分	在岗职工	工人数量	高级技师	技师	高级工	中级工	初级工
		2157	1419	43	55	669	255	134
		所占比例	65.79%	3.03%	3.88%	47.15%	17.97%	9.44%
	按年龄分	在岗职工	56岁及以上	46~55岁	36~45岁	35岁及以下		
		2157	180	672	964	365		
		所占比例	8.34%	31.15%	44.69%	16.92%		
乡镇水利管理单位	按学历分	年末从业人员	编制内人员	中专及以上	高中及以下			
		379	361	309	70			
		所占比例		81.53%	18.47%			
	按职称分	年末从业人员	编制内人员	初级及以上	员级			
		379	361	184	67			
		所占比例		48.55%	17.68%			
	按技术等级分	年末从业人员	编制内人员	中级工及以上	初级工			
		379	361	111	15			
		所占比例		29.29%	3.96%			

漳州市基层水利事业单位在岗职工 2157 人，其中博士 0 人；硕士 13 人，占总人数的 0.60％；大学本科学历的 323 人，占总人数的 14.97％；大专学历的 490 人，占总人数的 22.72％；中专学历的 342 人，占总人数的 15.86％；高中及以下学历的 1013 人，占总人数的 46.96％。

漳州市基层水利事业单位在岗职工 2157 人中，高级职称 95 人，占总人数的 4.40％，其中有正高 2 人；中级职称 295 人，占总人数的 13.68％；初级职称 241 人，占总人数的 11.17％。

漳州市基层水利事业单位共计有工人 1419 人，占职工队伍的 65.79％，其中高级技师 43 人，占工人总数的 3.03％；技师 55 人，占工人总数的 3.83％；高级工 669 人，占工人总数的 47.51％；中级工 255 人，占工人总数的 17.97％；初级工 134 人，占工人总数的 9.44％。

漳州市基层水利事业单位职工中，56 岁以上的有 180 人，占职工总人数的 8.34％；46～55 岁的有 672 人，占职工总数的 31.15％；36～45 岁的有 964 人，占职工总数的 44.69％；35 岁以下的有 365 人，占职工总数的 16.92％。

漳州市乡镇水利管理单位共计有在岗职工 379 人，在编职工 361 人，有 18 人有岗无编，中专以上学历职工 309 人，占职工总数的 81.53％；高中及以下学历职工 70 人，占职工总数的 18.47％。

漳州市乡镇水利管理单位共计有在岗职工 379 人，其中初级以上职称职工数共计 184 人，占总人数的 48.55％；员级职称职工数共计 67 人，占总人数的 17.68％。

漳州市乡镇水利管理单位共计有在岗职工 379 人，其中中级工以上的 111 人，占总人数的 29.29％；初级工的 15 人，占总人数的 3.96％，见表 5。

（六）龙岩市水利系统人才队伍的现状

表6 龙岩市水利系统人才队伍的现状

<table>
<tr><td rowspan="20">基层水利事业单位</td><td rowspan="2">按学历分</td><td>在岗职工</td><td>博士</td><td>硕士</td><td>大学本科</td><td>大专</td><td>中专</td><td>高中及以下</td></tr>
<tr><td>575</td><td>0</td><td>2</td><td>143</td><td>211</td><td>86</td><td>145</td></tr>
<tr><td>所占比例</td><td>0.00%</td><td>0.35%</td><td>24.87%</td><td>36.70%</td><td>14.96%</td><td>25.22%</td></tr>
<tr><td rowspan="3">按职称分</td><td>在岗职工</td><td>高级</td><td>其中:正高</td><td>中级</td><td>初级</td><td></td><td></td></tr>
<tr><td>575</td><td>30</td><td>4</td><td>141</td><td>123</td><td></td><td></td></tr>
<tr><td>所占比例</td><td>5.22%</td><td></td><td>24.52%</td><td>21.39%</td><td></td><td></td></tr>
<tr><td rowspan="3">按技术等级分</td><td>在岗职工</td><td>工人数量</td><td>高级技师</td><td>技师</td><td>高级工</td><td>中级工</td><td>初级工</td></tr>
<tr><td>575</td><td>197</td><td>1</td><td>10</td><td>74</td><td>48</td><td>37</td></tr>
<tr><td>所占比例</td><td>34.26%</td><td>0.51%</td><td>5.08%</td><td>37.56%</td><td>24.37%</td><td>18.78%</td></tr>
<tr><td rowspan="3">按年龄分</td><td>在岗职工</td><td>56岁及以上</td><td>46~55岁</td><td>36~45岁</td><td>35岁及以下</td><td></td><td></td></tr>
<tr><td>575</td><td>52</td><td>155</td><td>237</td><td>143</td><td></td><td></td></tr>
<tr><td>所占比例</td><td>9.04%</td><td>26.96%</td><td>41.22%</td><td>24.87%</td><td></td><td></td></tr>
</table>

<table>
<tr><td rowspan="9">乡镇水利管理单位</td><td rowspan="3">按学历分</td><td>年末从业人员</td><td>编制内人员</td><td>中专及以上</td><td>高中及以下</td></tr>
<tr><td>279</td><td>224</td><td>233</td><td>46</td></tr>
<tr><td>所占比例</td><td></td><td>83.51%</td><td>16.49%</td></tr>
<tr><td rowspan="3">按职称分</td><td>年末从业人员</td><td>编制内人员</td><td>初级及以上</td><td>员级</td></tr>
<tr><td>279</td><td>224</td><td>193</td><td>17</td></tr>
<tr><td>所占比例</td><td></td><td>69.18%</td><td>6.09%</td></tr>
<tr><td rowspan="3">按技术等级分</td><td>年末从业人员</td><td>编制内人员</td><td>中级工及以上</td><td>初级工</td></tr>
<tr><td>279</td><td>224</td><td>48</td><td>27</td></tr>
<tr><td>所占比例</td><td></td><td>17.20%</td><td>9.68%</td></tr>
</table>

龙岩市基层水利事业单位在岗职工 575 人，其中博士 0 人；硕士 2 人，占总人数的 0.35％；大学本科学历的 143 人，占总人数的 24.87％；大专学历的 211 人，占总人数的 36.70％；中专学历的 86 人，占总人数的 14.96％；高中及以下学历的 145 人，占总人数的 25.22％。

龙岩市基层水利事业单位在岗职工 575 人中，高级职称 30 人，占总人数的 5.22％，其中有正高 4 人；中级职称 141 人，占总人数的 24.52％；初级职称 123 人，占总人数的 21.39％。

龙岩市基层水利事业单位共计有工人 197 人，占职工队伍的 34.26％，其中高级技师 1 人，占工人总数的 0.51％；技师 10 人，占工人总数的 5.08％；高级工 74 人，占工人总数的 37.56％；中级工 48 人，占工人总数的 24.37％；初级工 37 人，占工人总数的 18.78％。

龙岩市基层水利事业单位职工中，56 岁以上的有 52 人，占职工总人数的 9.04％；46～55 岁的有 155 人，占职工总数的 26.96％；36～45 岁的有 237 人，占职工总数的 41.22％；35 岁以下的有 143 人，占职工总数的 24.87％。

龙岩市乡镇水利管理单位共计有在岗职工 279 人，在编职工 224 人，有 55 人有岗无编，中专以上学历职工 233 人，占职工总数的 83.51％；高中及以下学历职工 46 人，占职工总数的 16.49％。

龙岩市乡镇水利管理单位共计有在岗职工 279 人，其中初级以上职称职工数共计 193 人，占总人数的 69.18％；员级职称职工数共计 17 人，占总人数的 6.09％。

龙岩市乡镇水利管理单位共计有在岗职工 279 人，其中中级工以上的 48 人，占总人数的 17.20％；初级工的 27 人，占总人数的 9.68％，见表 6。

（七）三明市水利系统人才队伍的现状

表 7　　　　　　　　三明市水利系统人才队伍的现状

基层水利事业单位	按学历分	在岗职工	博士	硕士	大学本科	大专	中专	高中及以下
		1118	0	68	372	269	96	355
		所占比例	0.00%	6.08%	33.27%	24.06%	8.59%	31.75%
	按职称分	在岗职工	高级	其中:正高	中级	初级		
		1118	94	2	316	201		
		所占比例	8.41%		28.26%	17.98%		
	按技术等级分	在岗职工	工人数量	高级技师	技师	高级工	中级工	初级工
		1118	415	0	8	85	72	185
		所占比例	37.12%	0.00%	1.93%	20.48%	17.35%	44.58%
	按年龄分	在岗职工	56岁及以上	46~55岁	36~45岁	35岁及以下		
		1118	84	317	399	360		
		所占比例	7.51%	28.35%	35.69%	32.20%		
乡镇水利管理单位	按学历分	年末从业人员	编制内人员	中专及以上	高中及以下			
		670	625	602	68			
		所占比例		89.85%	10.15%			
	按职称分	年末从业人员	编制内人员	初级及以上	员级			
		670	625	473	77			
		所占比例		70.60%	11.49%			
	按技术等级分	年末从业人员	编制内人员	中级工及以上	初级工			
		670	625	97	104			
		所占比例		14.48%	15.52%			

三明市基层水利事业单位在岗职工 1118 人，其中博士 0 人；硕士 68 人，占总人数的 6.08%；大学本科学历的 372 人，占总人数的 33.27%；大专学历的 269 人，占总人数的 24.06%；中专学历的 96 人，占总人数的 8.59%；高中及以下学历的 355 人，占总人数的 31.75%。

三明市基层水利事业单位在岗职工 1118 人中，高级职称 95 人，占总人数的 8.41%，其中有正高 2 人；中级职称 316 人，占总人数的 28.26%；初级职称 201 人，占总人数的 17.98%。

三明市基层水利事业单位共计有工人 415 人，占职工队伍的 37.12%，其中高级技师 0 人；技师 8 人，占工人总数的 1.93%；高级工 85 人，占工人总数的 20.84%；中级工 72 人，占工人总数的 17.35%；初级工 185 人，占工人总数的 44.58%。

三明市基层水利事业单位职工中，56 岁以上的有 84 人，占职工总人数的 7.51%；46～55 岁的有 317 人，占职工总数的 28.35%；36～45 岁的有 399 人，占职工总数的 35.69%；35 岁以下的有 360 人，占职工总数的 32.20%。

三明市乡镇水利管理单位共计有在岗职工 670 人，在编职工 625 人，有 45 人有岗无编，中专以上学历职工 602 人，占职工总数的 89.85%；高中及以下学历职工 68 人，占职工总数的 10.15%。

三明市乡镇水利管理单位共计有在岗职工 670 人，其中初级以上职称职工数共计 473 人，占总人数的 70.6%；员级职称职工数共计 77 人，占总人数的 11.49%。

三明市乡镇水利管理单位共计有在岗职工 670 人，其中中级工以上的 97 人，占总人数的 14.48%；初级工的 104 人，占总人数的 15.52%，见表 7。

（八）南平市水利系统人才队伍的现状

表 8　　南平市水利系统人才队伍的现状

基层水利事业单位	按学历分	在岗职工	博士	硕士	大学本科	大专	中专	高中及以下
		1165	0	7	245	345	255	418
		所占比例	0.00%	0.60%	21.03%	29.61%	21.89%	35.88%
	按职称分	在岗职工	高级	其中:正高	中级	初级		
		1165	90	4	231	196		
		所占比例	7.73%		19.83%	16.82%		
	按技术等级分	在岗职工	工人数量	高级技师	技师	高级工	中级工	初级工
		1165	626	5	17	259	119	170
		所占比例	53.73%	0.80%	2.72%	41.37%	19.01%	27.16%
	按年龄分	在岗职工	56 岁及以上	46～55 岁	36～45 岁	35 岁及以下		
		1165	85	460	557	168		
		所占比例	7.30%	39.48%	47.81%	14.42%		
乡镇水利管理单位	按学历分	年末从业人员	编制内人员	中专及以上	高中及以下			
		207	189	153	54			
		所占比例		73.91%	26.09%			
	按职称分	年末从业人员	编制内人员	初级及以上	员级			
		207	189	98	17			
		所占比例		47.34%	8.21%			
	按技术等级分	年末从业人员	编制内人员	中级工及以上	初级工			
		207	189	82	27			
		所占比例		39.61%	13.04%			

南平市基层水利事业单位在岗职工 1165 人，其中博士 0 人；硕士 7 人，占总人数的 0.60％；大学本科学历的 245 人，占总人数的 21.03％；大专学历的 345 人，占总人数的 29.61％；中专学历的 255 人，占总人数的 21.89％；高中及以下学历的 418 人，占总人数的 35.88％。

南平市基层水利事业单位在岗职工 1165 人中，高级职称 90 人，占总人数的 7.73％，其中有正高 4 人；中级职称 231 人，占总人数的 19.83％；初级职称 196 人，占总人数的 16.82％。

南平市基层水利事业单位共计有工人 626 人，占职工队伍的 53.73％，其中高级技师 5 人，占工人总数的 0.80％；技师 17 人，占工人总数的 2.72％；高级工 259 人，占工人总数的 41.37％；中级工 119 人，占工人总数的 19.01％；初级工 170 人，占工人总数的 27.16％。

南平市基层水利事业单位职工中，56 岁以上的有 85 人，占职工总人数的 7.30％；46～55 岁的有 460 人，占职工总数的 39.48％；36～45 岁的有 557 人，占职工总数的 47.81％；35 岁以下的有 168 人，占职工总数的 14.42％。

南平市乡镇水利管理单位共计有在岗职工 207 人，在编职工 189 人，有 18 人有岗无编，中专以上学历职工 153 人，占职工总数的 73.91％；高中及以下学历职工 54 人，占职工总数的 26.09％。

南平市乡镇水利管理单位共计有在岗职工 207 人，其中初级以上职称职工数共计 98 人，占总人数的 47.34％；员级职称职工数共计 17 人，占总人数的 8.21％。

南平市乡镇水利管理单位共计有在岗职工 207 人，其中中级工以上的 82 人，占总人数的 39.61％；初级工的 27 人，占总人数的 13.04％，见表 8。

（九）宁德市水利系统人才队伍的现状

表 9 　　　　　　　　宁德市水利系统人才队伍的现状

		在岗职工	博士	硕士	大学本科	大专	中专	高中及以下
基层水利事业单位	按学历分	1215	0	1	162	317	198	556
		所占比例	0.00%	0.08%	13.33%	26.09%	16.30%	45.76%
	按职称分	在岗职工	高级	其中:正高	中级	初级		
		1215	40	0	181	158		
		所占比例	3.29%		14.90%	13.00%		
	按技术等级分	在岗职工	工人数量	高级技师	技师	高级工	中级工	初级工
		1215	731	4	25	178	238	152
		所占比例	60.16%	0.55%	3.42%	24.35%	32.56%	20.79%
	按年龄分	在岗职工	56 岁及以上	46~55 岁	36~45 岁	35 岁及以下		
		1215	96	411	473	254		
		所占比例	7.90%	33.83%	38.93%	20.91%		
乡镇水利管理单位	按学历分	年末从业人员	编制内人员	中专及以上	高中及以下			
		949	857	813	136			
		所占比例		85.67%	14.33%			
	按职称分	年末从业人员	编制内人员	初级及以上	员级			
		949	857	592	193			
		所占比例		62.38%	20.34%			
	按技术等级分	年末从业人员	编制内人员	中级工及以上	初级工			
		949	857	175	85			
		所占比例		18.44%	8.96%			

宁德市基层水利事业单位在岗职工 1215 人，其中博士 0 人；硕士 1 人，占总人数的 0.08％；大学本科学历的 162 人，占总人数的 13.33％；大专学历的 317 人，占总人数的 26.09％；中专学历的 198 人，占总人数的 16.30％；高中及以下学历的 556 人，占总人数的 45.76％。

宁德市基层水利事业单位在岗职工 1215 人中，高级职称 40 人，占总人数的 7.73％，其中有正高 0 人；中级职称 181 人，占总人数的 14.90％；初级职称 158 人，占总人数的 13％。

宁德市基层水利事业单位共计有工人 731 人，占职工队伍的 60.16％，其中高级技师 4 人，占工人总数的 0.55％；技师 25 人，占工人总数的 3.42％；高级工 178 人，占工人总数的 24.35％；中级工 238 人，占工人总数的 32.56％；初级工 152 人，占工人总数的 20.79％。

宁德市基层水利事业单位职工中，56 岁以上的有 96 人，占职工总人数的 7.90％；46～55 岁的有 411 人，占职工总数的 33.83％；36～45 岁的有 473 人，占职工总数的 38.93％；35 岁以下的有 254 人，占职工总数的 20.91％。

宁德市乡镇水利管理单位共计有在岗职工 949 人，在编职工 857 人，有 92 人有岗无编，中专以上学历职工 813 人，占职工总数的 85.67％；高中及以下学历职工 136 人，占职工总数的 14.33％。

宁德市乡镇水利管理单位共计有在岗职工 949 人，其中初级以上职称职工数共计 592 人，占总人数的 62.38％；员级职称职工数共计 193 人，占总人数的 20.34％。

宁德市乡镇水利管理单位共计有在岗职工 949 人，其中中级工以上的 175 人，占总人数的 18.44％；初级工的 85 人，占总人数的 8.96％，见表 9。

三、全省各地市水利系统人才队伍的比较

（一）各地市基层水利事业单位学历分布现状对比分析

见表 10。

表 10 　　　　　基层水利事业单位按学历区分表

地区	在岗职工	博士	硕士	大学本科	大专	中专	高中及以下
福建省	11495	3	153	2702	2852	1583	4459
	所占比例	0.03%	1.33%	23.51%	24.81%	13.77%	38.79%
福州市	1825	3	37	555	381	186	673
	所占比例	0.16%	2.03%	30.41%	20.88%	10.19%	36.88%
龙岩市	575	0	2	143	211	86	145
	所占比例	0.00%	0.35%	24.87%	36.70%	14.96%	25.22%
南平市	1165	0	7	245	345	255	418
	所占比例	0.00%	0.60%	21.03%	29.61%	21.89%	35.88%
宁德市	1215	0	1	162	317	198	556
	所占比例	0.00%	0.08%	13.33%	26.09%	16.30%	45.76%
莆田市	1254	0	6	239	290	196	544
	所占比例	0.00%	0.48%	19.06%	23.13%	15.63%	43.38%
泉州市	1801	0	18	565	476	185	581
	所占比例	0.00%	1.00%	31.37%	26.43%	10.27%	32.26%
三明市	1118	0	68	372	269	96	355
	所占比例	0.00%	6.08%	33.27%	24.06%	8.59%	31.75%
厦门市	385	0	1	98	73	39	174
	所占比例	0.00%	0.26%	25.45%	18.96%	10.13%	45.19%
漳州市	2157	0	13	323	490	342	1013
	所占比例	0.00%	0.60%	14.97%	22.72%	15.86%	46.96%

　　我省水利系统共有博士 3 名，这三位博士都在福州地区，福州作为我省省会，水利厅直属的科研单位、管理单位所在地，拥有博士职工是理所当然，其他八大地市都没有博士学历职工。

我省水利系统共有硕士153人，其中龙岩市、宁德市、厦门市人数较少，我省硕士主要集中在福州市、三明市，福州市作为省会城市人才聚集效应较为明显，而三明市有全省最多的硕士68名，主要原因在于福建水利电力职业技术学院位于三明，除去福建水电学院的67名硕士，三明市将处于全省下游水准。

我省水利系统职工学历主要是大学本科和大学专科层次，其中宁德市和漳州市在本科层次的职工所占百分比明显低于全省水平。

我省水利系统高中及以下学历职工4459人，占全省职工38.79%，其中宁德市、莆田市、厦门市、漳州市的高中以下学历职工比例超过40%强，所占比例过高。

综上所述，我省高学历职工比例较低，所属区域较为集中。福州市水利系统职工在学历水平优于全省平均水平，宁德市、莆田市、厦门市、漳州市、三明市职工学历层次结构不合理，应加强在职培训、高层次职工引进的力度。见表10。

（二）各地市基层水利事业单位专业技术职称分布现状对比分析

表11　　　　　　　基层水利事业单位按职称区分表

地区		在岗职工	高级	其中正高	中级	初级
福建省		11495	769	72	2088	1928
	所占比例		6.69%		18.16%	16.77%
福州市		1825	210	34	304	314
	所占比例		11.51%		16.66%	17.21%
龙岩市		575	30	4	141	123
	所占比例		5.22%		24.52%	21.39%
南平市		1165	90	4	231	196
	所占比例		7.73%		19.83%	16.82%
宁德市		1215	40	0	181	158
	所占比例		3.29%		14.90%	13.00%

地区	在岗职工	高级	其中正高	中级	初级
莆田市	1254	70	2	233	313
	所占比例	5.58%		18.58%	24.96%
泉州市	1801	122	12	322	342
	所占比例	6.77%		17.88%	18.99%
三明市	1118	94	2	316	201
	所占比例	8.41%		28.26%	17.98%
厦门市	385	18	2	65	40
	所占比例	4.68%		16.88%	10.39%
漳州市	2157	95	2	295	241
	所占比例	4.40%		13.68%	11.17%

我省高级职称职工尤其是正高职称主要集中在福州市、泉州市，聚集效应明显，这与两地的经济发展水平是相吻合的，龙岩市、厦门市的高级职称职工人数较少。

在职工初中级职称分布中，宁德市、厦门市、三明市（除掉福建水电学院所属人员外）、漳州市比例均低于全省平均水平，见表11。

（三）各地市基层水利事业单位技术等级分布现状对比

表 12　　　　基层水利事业单位按技术等级区分表

地区	在岗职工	工人数量	高级技师	技师	高级工	中级工	初级工
福建省	11495	5860	56	242	2507	1334	1022
	所占比例	50.98%	0.96%	4.13%	42.78%	22.76%	17.44%
福州市	1825	787	1	48	338	200	152
	所占比例	43.12%	0.13%	6.10%	42.95%	25.41%	19.31%
龙岩市	575	197	1	10	74	48	37
	所占比例	34.26%	0.51%	5.08%	37.56%	24.37%	18.78%
南平市	1165	626	5	17	259	119	170
	所占比例	53.73%	0.80%	2.72%	41.37%	19.01%	27.16%

地区	在岗职工	工人数量	高级技师	技师	高级工	中级工	初级工
宁德市	1215	731	4	25	178	238	152
	所占比例	60.16%	0.55%	3.42%	24.35%	32.56%	20.79%
莆田市	1254	570	1	6	271	153	111
	所占比例	45.45%	0.18%	1.05%	47.54%	26.84%	19.47%
泉州市	1801	909	1	62	505	201	65
	所占比例	50.47%	0.11%	6.82%	55.56%	22.11%	7.15%
三明市	1118	415	0	8	85	72	185
	所占比例	37.12%	0.00%	1.93%	20.48%	17.35%	44.58%
厦门市	385	206	0	11	128	48	16
	所占比例	53.51%	0.00%	5.34%	62.14%	23.30%	7.77%
漳州市	2157	1419	43	55	669	255	134
	所占比例	65.79%	3.03%	3.88%	47.15%	17.97%	9.44%

我省技术工人分配水平较为平均，值得注意的有两点：其一，我省高级技师主要集中在漳州市，共计43名，占全省高级技师的76.79%；其二，三明市技术工人数量和百分比明显低于其他各地市，而在学历和职称分布上并未显示明显劣势，其原因主要在于福建水电学院地处三明，作为高校，教职职工学历水平和职称层次较高，直接拉升三明市的整体比例，但是教学单位中工人数量较少，所以三明市在技术工人的比例上呈现了明显的劣势，见表12。

（四）各地市基层水利事业单位年龄分布现状对比分析

表 13 　　　　　　基层水利事业单位按年龄区分表

地区	在岗职工	56岁及以上	46~55岁	36~45岁	35岁及以下
福建省	11495	950	3602	4613	2587
	所占比例	8.26%	31.34%	40.13%	22.51%
福州市	1825	169	594	648	424
	所占比例	9.26%	32.55%	35.51%	23.23%

地区	在岗职工	56 岁及以上	46～55 岁	36～45 岁	35 岁及以下
龙岩市	575	52	155	237	143
	所占比例	9.04%	26.96%	41.22%	24.87%
南平市	1165	85	460	557	168
	所占比例	7.30%	39.48%	47.81%	14.42%
宁德市	1215	96	411	473	254
	所占比例	7.90%	33.83%	38.93%	20.91%
莆田市	1254	124	361	484	306
	所占比例	9.89%	28.79%	38.60%	24.40%
泉州市	1801	130	485	711	499
	所占比例	7.22%	26.93%	39.48%	27.71%
三明市	1118	84	317	399	360
	所占比例	7.51%	28.35%	35.69%	32.20%
厦门市	385	30	147	140	68
	所占比例	7.79%	38.18%	36.36%	17.66%
漳州市	2157	180	672	964	365
	所占比例	8.34%	31.15%	44.69%	16.92%

全省范围来看，我省水利系统 35 岁以下青年职工比重稍低，后备人才储备较少，中年职工是我省水利系统主力军。从地市角度来看南平市、厦门市和漳州市青年职工比重甚至低于全省平均水平，这一状况值得注意，见表 13。

（五）各地市乡镇水利管理单位学历分布现状对比分析

表 14　　　　　　　乡镇水利管理单位按学历区分表

地区	年末从业人员	编制内人员	中专及以上	高中及以下
福建省	5219	4822	4424	795
	所占比例		84.77%	15.23%
福州市	1005	983	838	167
	所占比例		83.38%	16.62%

地区	年末从业人员	编制内人员	中专及以上	高中及以下
龙岩市	279	224	233	46
	所占比例		83.51%	16.49%
南平市	207	189	153	54
	所占比例		73.91%	26.09%
宁德市	949	857	813	136
	所占比例		85.67%	14.33%
莆田市	396	335	321	75
	所占比例		81.06%	18.94%
泉州市	1098	1062	953	145
	所占比例		86.79%	13.21%
三明市	670	625	602	68
	所占比例		89.85%	10.15%
厦门市	236	186	202	34
	所占比例		85.59%	14.41%
漳州市	379	361	309	70
	所占比例		81.53%	18.47%

福建省基层水利人才现状调研报告

　　从乡镇水利管理单位人才统计信息来看，全省和各地市分布趋于一致，学历层次偏低，这与乡镇处于水利系统最底层，工作条件较差等客观因素有较大关系。全省乡镇水利管理单位至 2011 年末从业人数为 5219 人，在编人员 4822 人，397 人有岗无编，占全体从业人员的 7.61%，这说明我省目前水利大发展时期，在建工程、已建工程较多，急需大量水利人才，同时也显示我省水利行业从"建水利"向"管水利"的转型过程中，基层职工数量不足的一种现状，因此在今后一段时期，我省在乡镇水利管理人才方面的培养应加大力度，见表 14。

（六）各地市乡镇水利管理单位职称分布现状对比分析

表 15　　　　　　　乡镇水利管理单位按职称区分表

地　区	年末从业人员	编制内人员	初级及以上	员　级
福建省	5219	4822	3370	640
	所占比例		64.57%	12.26%
福州市	1005	983	636	125
	所占比例		63.28%	12.44%
龙岩市	279	224	193	17
	所占比例		69.18%	6.09%
南平市	207	189	98	17
	所占比例		47.34%	8.21%
宁德市	949	857	592	193
	所占比例		62.38%	20.34%
莆田市	396	335	301	26
	所占比例		76.01%	6.57%
泉州市	1098	1062	785	93
	所占比例		71.49%	8.47%
三明市	670	625	473	77
	所占比例		70.60%	11.49%
厦门市	236	186	108	25
	所占比例		45.76%	10.59%
漳州市	379	361	184	67
	所占比例		48.55%	17.68%

　　我省乡镇水利管理单位职称分布比较平均，各地市之间较为平衡，其中南平市、厦门市、漳州市初级及以上职称职工所占百分比与其他地市相差较大，见表15。

（七）各地市乡镇水利管理单位技术等级分布现状对比分析

表 16　　　　　乡镇水利管理单位按技术等级区分表

地 区	年末从业人员	编制内人员	中级工及以上	初级工
福建省	5219	4822	1053	539
	所占比例		20.18%	10.33%
福州市	1005	983	264	154
	所占比例		26.27%	15.32%
龙岩市	279	224	48	27
	所占比例		17.20%	9.68%
南平市	207	189	82	27
	所占比例		39.61%	13.04%
宁德市	949	857	175	85
	所占比例		18.44%	8.96%
莆田市	396	335	55	31
	所占比例		13.89%	7.83%
泉州市	1098	1062	171	83
	所占比例		15.57%	7.56%
三明市	670	625	97	104
	所占比例		14.48%	15.52%
厦门市	236	186	50	13
	所占比例		21.19%	5.51%
漳州市	379	361	111	15
	所占比例		29.29%	3.96%

在全省乡镇水利管理单位，南平市的乡镇水管单位职工技术等级较为突出，而漳州市初级工占职工总数的比例严重偏低，见表 16。

四、对策与建议

（一）调研成果分析

1. 职工队伍学历结构。从现状调研统计数据来看，我省基层水利事业单位职工学历结构不合理，在调研中包含了福建省水利规划院、福建水利电力职业技术学院、福建省水利水电干部学校、福建省水利管理中心等教科研管理单位在内，全省水利系统仅有博士 3 人、硕士 153 人，且分布主要集中在福州、泉州、三明三个地市，大专以上学历比重总计为49.67%，这一数据低于《中国现代化水利的内涵与评价指标体系》中设置的大专以上管理人员比重要达到 60% 的水利现代化指标。从地区分布情况来看，福州市水利系统职工在学历水平优于全省平均水平，宁德市、莆田市、厦门市、漳州市、三明市职工学历层次结构低于全省平均水平，结构不合理。我省水利系统职工学历结构不合理，高学历职工比例较低，所属区域较为集中，对于我省水利事业的发展、制度创新、做强做大水利产业产生了较大的制约，今后应加强在岗职工的教育培训、高层次职工引进的力度。

2. 职工队伍职称结构。职工队伍的职称在一定程度上反映了水利人员的水平和业务能力，与学历结构相对应，我省基层水利事业单位职工职称结构与学历结构较为相似，整体结构不合理，高职称职工比重较低，这一职称结构比例明显与福建水利大省的身份不符，在结构上甚至比不上系部甘肃省水利系统的职称结构。我省高级职称职工尤其是正高职称主要集中在福州市、泉州市，聚集效应明显，这与两地的经济发展水平是相吻合的，龙岩市、厦门市的高级职称职工人数较少。在初中级职称职工分布中，宁德市、厦门市、三明市（除掉福建水电学院所属人员外）、漳州市比例均低于全省平均水平。这说明我省虽然水利事业较为发达，但是中高级技术、管理人才较少，比重较低，今后一段时间如何培养和引进水利中高级人才是我省人才培养工作的重心。

3. 职工队伍年龄结构。一个组织系统的年龄结构应该显现出梯级层次结构，才能使其组织更能适应经济发展的需要，更有活力和创新精神。从我省基层水利事业单位职工年龄结构来看，35 岁以下的青年职工只占职工总数的 22.51％，与合理的青、中、老比例应 4∶4∶2 的水平相比比例偏低，这说明我省水利事业后备力量不足，当然这与近年来我国事业单位"减员增效"的改革有很大关系。但是从中老年职工比例偏高而职称、技术等级偏低两个现象来看，说明我省水利事业在人才培养方面存在严重不足。

4. 职工队伍中高技能人员分布。我省基层水利事业单位技术工人分配水平较为平均，从整体来看，我省高级技师和技师数量相对缺乏，如高级技师平均到每个地市才 7 人，有些地市如三明市、厦门市甚至一个高级技师都没有。我省高级技师主要集中在漳州市，共计 43 名，占全省高级技师的 76.79％。

5. 乡镇水管单位人员状况。从乡镇水利管理单位人才统计信息来看，全省和各地市分布趋于一致，学历层次、职称、技术等级偏低，但是分布比较平均，各地市之间较为平衡，这与乡镇处于水利系统最底层，工作条件较差等客观因素有较大关系。全省乡镇水利管理单位至 2011 年末从业人数为 5219人，在编人员 4822 人，397 人有岗无编，占全体从业人员的 7.61％，这说明我省目前水利大发展时期，在建工程、已建工程较多，急需大量水利人才，同时也显示我省水利行业从"建水利"向"管水利"的转型过程中，基层职工数量不足的一种现状，因此在今后一段时期，我省在乡镇水利管理人才方面的培养应加大力度。

在本文的分析中，主要是以地区为分类标准进行统计，一些厅属单位根据地域归属进行划分，这样做的原因在于尽管是厅属单位，但是由于位于地方，其服务、受益的对象必然包括地方，例如三明市除去福建水电学院外，在学历、职称、技术等级水平方面都处于全省下游，福建水电学院虽然是厅属事业单位，但是它同样为三明水利发展提供了强大的知识和技能支撑。如果将厅属事业单位从地区中再划出去，那各地市的学历、职称、技术等级等方面与全省平均水平的差距会更加明显，由此我们也可以说各地市的基层水利单位应该加大教育培训的投入力度。

（二）认真学习领会中央1号文件精神，增强培养水利人才工作的责任感与使命感

兴水利、除水害，事关人类生存、经济发展、社会进步，历来是治国安邦的大事。在认真学习领会了2011年中央1号文件精神后，我们提高了对水利工作在我国国民经济中的重要地位和作用的认识，增强了培养水利人才工作的责任感、使命感。1号文件提到要大力发展水利职业教育，体现了中央对水利职业教育的高度重视。水利事业要实现大发展，需要大量的建设管理和人才，作为人才培养的专门单位，水利院校一定要抢抓这个大好机遇，加强内涵建设，不断发展壮大自己，在激烈的办学实力竞争中取胜。福建水院应加强基层单位职工教育培训工作，通过举办水利管理、机电排灌、水库调度等培训班，为基层水利单位职工提升知识和技能作贡献。同时要加大科研工作力度，提升社会服务的能力，发挥学院专业人才全面、密集的优势，多方争取水利科研项目、勘测设计项目、试验检测项目，在服务全省水利事业大发展的同时，锻炼师资队伍，提升办学水平。

（三）引导和鼓励高校毕业生到基层就业创业是一篇大文章

基层是有志青年奋斗成才的必由之路，基层单位是最需要人才的地方。作为各高等院校要引导和鼓励毕业生面向基层就业。随着高等教育的大众化，高校毕业生将成为社会普通劳动者，基层必然成为吸纳高职毕业生最重要的空间。这是在市场经济体制和高等教育大众化背景下，破解毕业生就业结构性矛盾的重要途径。如引导福建水院的毕业生去基层，不是一时之

需，而是长远之计。通过各方面的不懈努力，我们定能把时代的召唤和国家的要求，变成广大青年人的自觉行动，引导更多的高校毕业生投身水利水电基层单位、尽快成才。面对我省水利工程建设与管理新形势，水院毕业生就业指导工作也要不断创新。从工作思路，到工作模式、工作机制，要引导和鼓励毕业生面向基层就业，做好这项工作是学院领导、各系部领导及广大教职工的光荣使命。我们必须广泛动员起来，抓紧制定并落实各项政策，采取多种有效措施，共同谱写水院毕业生面向基层就业的宏伟篇章。

（四）从专业设置切入，力求实现"产销"链接

调查表明，引导高校毕业生到基层单位就业问题的基础环节是专业设置要适应市场要求。福建水院水利类专业设置要瞄准我省经济社会与水利产业结构调整的走向，在广泛调研的前提下，对人才需求预测、水利类专业拓展、强化、调整等条件以及专业建设的社会可利用资源等方面进行评议、论证和审核。应探索学院与用人单位间"产销链接"的必要形式，进而明确院校专业设置的定向，专业建设的目标。通过调研，进行专业调整、改造，给予专业建设以新的内涵。一些传统水利专业应突出办学特色，培养用人单位急需的技术、工艺、管理、服务岗位的应用性专门人才。有关水利专业的改造、专业外延、专业内容整合、专业方向拓展，甚至一些专业的撤销或停止招生，同样需要以"产销链接"作为导向。

五、结语

综上所述，要改变福建省基层水利单位人才队伍现状，应该从三个方面进行考虑：

其一，要加大人才引进力度。这种人才的引进指的是福建省同其他省份竞争人才，而不仅仅是省内各地市之间的人才竞争，虽然各地市之间人才流动可以使水利人才在省内的配置趋

于合理，但是不能改变我省整体的人才状况，因此我省要从宏观的角度制定更有利的人才引进策略，与其他省市竞争，才能改变我省的水利人才状况。

其二，实施科教兴水战略。把水利改革与发展转移到依靠科技进步和提高劳动者素质的轨道上来，通过制定合理的继续教育和培训政策，通过提升现有职工的学历层次、技能水平，全面提高水利职工队伍的整体素质，才能为我省水利事业持续、快速、健康发展提供强有力支持。

其三，加大对于水利院校的投入。我省除水利厅直属的水利电力职业技术学院外，只有福州大学设置水利类专业，主要培养水工人才，而其他的如水文与水资源、水利水电工程管理、水利工程监理、水土保持、水电站动力设备与管理等专业，目前本科以上的学历的人才只能通过向省外水利院校引进，高职（专科）层次主要依靠福建水利电力职业技术学院培养与输送，这就使得我省水利人才来源渠道狭窄。为了破除这种限制，我省应该加大对水利高等教育院校投入，大力支持福建水利电力职业技术学院专升本，提升办学层次和办学水平，才能为我省水利系统人才培养提供有力支撑。

（作者单位：福建水利电力职业技术学院）

加强中小河流治理
提高防灾减灾的综合效益

黄新华　陈斌　庄良松

【摘　要】本文总结了当前福建省中小河流治理所取得的成
　　　　　效与经验，分析了五方面存在的主要问题，提出
　　　　　了四项对策措施。
【关键词】中小河流治理　防灾减灾　综合效益

一、福建省中小河流治理基本情况

（一）全省河流概况

福建省河流密布，河流总长 13569km，较大河流有闽江、九龙江、晋江、汀江、赛江、木兰溪等"五江一溪"，流域面积 3000km² 以上河流有 14 条即闽江、大樟溪、尤溪、建溪（支流：南浦溪、崇阳溪）、沙溪、富屯溪（支流：金溪）、九龙江（支流：九龙江西溪）、汀江、晋江（支流：晋江西溪），流域面积 50km² 以上河流有 683 条，多为山区性河流，源短坡陡流急，洪水暴涨暴落。近年来，中小河流洪水灾害造成的损失已成为福建省洪涝灾害损失的主体，加快推进中小河流治理十分重要且迫切。

（二）试点项目与后续项目

在水利部的大力支持下，福建省共 51 条河流、58 个项目（不含厦门计划单列市）列入《全国重点地区中小河流近期治理建设规划》，其中 32 个项目列为中小河流治理试点项目（规划投资 5.80 亿元）、26 个项目为规划后续项目（规划投资

4.82 亿元）。2010 年 12 月，水利部部署开展重点地区中小河流近期治理建设规划实施方案编制工作，福建省除对部分规划内项目的建设内容和投资规模进行复核调整外，增报了 26 个新项目，得到水利部大力支持，52 个后续项目投资控制规模 10.6 亿元。

（三）2013～2015 年治理项目

2010 年 11 月，根据水利部《关于开展全国中小河流治理和中小水库除险加固、山洪地质灾害防治、易灾地区生态环境综合治理专项规划编制工作的通知》要求，福建省水利厅认真组织开展福建省中小河流治理规划（2013～2015 年）编制工作。共上报 159 条新增河流、347 个项目，规划总投资 66.89 亿元。

（四）在编重点县试点规划

2012 年 7 月，根据水利部、财政部《关于开展中小河流治理重点县综合整治试点规划编制工作的通知》，在福建省选择 9 个中小河流治理重点县（不含厦门市），开展县域内河道综合整治试点。以河道功能衰减、水环境恶化等突出问题为重点，开展河道综合整治，通过河道疏浚、岸坡整治、水系沟通、生态修复等措施，按小型项目划分项目区，集中投入、整乡推进，治理一片、见效一片，着力恢复河道功能，提高行洪排涝能力，改善农村水环境和用水条件，促进社会主义新农村建设。福建省 9 个重点县（市、区）共上报 94 个项目区，规划总投资约 25 亿元（不含拆迁征地）。

（五）中央支持力度大

福建省重点地区中小河流治理项目中央财政补助资金标准为原中央苏区 80%、革命老区 60%、其他地区 1/3。中小河流治理重点县综合整治及水系连通试点项目区按东部地区中央财政补助资金标准为 40%。

（六）领导高度重视

福建省委、省政府把重点地区中小河流治理项目作为强农惠农"十大工程"的重要工作内容，并纳入福建省"五大战役"考核。福建省人民政府出台了《关于加快推进重大水利项目建设十项措施》，加快中小河流治理等水利项目建设。

（七）保证前期工作质量

福建省水利厅组织编制了《中小河流治理项目初步设计报告编制指导意见》，进一步明确工程设计质量及深度要求。同时要求按水利部、财政部印发的《中小河流治理工程初步设计指导意见》和《福建省水利厅关于报送中小河流治理项目初步设计报告（报批稿）有关要求的通知》，控制设计质量。

（八）强化项目管理

福建省水利厅下发了《关于加强重点地区中小河流治理项目管理的若干意见》、《关于完善福建省重点地区中小河流治理工程质量监督工作制度的通知》、《福建省重点地区中小河流治理项目竣工验收管理办法（暂行）》等相关文件，强化制度建设，明晰项目法人权责，强化质量管理和安全管理。

（九）落实资金管理

福建省水利厅制定了《福建省水利建设资金监督管理暂行办法》，加强项目资金监管，确保资金使用成效。按水利部出台的《全国中小河流治理项目资金使用管理实施细则》，及财政部、水利部出台的《全国中小河流治理项目和资金管理办法》和《中小河流治理财政专项资金绩效评价暂行办法》，落实中小河流治理项目和财政专项资金的管理。

（十）已建项目效益明显

福建省重点地区中小河流治理项目实施以来，取得了显著的防洪效益、生态环境效益和社会效益，成为当地的生态长廊、休闲景点，极大地改善了城乡人居环境。至2010年20个重点地区中小河流治理试点项目已基本完工。2011年福建省开工治理项目 40 个（12 个试点项目和 28 个后续项目）。2012 年计划开工治理项目 70 个。2010 年完工的邵武市同青溪、惠安县黄塘溪治理工程，在 2010 年 "6.13" 洪灾时有效地发挥了防洪作用，保护区安然无恙，治理效果明显。惠安县黄塘溪治理工程把治水、利水、亲水结合起来，注重挖掘水文化内涵，溪流两岸形成水天一色、人水和谐的新美景，有效地改善了河流生态环境。将乐县安福口溪万安段治理工程与万安镇小城镇试点建设相结合，改善了河道水生态和水环境，营造出人水和谐的优美环境，得到当地民众的好评。中小河流治理试点项目实施以来，项目的抗灾效果突出、生态效益明显，起到了良好的示范带动作用，社会反响强烈，极大地引导地方治理的积极性，社会各界对中小河流治理给予了更多、更高的期待。

二、福建省中小河流治理存在的主要问题

（一）前期工作进展偏慢

一是基础条件较差。福建省中小河流众多，地形地质条件差别大，防洪保护区大多在乡镇，防护要求各地不一，地形、地质、水文等基础资料相对薄弱，治理河段不长但河障多，治理方式灵活多样，客观上要求勘察、设计的时间投入较多。二是勘察设计力量不足。当前水利勘察设计任务较重，而勘察设计力量相对不充足，且高水平的设计单位限于项目规模，参与意愿普遍不高，总体表现为设计力量偏弱，成果质量较低。有时外省市参与勘察设计的项目因水土不服情况，存在设计方案不切合福建省情况。三是报批时间较长。中小河流治理项目多且分散，需要安排工程经验丰富的审查专家现场查勘、提出意见、归纳汇总，对设计方案、投资把关。出于设计成果质量不高，对中小河流治理项目的特点可能把握不准，往往需要花费较多的时间进行较大幅度修改调整，甚至需要多次反复修改，设计报告才能达到审批要求。四是项目管理能力较低。乡镇政

府作为许多待实施的中小河流治理项目的建设业主，项目管理能力不高、经验不足，不熟悉工程建设程序，未及时委托勘察设计，有的因没有处理好项目建设征地，导致迟迟不能按期开工建设。五是规划编制滞后。福建省中小河流治理任务较重，普遍存在重建设、轻规划。对中小河流治理的后续储备项目重视不足，未能投入相当力量进行中小河流治理规划，及对实施步骤作出合理安排。

（二）河流治理理念偏旧

大部分治理项目重防洪排涝、缺乏综合整治理念，综合效益体现不充分。对自然河道整治方式单一，景观环境设施配套少，需要较长时间依靠生态自然修复，形成良好景观。缺乏沟通河道内外的设施，河岸亲水性差。清障拆违力度不够，河岸杂乱无章。不适当地采用大江大河防洪治理方式，不能满足当地需要。未分清生活区岸段与生产区岸段提出有针对性的治理措施。截污纳管工程占用河床现象突出。砌石、现浇混凝土等传统等治河材料运用较多，新材料新结构运用较少。对山区性河流的治理特点认识不足，治理重点偏移。

（三）地方资金到位偏低

部分财力较好、配套能力较强的县（市、区）中小河流治理项目，地方资金筹措落实到位情况较好。部分乡镇治理要求迫切，中小河流治理项目的投资约 2000 万～3000 万元，但乡镇经济基础薄弱，乡镇级财政每年收入不足 300 万元或更低，地方资金筹措压力大。

（四）长效保洁管护偏弱

福建省许多乡镇沿中小河流分布，村居民房、工厂、养殖场直接紧靠河岸，污水、垃圾、弃渣直排河道，河滩地种植高秆作物现象突出，河流功能衰退、水环境恶化。中小河流管理机构不全、管理职责不清、管理人员和设施不足、管理经费无稳定来源，日常管理粗放。因山林、耕地等均进行使用权承包制改革，唯有河道作为公共用地，弃渣、排污、过渡养殖等随意侵占现象时有发生。

（五）开展宣传力度偏小

中小河流治理关系到乡镇防洪保护区人民群众生命财产安全，关系到改善农村水环境，改善生物栖息条件、河流生态健康等方面，事关人民群众的切身利益和长远发展。尽管作出各种努力，但在项目建设征地方面、施工期，少数群众不可避免地要作出暂时的牺牲，一旦处理不好，可能影响整个项目的实施。需要加大宣传教育力度，进一步提高农村居民对中小河流治、建管工作的支持，参与建设管理与保洁管护。

三、加强中小河流治理、提高防灾减灾综合效益的对策建议

（一）加强规划设计

一是统筹规划、摸清底数。中小河流治理任务繁重，需要统筹规划，分期实施，集中财力，整乡推进，逐步达标，健全完善城乡防洪体系，促进经济社会发展与人口资源环境相协调。要抓住当前一个时期水利改革发展的良好机遇，以规划生成高质量的项目，以项目带动投资，以投资促进治理效果。建议对县乡河道治理需要进行全面规划，摸清各地的治理河段、治理目标、工程措施、投资需求、主要效益与实施计划，做到心中有数。中小河流按流域进行全面规划、系统治理，根据各地财力状况，统筹安排、分步实施，尽快完成防洪问题突出的中小河流治理任务。二是更新理念、综合整治。建议引入先进的规划设计理念，高起点、高标准规划设计，积极应用新材料，提倡综合整治，在提高河道行洪排涝能力的基础上，突出解决县乡河道功能衰减、水环境恶化等问题，集中投入、整乡推进，治理一片、见效一片，达到河畅水清、岸绿景美的治理目标。利用微生物投放、水生植物栽培、水生动物培育、生态

型护岸整治等生物生态技术净化河道水体，改善河道的整体景观形象、生态环境和人居环境。对主干河道实施综合整治，突出生态性、景观性，新建生态型护堤、河道疏浚、沿河绿地、水生植物种植等。中小河流治理要与省重点流域水环境综合整治相结合，与以保护农村饮用水源为重点的"水源清洁"工程、以整治集中连片村庄生活污水和垃圾为重点的"家园清洁"示范工程，以整治农村畜禽养殖污染和面源污染为重点的"田园清洁"示范工程相结合，与重点流域水土流失治理工程相结合，与社会主义新农村建设、创建环境优美乡镇相结合，与小城镇综合改革试点相结合，与现代高优农业示范基地建设相结合。要坚持兴利除害结合、防灾减灾并重、治标治本兼顾，统筹兼顾防洪除涝、洪水资源利用、水污染和水土流失防治等，协调好上下游、左右岸、干支流关系。各级政府要统一规划，实行山水田林路村城综合治理，充分发挥中小河流综合效益。三是整合力量、精心设计。建议加强现场调查研究、基础资料收集与分析，采取标准化设计，针对不同区域河流治理的侧重点，提出基本的治理模式与结构型式，加快设计进度，提高设计质量，减少工程变更。及时总结推广中小河流治理好的做法和成功经验。由一批人员相对固定、知识经验丰富的审查专家承担审查中小河流治理项目设计，创新审查方式，加快审批进度。

（二）集中资金投入

一是省级、县级地方投资。中小河流治理项目是资金、技术密集型项目，工期紧。市（县、区）财政要积极调整财政支出结构，进一步加大资金筹措力度，确保地方资金及时足额到位。建议省级、县级设立相应的奖补资金。建议省级通过省水利投资集团对中小河流治理工程按不少于项目总投资的20%投资，部分用于中小河流治理项目的前期勘察设计专项经费，以加快设计进度。《江苏省中小河流治理工程建设管理办法》

规定中小河流治理专项资金省以上奖补标准按苏南、苏中、苏北分别不超过工程初步设计概算投资的 40％、50％、70％控制（宿迁市为 80％，其中中央专项资金均为 30％），在批准工程初步设计中予以明确。二是鼓励社会投入。投资兴建中小河流治理项目，投资者可以分享新增用地收益，或在同等条件下优先获得土地开发权。鼓励投融资平台贷款融资和农民投工投劳，积极探索建立社会力量参与中小河流治理的政策机制。三是集中多种资金。财政资金引导，多元化、多层次投入中小河流治理建设。将新农村建设、小城镇综合改革试点、重点流域水环境综合治理、重点流域水土流失治理等资金集中使用。四是渣土利用。河道清淤土方用于改造低产田、造地、制砖、筛分砂石建筑材料，其收益用于治理河道。

（三）加强项目管理

一是建设管理。做好项目的组织管理、资金保证、质量保证、建设进度计划保证。重视做好项目前期工作和安全工作。二是建后管理。建立长效保洁管护机制，推行政府主导、农民参与建设和管理的模式，建立健全以"定职责、定河段、定人员、定报酬"等为主要内容的河道长效保洁管理体制，明确管护责任主体，落实管护经费，制定乡规民约，共同巩固和保持治理成果。

要高度重视中小河流建后运行管理，切实克服"重建轻管"和"重建轻养"的弊病，确保工程建得起、管得好、长受益。要在水利普查的基础上，按照有关法律法规规定进行确权划界，明确管护范围。积极探索行之有效的管理方式，健全完善管护机制，落实好工程管理责任、管理人员和经费。进一步深化小型工程管理体制改革，鼓励社会力量参与中小河道工程管理。建立完善以乡镇水利站为核心的基层水利服务体系，充分发挥其在中小河流管理维护中的作用。加大水政执法力度，强化联合执法，杜绝挤占、乱采、乱挖、乱堆、乱建等现象，保障河道功能和防洪安全。

（四）加大宣传力度

一是宣传项目建设意义。加大中小河流堤防建设和河道整治力度，优先治理洪涝灾害易发、保护区人口密集的河流及河段，提高防灾减灾能力，是党中央、国务院的重大决策。二是宣传防洪预案。完善防洪非工程措施，在洪水易发地区加密布设局地天气雷达站和自动气象站，加强水文测站基础设施建设，制订完善中小河流防洪预案。要做到"预警到乡、预案到村、责任到人"。三是宣传人水和谐意识。不向河岸弃渣、不污染河道，美化河岸，维护河流健康，长效保洁管护，岸绿路通景美，养成积极保护河道的良好习惯。

（作者单位：福建省水利规划院）

福建省水资源优化配置的
探讨及研究

陆青

【摘　要】本文从福建水资源现状实际出发，结合大水网规划及全省水利项目评审工作，针对水资源及其开发利用面临的主要问题，组成课题组，收集有关资料，深入探讨和研究福建水资源优化配置的对策，提出调研的结论与建议。

【关键词】水资源　水网规划　优化配置

一、基本省情和水情调查

(一) 自然概况

福建省地处祖国东南部、东海之滨，东隔台湾海峡，位居东海与南海的交通要冲，是中国距东南亚、西亚、东非和大洋洲最近的省份之一。全省大部分属中亚热带，闽东南沿海地区属南亚热带。全省地形"八山一水一分田"，80％以上地形为山丘区。陆地面积12.4万 km²，全省海岸线居全国第二位。拥有厦门湾、福清湾、湄洲湾、沙埕港、三都澳等众多天然良港。

福建省属亚热带海洋性季风气候，雨量充沛。全省范围内多年平均降水量1000～2200mm，降水量时空分配不均，年内年际变化大，从东南向西北递增。

全省水系发育，河网密度大。境内河流总长度约1.3万km，河网密度超过0.1km/km²。河流属山区性河流，多峡谷险滩，河床比降大，多在0.5‰以上。全省河流除赛江（交溪）发源于浙江，汀江流经广东入海外，其余都发源于境内并在本省入海。全省主要河流有闽江、九龙江、汀江、晋江、赛江（交溪）和木兰溪等"五江一溪"。

（二）社会经济

全省行政区辖福州、莆田、泉州、厦门、漳州、龙岩、三明、南平、宁德等 9 个设区市和平潭综合实验区，根据 2010 年第六次全国人口普查，2010 年全省常住总人口 3689.42 万人，71.46％人口分布闽东南沿海五市。

（三）基本水情

福建省水情，概括讲是"总量丰富、时空不均、开发率低、独流入海"。

1. 江河独流入海，自成体系。自然条件有利于我省独立进行水资源配置。

2. 水资源总量相对丰富。水资源总量 1180.6 亿 m^3，位居全国第 8 位；人均占有水资源量 $3200m^3$，位居全国第 6 位，约为全国人均值的 1.5 倍。

3. 开发程度较低。全省现状水资源开发利用率为 17.2％，位列全国第 22 位（全国平均数为 21％），其中闽江现状水资源开发利用率仅为 13.3％。部分区域存在资源性、水质性缺水现象，但从全省来看为工程性缺水。

4. 时空分布不均。空间上，"北多南少、西余东缺"，沿海经济总量大致占全省 70％、水量只占 30％，水资源分布与经济发展不匹配；时间上，年内年际变化大，年际间的变化最大值与最小值之比一般为 2～4 倍；年内分配上，汛期水量占全年的 75％～80％。多则暴雨成灾，少则干旱成片。

二、现状供水工程概况及体系调查

（一）现状供水工程概况

全省现状建成蓄水工程 3672 处，总库容 200.79 亿 m^3，总兴利库容 118.18 亿 m³，其中：大型水库 21 座（12 座为发电水库），总库容 122.69 亿 m³，总兴利库容 69.92 亿 m³；中型水库 182 座，总库容 49.30 亿 m³，总兴利库容 29.77 亿 m³；小型水库 3469 座，总库容 28.80 亿 m³。

现状引水工程共 20.04 万处，总引水规模 746.76m³/s。现状提水工程共 1.46 万处，总提水规模 175.88m³/s。

现状主要调水工程 5 处，设计总调水规模 65.32m³/s。分别为龙门滩调水工程、福清闽江调水工程、福州二水源工程、金钟引调水工程、九仙溪引调水工程。

全省现状建成蓄水工程供水能力 63.9 亿 m³；引、提、调水工程供水能力 120.54 亿 m³。全省已开发的水利工程特枯水年（保证率 $P=95\%$）总可供水量 191.52 亿 m³，蓄水、引水、调水的供水比例分别占 36%、59%、5%。

随着社会经济的发展，全省用水量总体上呈增长趋势。1980 年全省用水量 137.64 亿 m³，至 2010 年增加至 202.45 亿 m³，30 年总用水量净增 64.81 亿 m³，年均增长率 1.57%，农业用水比重基本呈逐年下降趋势，工业和生活用水比重在逐步增加，非常规水源如海水、污水和雨水利用也在逐年增加。

根据《2010 年福建省水资源公报》，2010 年全省供水总量 202.45 亿 m³，其中，地表水（蓄水、引水、提水）供水量 197.54 亿 m³，地下水源供水量 4.65 亿 m³，其他水源供水量 0.26 亿 m³。全省用水量为 202.45 亿 m³，其中城镇生活用水量为 15.88 亿 m³，农村生活用水量为 8.12 亿 m³，工业用水量为 81.26 亿 m³，农田灌溉用水量为 93 亿 m³，河道外生态用水量为 4.19 亿 m³，生活、工业、农业和河道外生态用水量分别占 12%、40%、46%、2%。

（二）现状供水体系情况

为解决沿海水资源供需矛盾，20 世纪 50 年代以来，我省修建了大量蓄引调水工程，这些工程为保障沿海地区社会经济的发展作出了重大贡献，并且在将来经济社会科学发展、跨越发展的进程中，其水资源的保障作用将更为突出，不可替代、不可或缺。

全省各个行政区现状都不同程度存在缺水，主要以工程性缺水为主，局部为资源性和水质性缺水，不同流域和流域内不同区域水资源条件差异较大。全省"五江一溪"6条主要流域的水资源以闽江流域、九龙江、赛江（交溪）和汀江流域的水资源较为丰富，开发利用率水平较低；晋江和木兰溪水资源相对少些，开发利用率相对较高，趋于饱和。闽东南沿海区域水资源相对较少，开发利用趋于饱和；闽西北内陆区域水资源相对较多，开发利用水平较低。现状各地水资源开发利用程度很不均衡，调控径流的骨干工程偏少，水环境发展趋势不容乐观，现状供水体系难以满足经济社会发展需要，因此，未来需要对福建省水资源进行优化配置，健全完善全省的供水保障体系，实现全省水资源的可持续利用，保障经济社会可持续发展。

（三）水资源供需平衡情势分析

1. 社会经济发展态势。根据"十二五"规划发展纲要分析预测，2020年全省总人口将达到4291.80万人，国民生产总值将达到4.53万亿元；2030年，全省总人口将达4754.15万人，地区生产总值达到10.65万亿元。

2. 需水预测。依据《福建省水资源综合规划报告》成果，结合近年社会经济发展布局进行分析，分析预测得：特枯水年 $P=95\%$，一般节水力度下，2020年全省需水量为262亿 m^3，2030年全省需水量为285.4亿 m^3。采取强化节水措施后，预测2020年特枯水年 $P=95\%$ 全省需水量将达到241.54亿 m^3，2030年特枯水年 $P=95\%$ 全省需水量将达到252亿 m^3。

3. 供需平衡情势分析。根据现有工程供水能力和用水水平，强化节水力度下，2020年 $P=95\%$ 保证率全省缺水量达

53.54 亿 m³，占年总需水量的 22.17%；2030 年 $P=95\%$ 保证率全省缺水量达 65 亿 m³，占年总水量的 25.79%。其中：闽东南沿海地区 2020 年 $P=95\%$ 保证率缺水量达 34.00 亿 m³，占全省缺水的 63.5%，2030 年 $P=95\%$ 保证率缺水量达 43.61 亿 m³，占全省缺水的 67.09%。闽东南沿海地区主要为资源性缺水，全省主要是工程性缺水。

各设区市和平潭综合实验区都存在不同程度的缺水，缺水率最大的为平潭综合实验区，三明和南平缺水率较小。

福州市现状年（2010 年）缺水 3.18 亿 m³，2020 年缺水 11.08 亿 m³，2030 年缺水 12.89 亿 m³，主要为闽江口区域的青口、长乐、福清、琅岐、南通、南屿及敖江下游的可门港及罗源湾的缺水。

平潭综合实验区现状年缺水 0.56 亿 m³，2020 年缺水 1.29 亿 m³，2030 年缺水 1.91 亿 m³。全区域资源性缺水。

莆田市现状年缺水 1.4 亿 m³，2020 年缺水 2.97 亿 m³，2030 年缺水 4.22 亿 m³，主要为木兰溪下游区域和湄洲湾、兴化湾、平海湾等资源性缺水。

泉州市现状年缺水 2.87 亿 m³，2020 年缺水 8.44 亿 m³，2030 年缺水 11.48 亿 m³，主要为晋江下游地区缺水。

厦门市现状年基本不缺水，2020 年缺水 3.94 亿 m³，2030 年缺水 5.0 亿 m³，主要为厦门湾缺水。全区域资源性缺水。

漳州市现状年缺水 0.97 亿 m³，2020 年缺水 6.28 亿 m³，2030 年缺水 8.11 亿 m³，主要为农业缺水，漳州沿海地区及古雷南太武新区资源性缺水。

龙岩市现状年缺水 1.46 亿 m³，2020 年缺水 2.91 亿 m³，2030 年缺水 3.54 亿 m³，主要为农业缺水，龙岩产业集中区工程性缺水。

三明市现状年缺水 3.71 亿 m³，2020 年缺水 5.96 亿 m³，

2030 年缺水 6.29 亿 m³，主要为农业缺水，三明生态工贸区工程性缺水。

南平市现状年缺水 3.80 亿 m³，2020 年缺水 5.36 亿 m³，2030 年缺水 5.79 亿 m³，主要为农业缺水，武夷新区工程性缺水。

宁德市现状年缺水 3.99 亿 m³，2020 年缺水 5.31 亿 m³，2030 年缺水 5.76 亿 m³，主要为农业缺水，沿海地区和环三都澳等工程性缺水。

因此，未来全省水资源优化配置显得尤为迫切。

（四）国家及兄弟省份水资源配置的经验剖析

1. 国家南水北调工程。我国南涝北旱，南水北调工程通过跨流域的水资源配置，大大缓解我国北方水资源严重短缺问题，促进南北方经济、社会与人口、资源、环境的协调发展。

南水北调工程分别在长江下游、中游、上游规划三个调水区，形成东线、中线、西线三条调水线路。通过三条调水线路，与长江、淮河、黄河、海河相互连接，构成我国中部地区水资源"四横三纵、南北调配、东西互济"的总体格局，形成巨大的水网，基本可覆盖黄淮海流域、胶东地区和西北内陆河部分地区，有利于实现我国水资源南北调配、东西互济的合理配置格局，具有重大的战略意义。

规划最终调水规模 448 亿 m³，其中东线 148 亿 m³，中线 130 亿 m³，西线 170 亿 m³，建设时间约需 40～50 年。建成后将解决 700 多万人长期饮用高氟水和苦咸水的问题、2 亿多人口不同程度的饮水困难。从根本上缓解黄淮海流域、胶东地区和西北内陆河部分地区的缺水问题。整个工程将根据实际情况分期实施。

南水北调工程是优化水资源配置、促进区域协调发展的基础性工程，是新中国成立以来投资额最大、涉及面最广的战略性工程。

2. 山东省级水网规划。山东省地处我国东部沿海、黄河下游，全省面积 15.71 万 km²，人口 9579.31 万人。人多地少，水资源时空分布不均，人均水资源占有量 322m³，远低于国际公认的人均 500m³ 严重缺水临界值，属严重缺水地区。为了提升水资源配置能力，山东省依托南水北调、胶东调水"T"型骨干工程，打通跨省、跨流域、跨区域调水大通道，形成覆盖三区（东部沿海区、鲁西北平原区和鲁中南山丘区）和南北贯通、东西互济、联合调度、优化配置的水资源调配大格局。此外，同时利用湖库河渠互为调剂，即：河道拦蓄、水库调蓄和水系联通。通过层层建闸，在河道形成连续水面，拦蓄雨洪水资源，维持生态基流，涵养地下水资源。通过水库调蓄，有效补充河道基流，使河道在非汛期基本保持长年有水，为两岸生态环境改善创造条件。通过水系联通，使水在网内充分流动起来，蓄水量大的河道可及时向缺水河道补水，支流也可向干流补水，形成水的良性互动。

3. 山西大水网规划。山西省地处华北地区西部，黄土高原东翼，四周几乎都为山河所环绕素有"表里山河"之称。山区、丘陵区占总面积的 80% 以上，平原主要分布在中部盆地以及河谷地区。全省面积 15.3 万 km²，人口 3400 万人。人均水资源占有量 381m³，为全国人均值的 1/6，属水资源贫乏的省份。水资源时空分布不均，全省地势较高，遭遇特大干旱无法从省外调水。现状全省供水体系具备满足正常年份和一般干旱年需水要求的能力，达到"基本保障型"，但部分重要区域尚未形成高保证率的供水体系，调控能力偏低；一些区域的水源工程缺乏必要的输水连通工程，覆盖范围不够广，只能就近供水，影响效益的发挥；全省主要河流自成系统，互不连通，不能发挥系统的补充、调节、稳定作用，供水安全保障性低。为了实现从"基本保障型"向"安全保障型"的跨越，优化全省水资源配置，山西省以六大主要河流和区域性供水体系为主骨架，通过建设必要的连通工程，使各主要供水区域都拥有"主水"和"客水"两类水源，具有区域外应急调水的能力，构建"两纵十横、六河连通，纵贯南北、横跨东西，多源互补、保障应急，丰枯调剂、促进发展"的山西大水网。

4. 其他水资源配置工程。引滦入津工程是将河北省滦河水跨流域引入天津市的城市供水工程。水源地位于河北省迁西县滦河潘家口水库，向天津供水 10 亿 m^3/a。工程建成通水一举结束了天津人民喝苦咸水的历史，至 2009 年 9 月 11 日已经安全运行 26 年，累计供水 192.2 亿 m^3。天津城市饮用水水质达到国家二级标准，为全国饮用水质量最好的城市之一；工业生产缺水的被动局面得到扭转，不仅缺水企业全部恢复生产；同时为新建企业提供了可靠水源，加速了工业发展，改善了投资环境，成为天津经济和社会发展赖以生存的"生命线"。

（五）我省水资源优化配置的探讨及研究

1. 当前全省水资源主要面临的挑战和任务。当前我省水资源及其开发利用主要面临四个方面的挑战：①水资源相对丰富，但空间分布不均，与经济社会发展布局不匹配。②水资源年际、年内分布不均，河流坡陡流急，开发利用难度较大。③现状水资源开发利用程度和用水效率较低，工程性、资源性、水质性缺水现象并存。④水资源质量总体较好，但部分河流或河段水质呈下降趋势，水资源与水环境保护任重道远。

根据我省的省情、水情，针对当前全省水资源面临的主要问题，借鉴国家及兄弟省份的水资源配置经验，研究我省水资源优化配置的措施，以及构建高效利用的全省水网体系，着力解决闽东南沿海地区日益突出的水资源紧缺问题，构筑全省安全可靠的水资源保障体系。

2. 配置原则。其配置原则主要包括：①兴修水利、趋利避害。科学合理开发利用水资源，充分发挥我省水资源的天然优势，通过大规模的水利建设，防范水灾，消除水患。②开源节流、有效保护。开源与节流并重，开发与保护并举，充分提高水资源利用率，有效保证水源安全、生态安全。③突出重点、远近结合。以解决沿海缺水地区、十大经济发展新增长区的用水问题为重点，视轻重缓急，远近结合，分期实施水资源配置工程。④上蓄下引、以丰补枯。根据我省地形地势条件、水资源分布特点，结合社会经济发展布局，江河上游建设蓄水工程，下游建设引调水工程，调节水资源时空分布，实现以丰补枯。⑤统筹兼顾、分区配置。按照全省一盘棋的要求，统筹考虑流域上游与下游，调入区与调出区，必要性和可行性，兼顾生活、生产和生态用水，按照先本地水后外来水的要求，分区域合理配置水资源。⑥改善民生、保障发展。以提高人民群众生活品质为出发点，既促进现阶段经济社会发展，又为长远可持续发展留有空间，实现"放心水、平安水、高效水、生态水"。

3. 总体布局。根据我省的自然地理条件和社会经济发展格局，针对本省工程性缺水特点，充分发挥大中型蓄水工程的调蓄作用，提高对水资源的调蓄能力。在已有水利工程基础上，按照"北水南调、西水东济"的总体流向，建设水资源配置骨干工程，将闽北、闽西相对丰富的水资源调入水资源紧缺的闽东南沿海地区，从根本上解决闽东南沿海地区的资源性缺水局面。以天然河道为主干，以控制性蓄水工程为节点，以引调水工程为通道，沟通主要江河水系，构建上蓄下引、三水并举；北水南调、西水东济；分区配置、联网供水的水资源配置格局。

（1）上蓄下引、三水并举——采用蓄水、引水、调水等三水工程，江河上游建设蓄水工程，下游建设引调水工程，调控水资源的时空分布不均，解决水资源配置问题。

（2）北水南调、西水东济——通过北水南调工程，将闽江水系与木兰溪水系、晋江水系、九龙江水系连接；通过西水东济工程，将汀江水系与九龙江水系连接。

（3）分区配置、联网供水——以福建省9个设区市和平潭综合实验区进行水资源供需平衡分析和水资源配置。流域内通过上游水库蓄水补给下游用水，流域间通过引调水工程左右延伸，形成完整的供水体系。北水南调、西水东济两个大型调水工程联通、实现"四江一溪"联网，进一步保障供水安全。

4.各设区市水资源配置。福州市：以闽江为主，敖江、龙江为辅，依托三座大型水库和北水南调工程。从闽江及支流大樟溪调引水量补给闽江下游地区及福清，从敖江调水补给可门港、罗源湾，实现福州市水资源合理配置。

平潭综合实验区：以三十六脚湖为核心，挖掘本岛潜力，岛外调水为主，多水源并用。

莆田市：境内为主，立足东圳、金钟、外度水库，大中小并举，远景以北水南调为保障。

泉州市：山美、惠女、白濑补枯，金鸡调配，远景北水南调为保障。

厦门市：在挖掘本地水源潜力的基础上，需考虑跨流域调水。外引内蓄、以蓄补引，全面联网、优化配置、远景外流域调水补给。

漳州市：挖掘本地水源，沿海区域调水为主，节水保护并重，远景西水东济。

龙岩市：上游兴建蓄水工程，蓄丰补枯；有潜在供水功能的发电水库水库适时转变功能，发挥供水效益；保护好汀江水源，为西水东济，保障厦漳供水做好准备。

三明、南平市：挖掘现有水利工程的供水潜力，发挥闽中、闽北山区水塔优势，开发建设蓄水工程，蓄丰补枯，增强水资源时空调配能力，提高闽江枯水期流量，为北水南调工程提供水源保障，改善闽江生态环境。

宁德市：境内调配，山海协作，沿海为主，蓄引兼顾。

5. 重点区域水资源配置。在现有水利设施的基础上，全省各重点区域供水措施如下：

平潭综合实验区和福州闽江下游南港以南区域供水主要依靠北水南调（平潭引水）工程解决；

福州市闽江口发展区的可门港、罗源湾等区域供水主要依靠霍口水库解决；

湄洲湾南北岸主要依靠北水南调（沿海大通道）调水工程解决；

泉州发展区供水主要依靠泉州白濑水利枢纽和北水南调（沿海大通道）调水工程解决；

厦门湾发展区供水主要依靠枋洋水利枢纽、莲花水库和西水东济工程解决，北水南调（沿海大通道）调水工程备用。

古雷—南太武新区供水主要依靠峰古引水及西水东济工程解决。

龙岩产业集中区供水主要由黄岗水库、何家陂水库（在建）、坪坑水库、朝前水库、龙岩万安溪调水工程及区域内河流等解决。

三明生态工贸区供水依托其区域内沙溪及支流、薯沙溪水库、南岐水库、溪源水库、双溪水库、马坑水库、安砂水库扩建等工程解决。

武夷新区供水可由区域内崇阳溪及其支流引提水，麻阳溪为应急备用水源。

环三都澳发展区供水由宁德上白石水库、官昌水库及赛江东岸和西岸引水等工程解决。

6. 北水南调和西水东济工程简介。从保障海西经济区跨越式发展、建设生态优美之区的战略高度，构建福建省远景水安全保障战略通道：①北水南调沿海大通道（闽江—莆田—泉州—厦门）调水工程；②西水东济调水工程。将闽北、闽西相对丰富的水资源调入水资源紧缺的闽东南沿海地区，实现双水源供水，建设特大干旱年应急供水储备水源，从根本上解决闽东南沿海地区的资源性缺水局面，全面保障供水安全和生态安全。

北水南调工程从闽江下游调水至福州、莆田、泉州、厦门和平潭综合实验区等沿海地区，是保障我省经济社会发展的水资源大动脉：一是优化我省水资源配置；二是提高闽江水资源利用率；三是解决未来闽东南沿海资源性缺水和水质性缺水；四是使福州—厦门沿海地区实现双水源供水，保障供水安全，改善生态环境。工程由平潭引水工程、沿海大通道（闽江—莆田—泉州—厦门）调水工程、福州主城区（闽江北岸）引水工程3部分组成。其中，福州主城区（闽江北岸）引水工程替代了现有水厂从闽江下游主城区取水的水源，从水质、水量两个方面确保省会城市供水安全。

西水东济工程从汀江调水至厦门，是保障我省水资源安全和经济社会可持续发展的战略水源：一是弥补了漳厦地区未来缺水，从根本上解决东山湾水资源紧缺；二是实现厦门、古雷—南太武新区九龙江、汀江双水源供水；三是与闽江北水南调工程连通，实现沿海地区多源补水。

（六）结论与建议

1. 在当前全省全面贯彻落实 2011 年中央和省委 1 号文件的大好形势下，把水资源作为我省一大资源优势、作为一项重要生产要素，统一规划，科学布局，合理配置，加快构建高效利用的全省水资源配置体系，对着力解决闽东南沿海地区日益突出的水资源紧缺问题，构筑全省安全可靠的水资源保障体系，推进福建水利科学发展，跨越发展具有重要意义。

2. 构建"上蓄下引、三水并举、北水南调、西水东济、分区配置、联网供水"的水资源配置格局，将全面优化全省水资源时空分布，提高水资源开发利用率，改善生态环境，使全省具备安全可靠的水资源保障。北水南调和西水东济两大调水工程，将我省"五江一溪"中除赛江外的"四江一溪"联通起来，受益十个新经济增长区，为推动厦漳泉、福莆连片繁荣提供 2050 年乃至更长一个时期水资源有效保障。

3. 建议控制性的水利工程按照"发电服从供水、供水服从防洪"的原则进行调度，以保障供水安全。目前我省内陆水资源相对丰沛，区域建设的大中型水库多为发电或以发电为主，水库调度服务供电需要，下泄流量波动大，下泄流量较小时影响下游供水。未来这些水库应结合供水要求进行优化调度，部分水库功能可逐步由发电为主转换成供水为主兼发电，使其成为可靠的水源工程。

（作者单位：福建省水利规划院）

水利科技创新与推广的思考和研究

常向青　李兢

【摘　要】本文从福建省水利科技创新与推广的现状与成绩入手，分析当前水利科技创新与推广存在问题与面临挑战，提出了加快推进科技创新与推广的措施与建议。

【关键词】水利科技　创新推广　措施建议

科技创新包括知识创新、技术创新和体制创新，而水利科技创新与推广则是这三种类型的创新在水利建设过程中的具体实践与推广应用。水利科技创新与推广主要是通过对应用基础和应用技术的研究，紧密地为水利工作和建设的现代化以及可持续发展服务。2011 年 1 月发布的中央 1 号文件强调，要把水利作为国家基础设施建设的优先领域，大力发展民生水利，不断深化水利改革，加快建设节水型社会，促进水利可持续发展，努力走出一条中国特色水利现代化道路。科技是经济社会发展的强大动力，加快水利科技创新与推广是推进水利现代化的迫切需要。新形势下的水利事业发展实践要求我们一定要着力提高水利科技创新能力，形成强大的应用基础科学创新能力和关键核心技术创新能力，努力为促进传统水利向现代水利转变提供科技支撑和保障。

一、福建省水利科技创新与推广现状分析

（一）福建省水利科技创新与推广的成就与现状

"十一五"以来，在建设创新型国家和创新型省份的大背

景下，全省各级水利部门认真组织实施省水利厅《关于依靠水利科技创新、推进水利可持续发展的意见》、《关于促进水利科技成果转化推广应用的若干意见》和《关于增强水利科技创新能力若干意见》，坚持"自主创新、重点跨越、支撑发展、引领未来"指导方针，全面实施"科教兴水"、"人才强水"和"可持续发展水利"战略，全省水利系统坚持走中国特色自主创新道路，不断提升水利行业科技创新能力，支撑和引领水利事业又好又快发展。尤其是 2008 年 3 月全国水利科技大会召开以来，全省各级水利部门认真贯彻落实会议精神，围绕我省民生水利建设中心，按照"水利发展、科技先行"的思路，在完善创新机制、构建创新平台、开展重大科研攻关、推进成果转化推广、加强创新队伍建设及开展交流合作等方面成绩显著，全省水利科技创新能力和科技成果推广成效有了较大的提高并取得了丰硕的成果，四年累计取得水利科技成果 85 项，获得厅级以上科学技术奖 65 项，其中福建省科技进步奖 18 项、水利部大禹奖 1 项，为实现福建水利跨越发展提供了有力的科技支撑。

（二）完善创新机制，增加科技投入

面对新形势、新任务和水利科技创新的新要求，全省各级水利部门把水利科技作为支撑水利建设发展的重要保障，扎实推进科技领导决策、科技项目管理、科技奖励激励、科技人才管理培养、科技成果推广转化等工作机制创新，基本建立了以厅科技领导小组为决策领导、以厅科技专家委为咨询参谋的科技领导决策、咨询参谋机制；以竞争性、指定性、选定性相结合的科技项目选项机制和行政监督、专家审查、财务审计三位一体的项目执行监管机制；以福建水利科学技术奖和科技教育基金奖励为主的科技奖励激励机制；以省级水利科技推广工作站、水利科技联系县和基层水利科技推广示范点三级推广主体的水利科技成果推广转化机制；以中青年科技学科带头人为主

体的科技人才动态选拔培养管理机制，形成了以厅属单位"三院一局一站两中心"为主的水利科技创新主体，水利科技创新能力和科技水平有了较大的提高。同时，全国水利科技大会后，我省持续加大了水利科技投入，在以往每年省级财政水利科技专项经费的基础上，增加省级水利研究中心前期筹建经费，并增加基层水利科技推广基地建设经费，每年全省投入科研与推广经费5800多万元；厅属科研机构依托工程项目大胆开展科技创新，四年来累计完成省部立项课题20项、厅立项课题62项。

（三）构建创新平台，增强创新能力

为加强我省自主科技创新和技术服务能力，加快了科技创新平台建设，为服务我省水利工程建设和管理提供了重要技术支撑条件。初步构建了省级水利科技创新平台，水工、材料、水保三个省级水利科研中心建设初见成效。在水利部、省科技厅的支持下，福建省水土保持研究中心于2012年5月25日率先挂牌成立，以福建省水利水电勘测设计研究院为主体建设福建省水工程水动力研究中心，以福建省水利水电科学研究院为主建设福建省水工程材料检测研究中心的建设规划与挂牌筹备工作也已陆续完成。同时，通过水利部公益型行业重大科研专项、水利部"948"技术引进项目和厅重大水利科技项目的实施，不断健全我省水利科技创新平台，我省水利科技创新能力得到进一步提高，一批重大课题研究取得新进展，有效增强了我省水利行业的自主创新能力。

（四）开展重大科研攻关，创新成果显著

全国水利科技大会以来，我省水利科技创新围绕水利中心工作，落实"工程带科研、科研为工程"措施，紧扣水利发展中的难点热点问题，开展卓有成效的研究，取得了一系列科技成果，解决了一批水利工程技术难题。针对闽江下游段受流域中上游梯级水电站建设、河道大量采砂等原因出现河床下切严

重、咸潮上溯等水环境问题，开展了"闽江下游咸潮上溯情势、影响分析及对策研究"、"闽江下游水资源及水环境系统研究"和"闽江下游水运动规律与公共安全研究"等一系列水利重大科技项目的研究，并相继取得成果。围绕提高防洪减灾能力，组织开展了"福建省应急视频会商指挥系统"、"福建省洪水预警报系统移动式综合通讯分析平台"等课题的研究，其中"福建省应急视频会商指挥系统"荣获水利部大禹奖二等奖。四年来，全省水利系统通过重大水利科技项目和重点水利工程建设，按照"工程带科研、科研促工程"发展思路，在防洪减灾、水资源与水环境、水利水电工程建设与管理、农田水利与饮水安全、水土保持与生态修复等关键技术研究领域取得了一系列科技成果，获得厅级以上科学技术奖 65 项，其中福建省科技进步奖 18 项、水利部大禹奖 1 项。这些科技成果有力推动了我省水利科技事业的发展。

（五）健全推广平台，推进成果推广

2008 年以来，福建省通过省级水利科技推广平台建设、基层水利科技推广示范基地的建立以及运行机制的完善，逐步健全完善全省水利科技推广平台，提高水利科技推广成效，有效推进全省水利科技成果推广转化成现实生产力，提高民生水利建设水平。在水利部国科司、科技推广中心和我厅的共同推动下，依托福建省水利水电科学研究院的水利部科技推广中心福建省推广工作站，于 2009 年 7 月正式挂牌成立，并相继出台了工作站工作、管理制度和五年发展规划，全面协调指导全省水利科技推广工作。成功举办了福建省水利先进适用技术（产品）推介会，推广应用堆石混凝土、生态护岸、一体化净水等先进适用技术 20 项；发布 2012 年度 20 项福建省水利先进实用技术推广指南及产品目录，印发《福建省百项水利实用技术》2000 份；完成了全省 56 个基层水利科技推广示范基地的建设规划，并启动了首批 25 个基地的建设，形成全省推广

平台。同时加大资金投入，推进成果推广转化。每年安排 200 多万元水利科技推广专项资金在防汛减灾、农村饮水安全、生态环境、小流域综合治理、水土保持等方面开展科技成果推广转化工作，推广一批先进实用技术，取得良好的经济、社会和生态效益。

（六）重视人才培养，加强创新队伍建设

全省各级水利部门高度重视科技人才的培养，不断完善人才培养机制，为创新型人才特别是中青年水利科技学科带头人的成长创造条件。出台了《福建省水利中青年科技（学科）带头人、培养与管理办法》，加强了第三批 26 人福建省水利中青年科技（学科）带头人的培养，通过水利部公益性行业科研专项等重大水利科研项目的实施，初步形成了以防洪减灾、坝工、水土保持、水资源与水环境领域等一批水利科技创新专业群体，并在大力开展科研攻关和技术推广取得一系列科技成果中，培养造就一批老中青相结合的科技人才队伍。截至 2011 年底，全省专业技术人员达到 5229 名，其中教授级高工 59 名、高级职称人员 634 名、中级职称人员 1977 名，同时涌现出一大批中青年水利科技（学科）带头人和技术骨干，先后有 12 名中青年科技（学科）带头人走上了处级技术领导岗位，有 10 位青年科技人员入选福建省"百千万人才工程"。充分利用对外技术交流渠道，加强科技人才的培养。2010 年以来先后组织了以中青年科技学科带头人为主共计 64 名优秀中青年水利科技工作者赴德国、澳大利亚参加防洪应急管理技术、大坝风险分析与安全管理培训学习，赴美国参加防灾减灾和水资源管理培训学习，营造了良好的科技工作氛围，促进了科技人才的成长。

（七）开展合作交流，促进科技创新

我省充分发挥闽台区位优势，不断完善已建立的闽台水利科技交流与合作机制，加强两岸水利科技的交流与合作，促进

闽台在防汛防台风、水土保持等方面的科技进步。充分发挥全球水伙伴对外交流平台开展形式多样的学术研讨和技术交流活动。依托工程项目开展技术合作取得新成效，近年来我厅积极鼓励厅属各科研单位加强与省内外高校和科研院所等单位的科技合作与联合攻关，促进水利科技创新水平的不断提高。省水电设计院在执行水利部公益型行业科研专项中，分别与省水科院和南京水利科学研究院进行合作研究；莆田市水利局与交通部广州打捞局联合开展南日岛深水跨海管道供水设计与施工技术研究，有效破解了跨海供水工程建设中的技术难题；省九龙江北溪管理局通过与长江勘测设计院和南京水文自动化研究所联合，建成了达到国内领先水平的九龙江北溪感潮群闸智能调度系统；省防汛办、省水利信息中心与福建长威网络科技有限公司联合开展网络视讯技术集成应用研究，建成了覆盖省、市、县、乡、村的具有国际领先水平的全省应急视频会商指挥系统，全面提升了我省防灾减灾的指挥决策和应急反应能力；宁德市与武汉大学水资源与水电工程科学国家重点实验室合作开展了宁德市东湖清水工程引清调度数模论证研究，为湖水治理提供了技术支撑。另外我省在水土保持方面也建立了良好的科研协作关系，长汀县水保局与中科院南土所协作开展了"林下流"的发生机理及 C 值监测方法研究试验，漳浦水土保持科教园与福建师范大学、德国美茵兹大学协作，开展"福建—德国农业气候与坡地利用管理研究"，为坡地农业的可持续发展提供了新途径。通过联合攻关，形成科研协作平台，进一步促进了科技创新。

二、存在问题与面临的挑战

随着我省水利跨越发展和海峡西岸经济区建设步划的加快，水利科技创新任务更加艰巨，面临机遇和挑战还存在以下几个方面问题。

（一）科技创新的体制机制、改革配套政策尚不完善

我厅正式出台了《关于增强水利科技创新能力的若干意见》，但如何有效地进行科技资源配置、建立稳定的科技经费渠道，推动水利科技创新跨越发展等体制和机制瓶颈还没有得到根本解决。

（二）科技创新平台建设有待进一步完善

我省水工、材料、水保三个省级研究中心都将陆续挂牌成立，但科研设施、人力资源、项目支撑、创新机制、科研经费等还不到位，还需要不断加大投入，依托重大科研项目，完善科研协作机制，吸收省内外科研院所及高校的科研资源，带动科技创新能力的进一步提升，以适应我省"创新型省份，创新型水利"的发展要求。

（三）重大科研课题的顶层设计还需加强

在水利部公益性行业科研专项、"948"项目和重点推广项目的申报过程中，我省申报项目相对较薄弱，对重大水利科研课题的顶层设计不足，特别是事关我省水利发展大局的重大水利科研项目储备不足，还需进一步结合实际，做好顶层设计，凝练一批能解决我省水利发展中难点热点问题的重大科研项目，加强全省水利科技项目储备。

（四）水利科技投入还相对不足

当前和今后一段时期，水利投入大、项目多，但用于水利科技的投入增长还不明显，难以满足新形势下开展水利新技术的研究，急需的科研项目难于立项，已有的成果难于转化推广。

（五）基层水利科技推广基地的建设还需推进

福建省今年已启动了第一批 25 个基层水利科技推广基地的建设，但建设经费、人才配套、项目配套、推广机制等还难以满足基地建设的需要，还需要部、省、市、县各级相关部门的力量来共同推进。

（六）成果推广转化率有待提高

尽管每年我省取得水利科技成果 20 多项，但推广转化的还不多，研究和应用脱节，科研与效益脱节、成果与转化脱节等问题依然存在，很多成果验收鉴定后束之高阁，难以走向市场，推广应用实效还不明显，与"十二五"水利科技成果转化率达到 50% 的目标还有较大差距。

（七）高层次创新人才依然缺乏

缺乏复合型人才和有影响力的学科带头人，缺乏引领事关水利可持续发展具有战略性、基础性、关键性作用的重大课题研究创新人才，对跨领域、跨学科项目、国家 3 大主体科技计划项目以及"948"计划等重大项目缺乏竞争力。

三、福建省水利科技创新与推广的近期发展规划

今后 5 年福建省水利科技创新与推广要以党"十七大"精神为指导，全面贯彻落实"自主创新、重点跨越、支撑发展、引领未来"的科技方针，以科学发展观为统领，按照建设海峡西岸经济区和福建跨越发展要求，根据民生水利建设工作要领和"四个立足，四个着力推进"目标任务，全面实施"科技兴水"、"人才强水"战略，强化水利科技创新基础设施和平台建设，完善水利科技运行机制，加强水利发展重大问题的科研攻关和先进适用技术的推广应用，不断提高我省水利科技创新能力和成果推广力度，加快水利科技人才培养，提高水利人才队伍的整体素质，以科技创新支撑和引领福建水利跨越发展与现代化建设。坚持科技创新服务于民生水利发展、技术创新与推广应用并重、原始创新与集成创新、引进消化吸收再创新相结合、高新技术与传统技术相结合的四项原则。围绕我省民生水利和水利现代化建设目标任务，加强水利科技基础平台和创新机制建设，优化配置全省水利科技资源，建立 2～3 个省级水利研究中心，水利科技创新能力有较大提高，力争在筑坝筑堤

技术、水库除险加固技术、水旱灾害防御、水资源高效利用与调控配置、水资源保护与水生态修复、水土流失治理与水土保持等方面取得新进展，获得厅级以上水利科技成果达到或超过100项，其中省部级科技成果达到或超过30项；水利技术推广服务平台和良性运行机制基本建立，重点推广转化30项先进实用技术，水利科技成果转化率和科技贡献率达到或超过50%；完善水利科技人才培养机制，实施水利科技"1515"人才工程，建设一支结构合理、素质优良、数量充足的水利科技创新人才队伍；完善水利科技管理和评价机制，努力实现与市场体制相适应的以政府为主导、全社会广泛参与的新型水利科技体制和"开放、流动、竞争、协作"新型运行机制，基本实现全省水资源管理信息化、防汛减灾科学化、水资源配置最优化、水工程管理现代化，为实现我省水利现代化和跨越发展提供强有力的科技支撑。

四、加快发展福建水利科技创新与推广的建议

（一）加强领导，落实责任

各级水行政主管部门必须加强对水利科技工作的领导，要从树立和落实科学发展观的高度，充分认识人力推进水利科技进步和创新的重大意义，全面落实"一把手亲自抓第一生产力"的要求，把科技工作摆在重要议事日程，推行水利科技进步目标考核责任制，将水利科技进步目标责任制纳入领导目标管理考核责任制体系，提高领导干部的科技意识、科学素养，为科技进步提供组织、制度、机制和环境上的保障。科技领导小组要加强对科技创新与推广工作中的重大问题的指导和协调，充分发挥水利科技专家委员会的作用，研究水利科技发展方向和重点，协调解决科技创新工作中的重大问题时，对水利发展中的重大技术问题和水利科技重大项目进行咨询、评估，为科技工作决策提供科学的依据。建立健全各级水利部门总工

程师和主任工程师技术负责制的技术管理体系，充分发挥其技术把关和参谋作用。在做出重大决策前，做好科学论证，推进科技决策的科学化、民主化和制度化。

（二）健全机制，强化管理

继续健全水利科技创新运行机制，切实消除制约科技创新和成果转化的障碍，抓好《福建省水利厅关于增强水利科技创新能力的若干意见》的贯彻落实，推进建立新型的水利科技创新体系，加快创新步伐，促进成果转化，努力提高水利建设中的科技含量和管理现代化水平。同时要建立并完善水利科技成果转化推广机制，做好成果转化推广项目实施前、实施期间及实施后各方面效益的评价。各级水行政主管部门要结合水利科技工作实际，强化科技综合协调管理职能，理顺关系、形成合力、提高效能，认真研究具体规章、规程、办法、标准及技术政策，规范水利科技活动，全面开展水利技术监督工作。水利科技研究或推广项目须向水利科技职能管理部门立项，经费的安排和使用须向水利科技管理部门报备。按照公平竞争、择优支持的原则，大力推行项目的招投标和中介评估制度，加强科研项目的监督和管理。

（三）拓展渠道，增加投入

水利科技是社会公益性事业，必须加大投入力度，建立正常、稳定的长效投入机制，才能保障水利科技持续创新和不断进步。各级水利部门要建立稳定的水利科技创新经费投入渠道，从水资源费、农水经费、工程岁修经费、水土流失治理费等提取一定比例作为水利科技创新和水利科技推广专项投入，用于水利科学研究、技术创新和成果推广工作；省级水利科技研究与应用推广经费争取逐年有所增长。要落实好"工程带科研、科研为工程"措施，从中央与地方水利建设项目资金中，有计划地集中有限资金开展重点工程科研攻关和技术推广，解决相应的工程技术问题。各级水行政主管部门应对具有知识产权，又能形成产业化的水利科研项目或技术引进项目在立项、资金上予以重点支持和优先安排。同时，应积极引入市场机制，鼓励和引导企事业单位、社会团体和个人对水利科技创新的经费投入。

（四）加强转化，大力推广

充分认识科技成果转化与推广在整个科技工作链条中的重要作用，克服重基础研究、轻转化推广的现象，努力营造水利科技成果转化为现实生产力的良好环境，继续健全以省级水利科技推广工作站、水利科技联系县和基层水利科技推广示范点三级推广主体的水利科技成果推广转化机制。厅科技领导小组要加强对全省水利科技成果转化推广工作的统筹协调，发挥科技专家委员会对推广成果的咨询、评估、参谋作用，推进水利科技成果转化推广工作。厅科技主管部门负责制定科技成果推广计划和组织协调工作，定期发布先进适用水利技术产品推广目录，办好水利技术产品推介会和各类研讨会、现场会，每年转化推广5～6项水利技术和产品，相关业务处室负责推广计划的落实和指导。市县各水行政主管部门和厅属单位要发挥行政决策和技术参谋引导作用，在工程项目立项、审查、评估和实施等工作中积极应用新技术、新工艺、新设备、新材料等"四新"科技成果。各基层水利科技推广示范点要发挥自身特色，大力推广应用先进适用技术和产品，充分发挥示范和辐射作用，扩大推广效应。

（五）营造氛围，培养人才

科技创新，人才为本。要努力营造"尊重知识、尊重人才"的氛围，完善人才管理和职称评聘工作，为优秀科技人才的脱颖而出创造条件。要重视在科技创新中培养人才，在科技实践中造就人才，鼓励人才进行科技创新，以不断涌现的创新型人才推动科技创新的快速发展。采取积极的科技人才培养措施，切实加大科技人才培养的力度。通过采取各种有效措施，不断强化水利职工在职培训和继续教育，提高水利职工的整体素质。要大力培育中青年骨干和学科带头人，为他们学习和对外交流合作创造条件，提供实践锻炼机会，使其在科技创新环境中不断提高、脱颖而出，建设一支具有创新能力、结构合理、高水平的水利科技队伍。

（六）增进交流，加强合作

一是以科技合作为先导，进一步扩大国际、国内合作与交流范围，深化交流内容。继续实施"引进来、走出去"战略。掌握国际国内先进治水理念，结合国情、省情，不断丰富和完善我省的治水理论和思路。积极引进吸收国内外先进技术、先进经验、优秀人才和研发资金。鼓励我省具有自主知识产权的水利技术产品走出国门，大力推动我省杰出人才在国际水事活动中发挥更大作用，不断提升中国水利的国际地位。二是大力开展与农业、林业、环保、气象、海洋以及国土资源、交通等相关行业的科技合作与学术交流，调动一切科技资源为水利发展服务。三是积极创造条件，鼓励和引导留学人员、留居海外人员及省外水利专家来闽工作或以多种形式为我省水利事业服务。

（作者单位：福建省水利水电科学研究院）

福建国有水利施工企业人才队伍管理探讨

杨华

【摘　要】本文从福建省国有水利施工企业人才队伍的现状
　　　　　入手，分析当前人才队伍建设管理存在的问题与
　　　　　挑战，提出了加快水利施工企业人才队伍建设管
　　　　　理的措施与建议。
【关键词】国有水利施工企业　人才队伍　建设管理

所谓企业人才基本可定义为具有一定的知识技能，能够进行创造性劳动，能对企业生存发展做出积极贡献的人。随着国家大规模投资水利基础设施，国有水利施工企业实现产值成信增长，呈现快速发展的良好势头，但也突显出企业现有人才队伍资源匮乏、部分人才流失和再引进困难的矛盾。解决好这一问题，不仅关系到国有水利施工企业持续发展的自身需要，而且直接涉及到企业整体和长期发展的质量和水平。实现我省国有水利施工企业又好又快发展战略目标，人才数量、使用和储备是关键因素。

一、我省国有水利施工企业人才队伍现状

水利施工企业和其他行业相比具有人员组成复杂性、布局分散性和流动性强的特点。大多施工企业中既有学历低但实践经验丰富的技术工人，也有知识水平较高的大学毕业生，以及技术及管理经验均较丰富的的专家型的人员。这些人处于不同层次，有着各自的特点，对于自身价值的实现要求也有所不

同。施工企业为工程项目制，除企业管理层相对固定外，项目开工至项目结束，项目部人员均要面临着调整、分散甚至流失。

目前我省主营水利工程的国有施工企业除央企中水十六局外，主要有福建省水利水电工程局有限公司、福建省水利水电工程建设公司、福建省围垦工程处和泉州工程局、宁德工程局等部分设区市水利系统下属工程局等为数不多的国有施工企业。作为我省水利施工企业的生力军，国有企业大都历史悠久、业绩显著，各类专业技术人员、经济人员齐全，本身具备优势。以福建省水利水电工程建设公司为例：公司在职在册职工41人中各类专业技术管理人员30余人，其中高级职称8人（含教授级1人）、中级职称12人、初级职称10余人，是技术密集型的工程建设总承包企业。

中央1号文件出台后，水利投资作为全省今后一个时期基础设施投资的重要领域，就省内市场而言，"十一五"全省每年的水利投资额约25亿元。"十二五"全省计划投资水利1000亿元，井喷至平均每年200亿元，"十二五"和"十三五"全省2000个亿元，任务要完成，最终要落实到工程建设的主体单位——施工企业上，水利施工企业面临重大发展机遇，但同时也面临激烈的竞争，一方面外省大型施工企业进入，另一方面近年来民营企业如雨后春笋般的发展。施工企业间的竞争，一方面是资金、设备等物化资源的竞争，另一方面是智力资源——人才的竞争。争取项目需要人才，圆满完成施工任务更需要人才，企业间的竞争归根结底是人才的竞争。

虽然我省国有水利施工企业人才有一定的储备，但在人力资源的开发、人才梯队建设与管理中同样面临着新的问题和新的挑战。水利行业的发展同时也拉动了项目业主、设计、监理、造价咨询等相关行业人才的需求。民营施工企业起步晚，要有好的发展，必将要与国有企业争夺人才，相应也加剧了人才的竞争。在这场人才竞争战中如何避免人才流失？这是摆在国有施工企业管理者面前的重大课题。所以人才管理作为企业管理的一个重要组成部分，关系到企业的兴衰成败。只有搞好人才管理，我省国有施工企业才能发挥好人才优势。

二、国有水利施工企业人才队伍特点及存在主要问题

（一）人才队伍目前存在的主要特点

当前，国有水利施工企业人才队伍存在以下主要特点：一是人才匮乏和引进的专业范围相对集中。在施工企业一线项目经理部技术部门及项目生产、物资、财务等业务岗位都不同程度地存在着"人才匮乏——后续人才培育后部分流失——再引进培育"的问题。尤其是流失的人才，不仅仅只在效益差的单位，效益好的单位也存在人才流失个例。在这个循环过程中，绝大多数人才是在原单位从事现场管理、技术攻关、关键生产岗位等工作，各方面成绩突出，是掌握关键技术的骨干。各施工企业要引进的人才都集中到了这几个范围。二是人才层次定位和企业理念融合存在摩擦。尽管目前施工企业新进人员多数为企业面向院校自主招生而来，他们一般的都被列为企业人才队伍后续培养对象。但不可否认的是施工企业的行业特点，尤其是施工一线项目工期短，一般在 2 年左右；人员流动大，新的项目一旦中标开工，就要进行人员的再调整和再分工，使其对项目和专业的延续性学习和熟悉表示出客观的无奈；及市场经济的"杠杆原理"自然而然的渗透到企业施工中，不可避免地存在在同一个工程建设中，各标段人才的薪酬标准、职位设置和岗位职能等等不同，有的甚至是有巨大的差异，这直接导致了企业人才个人价值观念与企业理念的错位，部分人才接受了原企业培养后，又重新选择单位就业。这部分人年龄大都在25～40 岁之间，基本上渡过了毕业后的过渡期或创业前的准

备期，是企业人才队伍中的重要梯队。

（二）人才流失现状

人才流失是许多企业无法回避的问题。国以人兴，企以人旺。企业生存和发展的关键是人才，人才大量的流失也就意味着竞争力的丧失，人才的流失不仅有可能影响到组织的正常运作，严重时还会对企业形象造成严重破坏。水利施工企业点多面广，人员分散，工作、生活条件艰苦，加上企业人才流失不止，吸引人才不力，人才断层现象严峻，特别是一些技术干部和带头人的流失，使国有水利施工企业忧心忡忡。那么，人才为什么会流失？人才都流向了哪里？这是值得我们每一个国有水利施工企业所应该深思的问题。

以我省某国有水利施工企业为例，近 3 年来（2009～2011年），平均每年离职人数为 3 人，其中高级职称 4 人，中级职称 2 人。离职人员中 80％为具有本科以上学历、年龄在 25～40 岁之间、具有 5 年以上工作经验的年轻人，离职去向多数为跳槽到同行民营施工企业或调到建设单位、监理单位、工程造价事务所等中介机构。对本企业而言，花费多年心血培养的人才弃之而去，损失是巨大的；同时，自己培养的人才成为自己的竞争对手，令人十分痛心。

（三）国有施工企业人才流失造成的影响及危害

在激烈的市场竞争中，最积极，最活跃的就是人力资源。人才的流失无疑是企业贵重资源的流失，它所造成的损失不是能以数量来计算的。国企人才流失主要造成以下几方面的影响：

影响及危害之一：迫使公司重置人才成本。流失的人才既是在企业的岗位上实践与锻炼成长起来的，又是企业通过大量机会培养起来的。人才的不断流失，就导致企业要不断补充新人。人才资本理论告诉我们，重置人才需要成本。一方面是直接成本，主要包括招聘费用、培训费用、实习费用等；另一方面是机会成本，由于人才的流失而造成生产停工或效率下降。

　　影响及危害之二：无形资产的严重流失。国有施工企业流失的人才，相当一部分都是企业的技术、管理、业务骨干。他们多年在企业工作中积累了大量丰富的实践经验。这些经验又构成了企业应对各方面竞争与挑战的一套完整系统。而这些人才的流失，就会导致整个系统的缺失，从而又会到导致大量技术秘密、管理经验、商业情报的流失。其实，无形资产的流失可能比重置资本大得多。例如：技术人员带走关键技术，有可能使生产中断；高层管理人员辞职，将造成商誉损失等。

　　影响及危害之三：给员工带来心理上的冲击。所谓人才，大都是指那些技术好、能力强、素质高的人。他们是企业或企业某个方面的骨干或精神支柱。他们的离去无疑给企业的普通员工心理蒙上阴影，形成"多米诺骨牌效应"，从而导致人心涣散，人心思走，给企业的各项工作造成强烈的冲击。一个企业处在最辉煌的时候，也是各路人才济济的时候。一个企业处于低谷，甚至濒临破产的时候，也往往是人才争相出走的时候，给人一种"树倒猢狲散"的悲壮。这种氛围给那些尚不能出走的人留下一种无可奈何的感叹。大量人才的出走，给员工队伍会造成强烈的心理冲击。散漫、不负责任就会成为风气，企业人心更加涣散，以致企业人心不稳，精神不振，甚至可能使企业走上绝路。

　　影响及危害之四：失去竞争优势，影响发展后劲。流失的人才中，他们掌握着企业大量的技术情报、管理经验，乃至专利技术等。他们把这些东西带走之后，一方面，使原企业失去了这些无形资产而导致竞争能力削弱；另一方面，那些接纳这些人才的企业，却可以无需什么成本支出，就获得了大量的无形资产，从而提高了战胜竞争对手的能力。如果一个企业本来就运营困难，又没有资金注入，这对一个企业来说无异于雪上加霜。

影响及危害之五：使公司形象和社会声誉大打折扣。一个国有施工企业的人才纷纷外流，在社会公众心目中的第一印象就是这个企业经营不善。不管是公司留不住人才也好，还是公司出了问题、经营不善也好，都对公司形象影响很大。

三、造成人才流失的主要原因

造成国有施工企业人才流失的原因，决非几条定论就能说清楚。可以说，国企人才流失，是市场发展和转型时期的一种十分复杂的社会现象。先来看看国有施工企业人才都流向了哪里：一是民营、合资和外资施工企业挖走了我们的技术骨干、管理人才，因为民营企业更高的薪酬和优厚的待遇最具吸引力；二是部分人才依靠自己的技术、经验、人脉自己创办公司，寻求自我发展、创业之道；三是一部分人才被业主，也就是项目业主、设计、监理单位以优越的条件招募。从总体上分析，人才流失究其原因，有主、客观两方面原因。

（一）主观原因

国有建筑施工企业作为国家和地方的附属物，多年来执行的是"统包统配"的用人制度，它要求人们具有"我是一颗螺丝钉，哪里需要哪里拧"的价值观念，而人的本性却是追求"人往高处走"自我价值实现的价值观念，即在市场经济条件下，传统观念与人本观念产生了冲突。随着市场经济竞争日益加剧，国有水利施工企业的生存与发展问题，迫在眉睫：一是部分国有施工企业，经营惨淡，生存困难；二是国家的人事制度有了很大变化，企业用工制度变得灵活，阻碍人才流动的壁垒逐步消失；三是社会保障体系的建立，使国有企业的优势不复存在；四是随着市场化的进展，民营企业雨后春笋般的兴起，企业间人才竞争为人才流动提供了动力；五是当代企业员工的观念随着经济发展不断更新，对自身价值体现有了更高的要求。正是在这种背景下，人才流失已成为一个危及其国有施工企业生存与发展的不容回避的大问题。

（二）客观原因

1. 经济利益的驱动。新浪网搞过一个调查，在"感情留人，事业留人，待遇留人" 3 个选择中，60％多的人选择了待遇留人。所以待遇好坏、薪酬高低已成为人才择业的一个首要考虑因素。项目施工人员背井离乡，工作环境恶劣，流动性大，对家庭和孩子照顾较少，加之教育支出、住房支出等很大，没有一定的收入，很难为下一代营造一个好的学习环境，很难做到安居乐业。就本单位而言，职工的平均收入水平低于其他施工行业，更不用说民营企业、合资企业了。人往高处走，水往低处流，人才流失也就不足为奇了。改革开放以来，非公有制经济迅猛发展，民营企业资金力量强大，劳动生产率高，负担又少。为了谋求发展，他们求贤若渴，所以不惜重金去国企挖人才。较高的工资、福利待遇，就使不少素质高、能力强、追求高报酬的人才迅速向民营企业流动。这种情况导致国有施工企业人才流失的比重，可达 8％以上。所以，"没有项目愁项目，有了项目又愁没人干"就成了困扰许多国有施工企业老总的一个突出问题。

2. 寻求自身价值实现的驱动。由于国有建筑施工企业用人制度上的一些弊端，使得一些学有所成的人，英雄无用武之地。弊端之一就是严重的论资排辈现象。在职务的升迁上，职称的评聘上，科研成果的申报上，不是公开、公平、公正，往往存在这"资格"那"资历"的要求。许多有成果、有见地的人才，苦于阅历浅、资历短而被冷落，使得很多人才为了自身的长远发展，不得不另择门路或者自主创业，谋求更加广阔的发展之地，来充分体现自身价值和潜力。

3. 环境的宽松为流动提供了条件。社会主义市场经济体制的建立，为人才流动提供了优良的环境。随着我国经济的高速发展，出现了"人才短缺"的现象，人才的短缺加剧了人才的竞争，社会主义市场经济体制的建立，正为人才流动提供了宽松的环境，人才市场的建立和完善也为人才流动提供了极大的方便和可能。

4. 国有施工企业用人体制不足导致人才流失。国有企业特别是施工企业在人事管理方面还存在着诸多的不适应，在人和事的管理上是以事为中心，因事择人，人适于事，而不是以人为中心，坚持因人择事，人事相宜；施工企业内部未形成员工流动机制，许多员工长期从事同一工作，没有挑战性，组织缺乏活力。在管理范围上，只注重企业自有人员，而不是与此同时高度重视引才借智；在择人用才中，通常只注意人才的毕业学校、专业及其基础知识，而不注重其干事的诚恳和实干果敢的能力，不善于从整体上谋划人力资源的开发和利用；从思想观念上看，也同样存在诸多的守旧态势。只看到人员多，人力成本负担重的一面，而没有看到人力是资源，通过有效的开发和利用，人才资源可以增值升值；只讲人才的奉献，不谈对人才的激励；只想着人才如何多放电，想不到为人才多充电，使人才的知识不断得到更新，也就是说，只用人不育人；在人才争夺战中，自觉参与积极性不高，主动性不强，在制定企业总体发展战略的指导思想上，总是把物质资源的配置和开发放在首位，竭力增资增量，而对人才资源的配置和开发只是轻描淡写，一笔而过，由此看出企业自身的这种不良状况，又促进了人才的外流。由于多年来国有施工企业的制度设计限制，特别是人力资源配置不合理，因人设岗、人才闲置和浪费严重，许多人才无法获得充分发挥自己能力的空间，专业不对口、怀才不遇、大材小用现象普遍存在。

国有施工企业决策层、管理层基本上都是从企业内部历练产生，作业层基本上都是本企业职工，大家长期在一个稳定的圈子里成长生活，培养出了很多"父子兵"、"夫妻店"、"兄弟连"，形成了一个个小圈子，旧的传统习惯一时难以改变，对于新引进的人才还存在一定的排外性。职务的升迁还受资历、圈子的影响。待遇方面不是按贡献大小，而是按职务高低。制度面前不是人人平等，制订制度的是领导，开口子的还是领导。员工培训不是按需培训，而是领导高兴让谁去谁去。沟通渠道不畅，对员工关心不够，员工认为自己不被领导重视，与领导没有沟通渠道。工作成绩得不到肯定，没有发展前途。企业没有一个切实可行的发展规划等等，都是造成人才流失的因素。

5. 艰苦奋斗、无私奉献的精神弱化。随着市场经济的发展，艰苦奋斗、无私奉献的精神在一些员工，特别是青年员工身上有不同程度的弱化，讲"实际"、讲"条件"、讲"待遇"的多了，有责任感有担当的少了，考虑企业的利益少了。一些人才，特别是刚毕业的大学生，在没有找到理想单位的情况下，先找一个单位落脚挣着工资，一有合适的单位马上远走高飞。另一方面，有些人才不能适应工作环境，只好离开施工企业。水利项目一般比较偏远，施工企业相比其他行业的确存在着艰苦性和流动性。所以，让员工无条件忠诚于企业的确是个严峻的考验。

上述原因在施工企业中具有共性，这也是目前国有水利施工企业竞争力不足的主要因素。总之，人才是否流失，既取决于他在岗位上能否发挥才能，也取决于能否得到与其贡献相适应的劳动报酬，而国有施工企业在这两方面都存在着缺陷。在未来的十年里，面对市场日益开放的局面和同业竞争对手咄咄逼人的气势，人才的流失将会成为我省国有水利施工企业发展的最大桎梏。

四、解决现状的对策及思路

（一）控制人才流失的对策

市场经济条件下，人力资源也是商品，正常的人才流动对于企业优化人才结构，转变企业经营观念都是有益的。但是，如果人才的流动过于频繁，流动面过大，影响到企业的经营稳定性和连续性时，特别是在企业负有一定职责、掌握企业的核心技术及核心机密的管理骨干或技术骨干频繁离职时，企业就不能再仅仅停留在对人才流动个案的分析和处理上面，而是要认真的检讨企业的制度和战略，分析人才流失的原因，制定一套制止企业人才流失的危机管理制度。特别是在当前较好的市场形势下，我们国有施工企业只要拥有了稳定的人才队伍，就会从变化的形势中捕捉到新的发展机遇逐渐壮大。如何树立新的人才观念，吸引和留住人才呢？笔者认为应采取以下一些对策：

1. 要建立体现人才劳动价值的绩效考评体系和酬薪制度。如果没有科学的绩效考评机制，就不能充分体现人才个体差异。绩效评估是对人才奖励使用的基本依据，公平、公正地评价才会有公平的激励，才会达到激励目标。绩效考评指标不宜太多，多了让人无所适从，只要几个可量化的关键性指标，充分反映人才能力与实际贡献。薪酬高低在很大程度上决定着人才的流向，是激励员工的重要手段。国有施工企业必须改革原有的"大锅饭"酬薪制度，建立以业绩和效益为基础的分配机制，向关键岗位和特殊人才倾斜，真实、客观地反映人才的价值，保证各类人才得到与他们的劳动和贡献相适应的报酬。在酬薪制度的内容上，可以结合企业实际，多样化操作。比如实行多元报酬结构的年薪制、风险抵押、人才持股、期股激励等多种分配形式，做到人才报酬与企业的资产增值相联系，与企业的发展和企业的利益相联系，使人才体会到企业对其工作业绩的认可，并在待遇上得到有效的体现。

2. 公开、公平、知人善任，建立科学的人才配置机制。由于长期的政企不分，或者分而不开，使我们相当一部分国有施工企业人事制度过分集中，一些"陈规陋习"不可避免的产生了"综合用人腐败症",用人的标准不是"唯贤、唯能",而是"唯亲、唯私",以致"庸者"当权者居多,压抑了贤才,赶走了良才,留下了庸才。人才使用的得当与否,不仅是能否发挥员工积极性和潜在能力的关键,而且也是人才能否留住的关键。所以,国有施工企业首先要树立科学的人才观,要对人才的重要性有足够的认识,要有大胆使用人才的胆识和魄力;其次,必须摒弃"论资排辈"的用人机制,按照现代企业制度和市场规则要求配置使用人才资源,建立人尽其才、符合市场经济规律的新型用人机制;第三,国有施工企业应从"三个有利于"出发,真正以经济而不是以政治为中心,根据生产经营需要配置使用人才资源,不要按政府需要对口设置部门和配备人才;第四,必须知人善任,在人才的招聘、选拔、培训、考核、晋升、奖励等方面坚持"公开、公平"的原则,引入竞争机制、监督机制,营造良好的用人环境。

3. 强化感情投入,塑造整体企业精神。企业不仅是企业家的私有财产,更应该是企业全体员工创业的基地。一个人要有一点精神,才能不断进步;同样,一个企业,也要有企业精神才能不断兴旺发达。所谓企业精神,就是指企业员工的共同理念,它像一根有力的杠杆,推动着企业向前发展。这样就以整体的企业精神,培育了人才群体的内力,也吸引和留住了人才。这方面的工作有许多要做。比如可针对老中青不同阶段的员工特性,采取差异化的管理措施。比如加强思想政治工作,不断对员工进行爱岗敬业无私奉献和团结协作精神教育,使员工树立自己和企业是一个利益共同体,树立正确的人生观,世界观、价值观和职业道德观,从而更加爱岗敬业;坚持以人为本,把思想政治工作化作绵绵春雨、浓浓情谊,帮助员工释疑解惑、理顺情绪,想他们所想,急他们所急,帮他们所需,把温暖播进员工心里。充分利用一切宣传手段和工具,大张旗鼓的建设企业文化,使企业文化成为人才资源向人才资本转化的加速器；树立榜样人物，利用榜样特有的感染力、影响力和号召力为企业员工提供可以仿效的具体模本；创造良好的工作环境，解除生活的后顾之忧；建立和谐企业、学习型企业和创业型组织，以此来凝聚人心。

4. 采取各种激励措施，使人才的价值得到承认。一是建立本企业的人力资源档案。通过日常绩效考核及专门的人才评价活动了解员工现有的特长、绩效、经历和志趣，评估出员工在专业技术、管理和创业开拓方面的活力；二是鼓励和帮助员工妥善制定个人的发展计划，并就此向员工提供咨询，散发各种指导材料；三是保持上下级沟通渠道的畅通。经常开展纵向对话，直接了解下级的进展与不足，适时调整、修正原定计划；四是重视员工培训，使其人为资本增值。是否能获得更多的培训，已成为高素质人才选择工作岗位考虑的重要因素。企业要创造更多的效益，就必须把用人与育人有机结合起来，加大培训和科研投入，比如有计划地安排各类人才参加新技术、新知识的培训或深造，追踪行业先进水平，把握行业发展趋势，提升员工层次和质量；通过岗前培训，强化业务知识教育，提高员工业务能力；通过转岗培训，支持员工个人发展、提升个人综合素质使员工感受到组织对其的关心，另外适时进行岗位论换。这不仅有助于打破部门之间的隔阂和界限，而且可以培养能够独当一面的复合型人才，调动人才的积极性和创造性，增强员工满意度，使人才有施展拳脚的广阔天地。

5. 要有一套针对人才流失的预警机制、危机处理机制和约束机制。预警机制就是要求企业建立和人才保持沟通的专门渠道，了解人才的意愿和需求。企业人力资源部门要经常性的对企业员工的工作状态进行调查和分析，了解人才对企业环境的满意程度，能够及时地发现和解决人才使用中的问题。危机处理机制，主要是指人才储备机制和针对核心人才流失的紧急反应机制。企业在平时要加强人才储备，形成人才的梯队性和层次性。在人才离职时，能迅速地找到合适的人才替补，把动荡和损失减到最低。在关键人才离职时，企业要有在第一时间做出反应的能力。所谓约束机制，其本质是对员工的行为进行限定，使其符合企业发展要求的一种行为控制。它使得员工的行为始终在预定的轨道上运行。如果人才决意要走，留也留不住，其实也不必留，但必须采取防范措施，防止因人才流失带来极大损失，这就要运行法律和制度手段。根据《中华人民共和国专利法》、《中华人民共和国劳动法》、《中华人民共和国反不正当竞争法》等制定适合本单位的人力资源管理体制，通过合法途径规范人才合理流动，认真履行合同规定的权利和义务，尊重人才流动的客观规律，这对于稳定职工队伍无疑会产生积极的影响。对未履行契约的人，不仅要求其做出经济性补偿，而且应以法律形式要求其做出在一定时期内保守企业机密，或为企业完成某种工作任务的保证，以保护企业的合法权益。

人力资源是现代企业最为重要的资源。坚持科学发展观，建设一支高素质的人才队伍，是新时期国有施工企业可持续发展的重要保证。所以我们国有施工企业务必要把人才资源的开发和建设提到重要议事日程，制定好本企业人才发展规划，建立健全人才战略规划责任制，加大人才资源开发投入，真正把人才队伍建设工作落到实处，打造企业优势，提升核心竞争力。

（二）加强人才储备，培养复合型人才

我省国有水利施工企业应抓住当前水利大建设大发展的有利时机，利用主管部门在政策允许范围内的大力扶持，发挥国有企业的优势，在水利大潮中发挥重要作用。企业管理层应重视人才管理工作，尽快推出人才管理新的举措。

在人才管理工作上一方面可以在稳定现有人才队伍的基础上通过引进人才、培养院校优秀毕业生等做好人才储备，形成

人才梯队；另一方面要培养复合型人才，随着建筑市场的发展，企业经营多元化、项目总包是大势所趋，因此企业不仅需要不仅懂施工的人才，还需要懂设计、懂监理、懂经济的复合型人才；不仅需要懂水利，也需要懂道路、建筑、市政的专业人才。在未来的发展中，企业必须帮助员工不断提升个人的能力和素质，适应所在岗位的需求和不断发展变化的市场环境。

（作者单位：福建省水利水电工程建设公司）

福建省级水利融资平台构建探析

杨晓东

【摘　要】本文从福建省级水利融资平台建设的现状入手，分析当前建立水利融资平台建设的必要性、紧迫性、重要性。问题与挑战，提出关于促进省级水利融资平台发挥作用的建议措施。

【关键词】水利融资　平台建设

2011 年我省认真贯彻落实中央 1 号文件和中央水利工作会议精神，出台了省委 1 号文件。9 月 15 日省委、省政府召开全省水利工作会议提出了全面落实 2000 亿元投资、全力实施"十百千万工程"、基本建成"四大体系"、为福建发展提供"四水"的总体要求。多渠道加大水利融资，千方百计扩大水利建设投入规模，成为了全省上下共识。构建省级水利融资平台，拓宽政府融资渠道，推进水利建设由政府投资为主逐步向政府主导与多元化投资并重转变，从而破解水利工程单一由政府投资建设的发展难题，是实现我省 10 年 2000 亿元水利大投入、大建设、大发展的关键。

一、融资平台的重要作用

融资平台是指由地方政府发起设立，通过划拨土地、股权、规费、国债等资产，组建资产和现金流均可达融资标准的地方国有企业或企业集团，以实现政府的对外融资，并将融资主要用于涉及国计民生的重大项目建设。融资平台作为地方政府经济建设的重要抓手和融资工具，已成为我国经济建设中最为活跃的融资主体，在促进经济社会发展、实现经济目标增长中发挥了积极作用。

构建融资平台有利于拓宽政府融资渠道，政府的职能定位决定了它不具备市场经济中资本经营的功能和手段，其举债和担保行为受到了相关法律法规的制约。融资平台则突破了政府筹集资金的约束，拓宽了政府与银行合作的渠道。

构建融资平台有利于增强地方财力，通过融资平台将国有资产和各种资源进行整合和集中运作，将不动产转化为可以投资的资金，既盘活了政府资产，又促进了地方投资，也增强了地方财力。

构建融资平台有利于支持重大项目建设，大型建设项目投资数额巨大，投资期限较长，单纯依靠中央和地方财政作为建设基金来源，既无法满足项目的资金需求，也不能保证项目资金的连续性和项目按期建成。融资平台作为政府和银行的桥梁，通过融资拉动和引导社会资金的投入，可以充分发挥政府投资主体的政策性和导向性作用。

二、构建省级水利融资平台的必要性

一是中央明确提出要建立水利投入稳定增长机制。2011年中央1号文件明确指出，要加强对水利建设的金融支持，广泛吸引社会资金投资水利。确定要"综合运用财政和货币政策，引导金融机构增加水利信贷资金。有条件的地方根据不同水利工程的建设特点和项目性质，确定财政贴息的规模、期限和贴息率，在风险可控的情况下，支持农业发展银行积极开展水利建设中长期政策性贷款业务。鼓励国家开发银行、农业银行、农村信用社、邮政储蓄银行等银行业金融机构进一步增加农田水利建设的信贷资金。支持符合条件的水利企业上市和发行债券"。"鼓励符合条件的地方政府融资平台公司通过直接、间接融资方式，拓宽水利融资渠道，吸引社会资金参与水利建设"。

二是省委省政府要求加大投入力度推进水利大发展。改革开放以来特别是"十一五"以来，我省水利建设取得了显著成就，但由于特定的自然条件和历史欠账较多等原因，水利基础设施仍然不能满足经济社会快速发展的要求，特别是近年来极端气候概率增大，台风、暴雨、洪涝、泥石流、干旱等灾害频发，加快水利建设迫在眉睫。为此，省委、省政府提出了按10年2000亿元投入的目标进行规划，加大力度推进我省水利大发展，从根本上扭转水利建设明显滞后的局面。应对如此大规模的水利投入，亟须建全完善水利投资政策，改革创新水利投融资体制，探索构建水利融资平台，盘活现有水利资产存量，广泛利用金融信贷资本，引领更多的金融和社会资金投入水利工程建设。

三、构建省级水利融资平台的总体思路

按照"政府主导、政策支持、平台运作、盘活存量、灵活融资、扩大投入"的原则，积极发挥政府主导作用，加大政策支持力度，通过融资平台公司积极争取国家开发银行、农业发展银行等长期政策性贷款和商业银行贷款，以及采取发行企业债券、特许经营、合作经营、上市融资、政府债券和其他新型融资等各种方式，探索解决水利建设资金不足问题，同时通过盘活水利资产存量，拓宽水利项目建设资金来源，从而实现扩大水利融资、引领资本投向、加快水利建设的目标。

四、福建水投集团的组建和运作

（一）组建方式和基本概况

2011年10月15日，经省政府研究，省政府办公厅复函同意组建福建水投集团，作为省级水利融资平台。同意先行注册成立福建省水利投资有限公司，公司注册资本10亿元，授

权省水利厅作为出资人，履行国有资产出资人职责，公司类型为国有独资公司。随后将福建省闽源水电发展有限公司、福建江河农村电气化发展有限公司以及改制成立的福建省供水有限公司资产一并划入，同时将福建省九龙江北溪管理局、福建省溪源水库管理处的经营性资产剥离后划入，成立福建水投集团。

为扶持集团发展，省政府赋予了集团新增资本金、厅属资产划拨、还贷资金来源、开发经营权、建设用地收储等五项优惠政策：

一是新增资本金。同意自 2012 年起至 2020 年止，每年度注入不少于 3 亿元的重大水利工程建设基金。集团投资的重大项目省级以上补助资金由集团和项目所在地地方政府按股权比例分配并作为各自资本金。同时，省政府在《加快推进重大水利项目建设十项措施》中明确：从今年起至"十二五"末，每年再增加 1 亿元作为集团资本金。

二是厅属资产划拨。同意将厅属企事业单位的优质资产、经营股权无偿划拨给集团经营管理。

三是还贷资金来源。允许利用财政征收的部分水资源费、省级水利建设基金和重大水利工程建设基金作为集团还贷资金来源。

四是建设用地收储。同意在地方政府许可下，按有关规定参与由集团投资兴建堤防等工程所形成的新增建设用地收储。

五是开发经营权。赋予集团具有蓄水、调水、引水、供水、水能等资源性项目在同等条件下的优先开发经营权。同时，省政府在《加快推进重大水利项目建设十项措施》中明确：省级通过集团加大对中型水库、"五江一溪"外防洪工程、中小河流治理工程项目的投资，并作为集团对该项目的股份。

（二）发展目标

参照全国 10 年"投入 4 万亿元、融资 1 万亿元"、全省

10 年"投入 2000 亿元、融资 600 亿元"的总体规划，集团确定 10 年"确保 200 亿元、力争 300 亿元"的融资规模，分近期、中期、远期三步实施。

（三）运作模式

一是管理模式。按照国有独资公司的一般组织形式，集团设立党委、董事会、高级管理层、监事会，建立完善决策权、执行权、监督权既相互制约又相互协调的权力结构和运行机制。完善制度建设，从会议制度、财务管理、人事管理、资金运作等方面做出了制度规范，实现制度管企、管人、管事。

二是项目选择。按照《关于加快推进重大水利项目建设十项措施》、《关于支持扶贫开发和水土流失治理重点县加快发展七条措施的通知》以及省政府的有关专题会议要求，集团主要投资关乎经济社会发展、地方积极性高又相对困难、投资效益长远又急需建设的项目。围绕服务海西十大新增长区域，倾斜支持苏老区、扶贫开发重点县和水土保持重点县，目前推进实施由省政府审定的 16 个项目，其中直接服务海西新增长区域的项目 7 个，服务苏老区、扶贫开发重点县和水土保持重点县的项目 9 个，项目总投资近 167 亿元。

三是项目管理。项目管理原则上采取"一个项目、一个团队、一个公司"的模式运作，明确控股单位、商定投资股比、组建管理团队、签订合作协议、成立项目公司。项目合作范围基本要求从水源、输水管道、净水厂、供水管网、污水处理等水务产业全链条参与，其中地方政府以自来水厂、土地等实物资产作价出资，集团以货币出资。

四是银企接洽。组建初期，集团与国家开发银行福建分行签订了未来 10 年 600 亿元的意向性贷款支持框架协议。今年以来，先后与国家开发银行、建设银行、工商银行、农业银行等金融机构接触，探索银企合作模式，寻求项目融资支持。同时争取金融政策支持，与人民银行福州中心支行、省银监局等部门协调，促成人民银行福州中心支行等 7 部门联合出台了《关于金融支持福建省水利改革发展的实施意见》，在现金流计算、规费权质押贷款等方面明确了支持水利融资的具体政策措施。

（四）面临的困难和问题

一是水利建设项目普遍存在建设期长、收益率低、变现能力弱的特点，集团承债空间相对较小。

二是集团推进实施的 16 个项目总投资约 167 亿元，按股份比例集团需注入资本金约 19 亿元，目前已到位资本金 5.3334 亿元，到 2013 年可到位资本 10 亿元，资本金尚缺口 9 亿元。

三是扶贫开发重点县和水土保持重点县的重点水利项目，经济效益一般较差，不能实现现金流全覆盖，不符合商业银行放贷要求，项目融资存有困难。

五、关于促进省级水利融资平台发挥作用的建议

（一）建立有效和持续的资本注入机制，增强水利融资平台资本实力和负债能力

落实资本金是防范和降低融资平台经营偿债和担保风险的重要手段。增加资本金有利于扩大融资平台经营规模和承债空间。建议：

一是扩大财政注资，采取包括直接投资、资本注入、投资补贴、贷款贴息以及专项补贴等方式，不断扩充融资平台资本实力。

二是强化实物注资，通过划转存量国有资产，包括土地、经营类资产、在建工程中的国有资本金等多种方式，做实做强融资平台，增强可持续融资能力，降低负债率，提高承债空间。

三是拓展权益注资，通过赋予融资平台资源开发权、特许

经营权、国有资产经营收益权等方式，增强融资平台的盈利能力和现金流量。

（二）完善市场化运营机制，增强水利融资平台核心竞争力

融资平台作为银政合作的重要载体，首先要做实，只有做实才能做强，只有做强才能做大，才能在市场竞争中立于不败之地。建议：

强化融资平台股权经营和资本经营，在发展直接投资、产业经营的基础上，扩大股权经营和资本经营，营造稳定性经营现金流，确保资金良性循环，从而逐步发展成为产业经营和资本经营一体化的投融资公司，为引入战略投资者，改善融资平台股权结构，培育上市创造条件。

就福建水投集团而言，要结厅属企事业和合自身实际，依托水利行业，谋划长远发展，探索构建招标、设计、采购、施工、监理5个产业链条，重组上市、供水、发电、招标采购4大业务板块，建设厦门、泉州、福州3大发展基地，通过资源整合、业务重组、上市融资、区域辐射，增强自身造血功能，提高核心竞争力。

（三）开展多种担保方式的水利项目贷款，增强水利融资平台的融资能力

协调金融机构，拓展融资能力，用好信贷资金，是水利融资平台发挥优势，扩大投资规模的关键。建议：

一是支持担保贷款，开展采用项目收益权质押、第三方连带责任保证担保、固定资产抵押等担保方式的水利项目贷款；推动各地政府发挥组织协调优势整合资源，以原水、供水收费权、储备土地未来收益权作质押担保贷款。

二是用足用好信贷资金，以水利融资平台作为水利项目建设承贷主体，采取统贷统还统贴方式，根据投资需求，对信贷资金实行统一贷款、统一还款、统一贴息。

三是放宽水利项目贷款期限，根据水利项目的类型和性

质，合理放宽苏老区、扶贫开发重点县、水土保持重点县水利贷款期限，提供 20～30 年的长期项目贷款。

四是探索创新融资模式，探索利用水资源费、水利建设基金、其他水利政府性基金和规费收费等作为还款和担保的融资模式。

（四）加大协调支持力度，做实做强福建水投集团

用足用好省政府赋予的优惠政策，是做实做强福建水投集团，增强投融资运作能力的前提和保障。建议：

一是加强政策研究，要拓展行业交流，加大政策研究，强化部门协调，创新政策支持，最大限度地发挥政策扶持作用。

二是推动政策落实，《关于金融支持福建省水利改革发展的实施意见》对规费权质押贷款做了明确规定，要做好对接落实，提高集团统贷能力。

三是承诺补足差额，对自身收益无法做到现金流全覆盖的项目，地方政府应作出差额补足承诺，并提供建设用地等抵质物，确保项目融资需要。

四是安排地方政府债券，在年度政府债券分配上给予倾斜、支持，以满足集团投资项目的资金需求。

（作者单位：福建省水利投资集团有限公司）

福建省水利风景区建设与管理现状和发展对策

林松熙

【摘　要】本文从福建省水利风景区建设与管理现状入手，分析当前风景区建设与管理存在的主要问题，提出加快水利风景区发展的对策措施。

【关键词】水利风景区　建设管理　发展对策

根据《福建省水利厅关于下达 2012 年福建水利课题调研计划的通知》（闽水法规〔2012〕8 号）布置，我单位结合今年省级水利风景区评审工作，对目前水利风景区在建设、管理与发展中存在的问题和如何协调水利风景区资源保护和开发利用等问题进行深入的调研和探讨。现将我省水利风景区建设与管理现状和发展对策分述如下：

一、建设与管理现状

（一）全省水利风景资源概况

福建省地处我国东南沿海，依山面海，气候温和，雨量充沛，水资源丰富。全省水资源总量 1180 亿 m^3，人均占有量 $3200m^3$，约为全国平均的 1.5 倍；全省水系发达，河流密布，涉长江流域、珠江流域、浙闽台诸河等三大流域 8 大水系，流域面积大于 $50km^2$ 的河流总数为 763 条。各类水利工程遍布城乡各地，拥有库容 10 万 m^3 以上水库 3692 座，规模以上水电站 2463 座、水闸 2438 座（含 57 座橡胶坝）、泵站 434 座、江海堤防 1455 条；全省水域水质总体良好，水生态环境优越。

充沛的水资源，保证了水利风景区常年拥有较好的水景观和水生态；"八山一水一分田"的地形地貌特征，使河流迂回曲折，环山绕岭，坡陡河短流急，造就了开展漂流、瀑布、水上公园、水上运动等旅游项目的良好自然条件；优美的自然山水景色，丰富的水文化遗产，形成独具魅力的水利风景资源，近几年备受青睐。福建省台风多发，防汛防台风任务重，千公里江堤和千公里海堤建设、内河整治以及正在推进的"十百千万"水利建设，形成了众多水工程与景观工程相结合的水利景观。如：福州市结合闽江下游防洪堤建设打造了福州江滨公园，东山县马銮湾海堤建设与防风林、海滨浴场相得益彰，福州内河整治后形成了"鸟语花香，水清鱼跃"的生态美景等。

（二）全国水利风景区建设与管理现状

水利部于 2001 年成立了水利部水利风景区评审委员会及办公室，2004 年颁布实施《水利风景区管理办法》和《水利风景区评价标准》，2006 年成立了水利风景区建设与管理领导小组，2010 年颁布实施《水利风景区规划编制导则》，不断加大对水利风景区建设与管理工作的领导、指导力度。至 2010 年已先后评审 12 批，有 518 个单位被评为国家水利风景区。兄弟省、市已有近千个单位被评为省级水利风景区。

（三）我省水利风景区建设与管理现状

我省已开展水利旅游和景区建设的单位有近 100 家。截至 2012 年，全省已有 11 家管理单位被评为"国家水利风景区"；今年首次启动了省级水利风景区评审工作，经评委会评审、领导小组审核通过的两批共 22 家。具体工作有：一是成立组织机构。今年 1 月份成立了福建省水利风景区建设与管理领导小组和办公室，各设区市相继成立了领导小组，指定由分管领导具体负责并配备了联络员；成立了福建省水利厅水利风景区评审委员会，组建了省级水利风景区评审专家库。机构的建立，结束了我省水利风景区工作 10 多年无组织机构的不正常状况，为开展工作提供了组织保障。二是规范工作程序。颁布了《福建省省级水利风景区申报及评审办法》和《福建省省级水利风景区评价标准》，使景区申报、评审等工作有章可循，运作规范。三是积极开展各项工作。首次启动了省级水利风景区评审，提高了水利风景区的知名度，带动了全省水利风景区建设与管理工作。经多方宣传发动，今年省级水利风景区申报单位共 25 家，省景区办组织专家组 7 批（次）进行现场考评推荐，经评委会评审，并经领导小组审核通过 22 家。四是召开全省水利风景区建设与管理工作座谈会，增进共识，交流经验，共谋发展大计，推进我省水利风景区建设与管理工作。五是组织相关人员参加业务培训。先后组织各级水利风景区管理人员近 100 人，参加水利部在厦门、青海举办的业务培训班，通过学习交流，提升了管理人员业务素质。六是成立福建省水利风景区协会，为加强沟通、交流信息提供重要平台。

二、存在主要问题

（一）思想认识不足，缺乏有力的宣传和推广

对于水利工程开展旅游业，水利风景区旅游景点的建设和发展的形势认识不够，理论研究不足，工作思路不宽，办法不多，措施乏力；对于已初现一定规模和能力的水利风景区向社会宣传，推广力度不够，办法不多，措施不力，没有树立面向社会，以市场经济手段开拓市场的理念。

（二）缺乏统一的指导和规划

水利风景区的建设与管理涉及水利工程安全，水环境保护、历史、文化遗迹保护、涉及社会、行业竞争。根据目前情况，水利系统利用水利风景区开展旅游业、在管理上缺乏统一的指导，没有完全树立起市场经济的经营理念，缺乏整体竞争能力，从具体的风景区上来讲，缺乏整体的规划和建设，经营方式比较单一，规模不大，方式不多，缺乏吸引能力。

（三）功能把握失准，主次不分甚至本末倒置

在目前水利风景区的旅游规划与开发中，水利工程自身的功能往往没有得到足够重视和正确把握。例如，一些规划无视水利工程的防洪功能，在泄洪区规划度假别墅，严重影响了水库功能的正常发挥；还有一些具有水源地功能的水资源被错误地用于旅游开发，不仅影响了当地居民的生活用水质量，还可能造成投资浪费。出现这种状况的主要原因是有关部门在做旅游规划时缺乏与横向的相邻规划和纵向的高层规划进行有机的衔接，导致对水利旅游地功能把握失准，从而造成旅游规划与开发中的"一厢情愿"。

（四）资金投入严重不足，经营管理人才紧缺

水利旅游在旅游产业中起步晚，标准低，发展速度慢、缺乏政策上的扶持，但主要还是开发建设资金投入不足，具备熟悉旅游业经营管理知识的人才紧缺。

三、今后工作重点和对策

（一）提高思想认识

认真学习、贯彻省委省政府《关于加快旅游产业发展的若干意见》（闽委发〔2012〕9号），提高对发展旅游产业重要性的认识，在保护好水环境、水生态，为经济社会发展提供"平安水、放心水、高效水、生态水"的同时，积极推动我省水利风景区建设与管理工作跨上新台阶，为促进我省旅游业发展作出应有贡献。

（二）加大宣传力度

在做好水利风景区审批、规范评审工作的同时，对已获得审批的 21 个国家级、省级水利风景区管理单位，委托专业新闻媒体制作专题宣传片，并在福建电视台安排播放，积极向社会宣传、推介水利风景区，不断提高水利风景区的知名度和影响力。

（三）制订扶持政策

研究制定涉水项目建设管理办法，将水利风景区的开发、利用、保护纳入法制轨道，推进水利风景区工作；研究制定水利风景区建设与管理的扶持政策，科学编制工程建设、管理总体规划，在保障工程安全、生态安全的前提下，将景区建设项目与水利建设项目相衔接，完善景区基础设施配套建设。

（四）提高管理水平

一抓学习培训。加强不同地区之间的业务学习与交流，不断提升从业人员素质，提高我省水利风景区建设与管理水平。二抓信息交流。继续利用好福建水利信息网"水利风景区专栏"。三抓整体形象。已获得审批的水利风景区要求做到"四个一"，即：一幅图，一张碟，一面牌，一块碑。

（五）编制和完善水利风景区发展规划

结合水利部景区管理办公室的有关工作，在近期内（2020年）使我省水利风景区达到"国家水利风景区"标准的 40 家左右，达到省级水利风景区标准的 100 家左右。远期目标（2030年）建设覆盖全省主要河流、湖泊和大中型水利工程及服务区域的水利风景区，形成布局合理，类型齐全、管理科学的水利风景区网络，使达到"国家水利风景区"标准的 100 家左右，达到省级标准的 150 家左右。

（六）多渠道筹集建设资金

一要加大宣传，争取财政资金扶持；二要制定优惠、鼓励政策吸引外资投资景区建设；三要努力创造条件、吸引民间资金投入景区建设；四要鼓励水利工程自身创造条件，积累和筹集资金投入。

（七）加强水利风景区经营管理，提高服务质量和服务条件

借鉴外省开展水利风景区建设与管理好的经验，制定切实可行的市场营销战略，不断开拓市场，要积极探索跨行业、跨部门的横向联合，搞"黄金旅行路线"、"黄金周末"等旅游系

列活动。提高水利风景区的社会认知度，扩大影响，提高投资回报率，以达到水利风景区建设与管理的投资效益、社会效益、经济效益的有机统一。

（作者单位：福建省水利经济管理中心）

福建水利经济现状及发展对策

林清俤

【摘　要】根据福建省水利经济目前基本情况，分析水利经济发展过程中存在问题，提出了今后水利经济发展的对策措施。

【关键词】水利经济　发展重点　对策措施

福建省水利系统在各级党委、政府的领导下，继续进行深化改革，在工程安全运行的前提下发展水利经济，结合福建实际，发挥地理优势、资源优势，行业优势，面向市场，重抓电力、供水、多种经营的开发，不断拓展水利经济发展空间，使全省水利经济取得了持续性的发展。

一、水利经济发展现状

（一）水利工程现状

福建省委省政府十分重视水利工作，带领全省人民治水办电，兴建了数以万计的各类水利设施。建成蓄水工程 12 万多处，其中大中型水库 140 多座，小型水库 2930 多座，蓄水总库容达 127.7 亿 m^3。此外，还有引水工程 22 万多处，提水工程 74.1 万多处。供水工程可达 785 处，日供水能力达 177 万 m^3，全省年供水总量可达 176.4 亿 m^3，海堤围垦面积 880km^2。建成中小水电站 5020 多处，总装机容量 325 万多 kW。水库养鱼面积 320 多 km^2。建成的各类水利设施是发展水利经济的基础。

（二）水利经济发展现状

福建地貌多为山地与丘陵，概括为"八山一水一分田"，属亚热带气候，雨量充沛，水能资源丰富，因此，发展水利经济应在"水"上做文章。

1. 水利经济主要行业。目前作为水利经济支柱产业主要是电力业、供水业及第三产业，制造业、水利渔业及种植业等作为补充。近几年由于房地产市场兴旺，水利建筑业异军突起，每年收入约占全省水利经济总收入的40%。水利旅游业刚刚起步，还未引起人们的重视。

2. 水利经济收入情况。根据2011年度全省《水利财务经营收费情况报表》统计数字显示，全省水利经营总收入25.72亿元，比2010年的24.11亿元增长6.67%，总计费供水量129亿 m^3，供水收入37357万元，占总收入14.52%；总发电量21.36亿 kW·h，售电量26.10亿 kW·h，发电收入67869万元；占总收入的26.39%；建筑业总收入116231万元，占总收入的45.19%；水利渔业收入1851万元，占总收入的0.72%；种植业收入511万元，占总收入的0.20%；第三产业收入3250万元，占总收入的1.26%；其他收入27599万元，占总收入的10.73%。

3. 近几年对水利经济发展采取的措施。

一是出台相关政策文件。水利经济发展离不开政策的扶持。为了促进全省水利经济又好又快发展，相关文件的出台，无疑为水利经济的发展奠定了基础。①在供水价格改革与发展方面，经过几年的不断实践和完善，终于于2007年省物价局与省水利厅联合出台了《福建省水利工程供水价格管理办法》。文件的出台，进一步规范了供水价格管理，促进了新水价审批率和执行率的提高，加强了水费的征收与管理工作，规范了水利工程供水征收水费的专用发票。②2001年福建省人民政府出台《关于小型水利设施产权制度改革的意见》，利用"卖、股、租、包"形式对小型水利设施产权进行改革，这样盘活了呆滞的资产，让这些小型水利设施发挥应有的经济效益，第一轮试行 3 年。2005 年省水利厅根据省政府有关文件精神作出了《关于继续推进小型水利设施权制度改革的意见》的部署，进行第二轮改革（再 3 年）。③2007 年省政府与省水利厅联合出台了《福建省水资源费征收管理办法》，对水资源费征收范围、标准、使用、管理等做了规定，规范水资源管理。省水利厅根据省政府的有关文件精神，出台了多份促进水利经济发展的文件，这无疑是给水利经济的发展注入了催化剂。

二是采取两项改革与规范相关收费。2001 年省水利厅根据省政府关于小型水利设施产权制度改革的意见，从 2002 年开始对全省的小型水利设施尤其对那些效益差、半荒废、效率低下的水利设施，利用"卖、股、租、包"方式推向社会，让有经营能力的人来改造经营这部分水利设施，第一轮 3 年时间，共完成了 4431 处改制，盘活约 20 亿多元的资产。第二轮从 2005～2007 年完成 3008 处的改制，盘活近 15 亿元的资产。产权制度改革使那些本以亏损经营的水利设施，转变成能收股金、租金、承包金等产生经济效益的经营方式。

水费难收、价格偏低这是普遍存在的问题。根据省政府《关于贯彻〈福建省人民政府贯彻国务院关于城市供水、节水和污染防治工作的通知〉中有关水价改革的意见》精神，省水利厅于 2001 年选择了大中型水利单位 126 处进行水价改革试点。根据《福建省水利工程供水价格管理办法》中规定，水利工程供水价格由供水成本、费用、税金和利润构成，对于利用贷款建设的水利工程，其生产性投资的还本付息额在价格构成中单列。根据《管理办法》测算出新水价，生活用水平均0.42 元/m^3，工业用水平均 0.45 元/m^3，农业用水平均 0.1元/m^3 左右。新水价出台，通过省物价部门与省水利厅联合下文试点单位及所在市、县政府部门。在地方政府的支持下，试点单位的新水价审批率、执行率逐年上升，到2011年底审批率和执行率都达到90％以上。由于水价波动涉及面广，推广工作难度很大。

《福建省水资源费征收使用管理办法》出台后，使水资源费征收有章可循，过去收费的部门多，但水资源缺少有效管理，造成水资源浪费。文件明确了水资源由水利部门管理，水资源费由水利部门征收，理顺了征收渠道。征收工作步入合理合法，水资源费收入也逐年提高。

三是开发新项目。为贯彻水利部《水利风景区发展纲要》和《水利风景区管理办法》，这几年来，省水利厅非常重视对水利旅游的开发，至今为止我省6家水利单位被水利部评为国家级水利风景区，这是近年来新兴的水利经济项目，是水利部门增加旅游业收入的途径。随着人们生活质量提高，水利旅游业的发展前景光明。

二、水利经济发展存在问题分析

（一）水利经济经营结构调整缓慢

目前我省水利经营收入以建筑、电力、供水为主，新的经济增长点尚未成熟，如水利旅游业。水利系统有丰富的水利旅游资源，但到目前为止全省才开发几家。随着人们生活水平的提高，旅游业是发展趋势，因此水利旅游今后要作为新的经济增长点来开发。同时，福建水面养殖资源丰富，发展养殖业也是增加水利经营收入的途径。

（二）电价偏低影响水利经济发展

发电电价偏低是我省长期遗留的问题。这几年，在政府部门宏观调控下，虽然发电电价从一度几分钱提高到0.2元左右，但价格与价值仍然偏离，发电价仍是偏低。2011年全省水利系统发电售电量260015万kW·h，平均0.25元／（kW·h），而电力系统向居民供电达0.45元／（kW·h）以上，商业、工业 1.5 元 kW·h 以上，形成了发电单位亏本或得小利供电单位得大利的异常现象，影响了发电单位的积极性，影响了水利经济的发展。

（三）供水价格严重偏低影响水利经济效益

长期以来，收水费难，收农业水费更难现象得不到很好解决。在部分农民观念中，认为农民参加水库建设付出代价，现在农业用水可以不缴或少缴水费，这就造成了水利供水总平均价格严重偏低的主要原因之一。从 2011 年水利经济统计报表显示的数字看，全省水利单位计费供水量 85.65 亿 m^3，供水总收入 3.74 亿元，平均水价 0.044 元/m^3，平均水成本 0.049 元/m^3，供水利润为 -5019 万元，每供 $1000m^3$ 水就要亏损 5 元。供水贴本不符合市场经济发展规律，也不利于水利经济的发展壮大。

（四）观念陈旧

由于水利部门在计划经济轨道上运行太久，机制不活，体制不顺，难以适应社会主义市场经济的发展要求，注重社会效益，只讲投入，不计产出，资产耗资得不到补偿。例如：由于长期计划经济体制，实行低偿供水、无偿供水、形成"大锅水"的习惯，造成了水费长期偏低、难收，供水无法维持简单再生产。计划经济体制的运行对水利系统职工思想观念影响很深，无论从理性认识上还是从感性认识上，都难以理解和接受在国有企业内推行兼并、重组、破产等资产运营方式。福建水利系统搞水利产权制度改革推广不开，观念陈旧是重要原因之一。

三、发展水利经济建

（一）水利经营要与社会和谐发展

新时期的治水思路是向水资源优化配置、节约和保护转变，提倡人与自然和谐，建设环保型社会。这就要求我们，确定水利经营发展方向，要与水资源节约型、环保型的方向相同，如发展种植业、渔业、旅游业等，对保护生态、净化水源等都有积极作用，是水利经营可持续发展项目。

（二）要发展与水利有关的项目

水利经营要立足水利行业，如发展发电、供水、水利旅游等项目，这对于缺乏经商经验的水利人来说无疑是稳妥的项目。

（三）要深化水利产权制度改革

对于那些靠国家负担的小型水利工程，要采取"卖、股、租、包"的形式进一步进行改革，盘活水利经营资产，变负担为财富，增加水利经营收入。

（四）要用好政策、资金、人才

政策，水利经营与收费和其他行业一样，需要各级政府部门的相关政策，而且是可操作的政策，这样发展水利经济才有政策依据。资金，发展水利经济，单靠系统内资金是不够，如发电、供水、水利旅游等具有很大的开发潜力，但需要大量的资金，这就需要社会资金、外资投股等，共同开发，共同发展。人才，市场竞争也是人才的竞争，发展水利经营与收费需要多方面的人才，所以我们要多培养、吸收"复合型"的人才，为水利经济改革、发展出谋献策。

有政策为先锋、资金做后盾、人才做保证，才能保障水利经济的进一步发展。

（作者单位：福建省水利经济管理中心）

关于加强大坝管理的几点思考

陈静霞

【摘　要】本文从福建省水库大坝管理现状实际出发，提出了今后加强水库大坝安全管理的对策措施。
【关键词】水库大坝　安全管理　对策措施

　　水库大坝是水利工程体系的重要组成部分，是水利为国民经济和社会发展提供水安全保障的重要基础设施。加强水库大坝安全管理的核心是消除水库病险，降低溃坝风险，提高自身良性运行的能力。

一、福建省水库大坝现状

　　目前福建省已拥有各类水库大坝 3664 座，其中：大型 21 座、中型 181 座、小（1）型 733 座、小（2）型 2729 座。总库容 198 亿 m³。水库灌溉面积 566.28 万亩，占全省有效灌溉面积的 39.75％。涉及下游人口 1806.5 万人，约占全省总人口的 51.1％，涉及下游耕地 816.12 万亩。这些水库大坝在防洪、灌溉、发电、供水等方面发挥了巨大的社会效益和经济效益，为我省的经济发展和社会进步作出了巨大贡献。

二、病险库除险加固情况

　　我省水库绝大部分是在 20 世纪 50～70 年代建造的，由于当时的历史原因，相当一部分大坝未执行基本建设程序，存在防洪标准低、工程质量差和安全隐患多等问题。据统计，全省病险水库超过水库总数的 50％。面对大量的病险水库，福建省从 90 年代末就开始挤出资金开展水库除险加固工作。从 2001 年开始，随着国家除险加固力度的加大，我省先后有 48 座大中型水库列入国家病险水库除险加固的规划，并基本完成了除险加固任务。从 2009 年开始，我省完成了 195 座小（1）型水库列入《东部地区重点小型病险水库除险加固专项规划》的加固任务。2010 年又启动实施 159 座小（1）型水库和 1278 座小（2）型水库的除险加固建设项目，今年年底前小（1）型水库任务全面完成。小（2）型水库在 2015 年年底全面完成。水库经过除险加固，为今后管理奠定了良好的基础，如何发挥应有的工程效益，使水库走上良性循环之路是值得探讨的问题。

三、大坝安全管理思考

（一）建立创新管理理念和管理手段

在经济社会日益发展的今天，随着构建社会主义和谐社会进程的不断加快，水库下游经济社会快速发展，城市化进程不断加快，人口增长，对大坝安全的要求越来越高。传统大坝安全管理的目标是保证大坝安全，人们关注的是工程事故，围绕事故和险情，进行大坝除险加固工作。而现在需更多地关注下游群众生命财产安全和经济社会安全，水库大坝安全问题不仅是各级水行政主管部门和水库管理单位关心的工程安全问题，还是公众关注的公共安全问题。将大坝工程安全和下游公共安全作为一个有机整体考虑，形成系统安全的概念来研究，是我们现在需要建立的管理理念，即水库大坝的风险管理。

风险管理是原有工程管理模式的拓展，它将工程安全与公共安全联系起来，将工程安全管理纳入到了社会公共安全管理中去，为大坝安全管理部门提出了更明确的管理目标，是管理观念上的重大转变。可以这样说，水库大坝风险管理体系建设适应了社会和经济发展，适应了以人为本的执政理念和治水新思路。专家推测，未来的 20 年将是工程管理理念向风险管理理念转变的时期，有大量的基础工作需要开展研究，包括风险管理法规及制度建设、人员队伍的建设与培养、下游损失的统计与分析、应急救助系统的建设等。

（二）小型水库实行降等报废管理制度

在我省 3664 座水库中，小型水库有 3462 座，占水库数量的 94.5％。由于历史原因，许多小型水库存在管理体制不顺、机制不活，专业管理队伍缺失或素质不高，管理经费缺乏来源渠道或投入不足，造成小型水库管理不到位，病险水库比例大、隐患多。而且大量的小（2）型水库没有管理机构、管理制度和管理措施，又对偏远地区，交通不便、通信设施缺乏，遇到安全风险，很难快速消除。因此，对部分大坝功能已经丧失或除险加固技术上不可行、经济上不合理的病险水库实行降等或报废处理，可成为另一条解决病险水库出路的有效途径。因此，必须加快对大坝降等报废的研究，制定一套大坝降等报废的具体评价标准和管理办法。明确大坝降等报废所需要的数据，所要开展的工程、环境和经济评价的方法，比较大坝报废的具体技术方案和评估报废的投资与效益。

（三）进一步加强人才队伍建设

大坝安全管理是一项技术性很强的综合性工作。它专业性强，人才素质要求高，需要有一支政治素质高、专业素养强的专业队伍。长期以来，由于水利基层环境较为艰苦，对专业人才的吸引力差，加上基层人事政策、机构编制等方面的客观原因，制约了人才的引进和培养。近 10 年来，随着各级对水库除险加固的投入不断增加，每个技术人员手边都有忙不完的事，工作即辛苦又太累而且待遇低，对人才的引进也缺乏诱惑力。管理人才队伍建设跟不上水利发展的步伐，严重制约了水利建设的开展。为此，当务之急要规范各级水利部门内设机构和专业技术岗位设置要求，要求地方在编制方面给予保障。鉴于地方水利工作任务重，应出台专门的人才支持政策，形成尊才、重才、惜才环境。另一方面要积极通过各种方式，加强管理单位自身人才队伍的建设。通过组织各种水库大坝安全管理相关技术培训，提升各地水库大坝安全管理队伍的整体素质和水平。

（作者单位：福建省水利管理中心）

对加强漳平市农田水利
基本建设的思考

黄振明　徐　晟

【摘　要】发展农业现代化是今后一个很长时间，特别是
"十二五"期间的一项重大任务。水利作为发展农
业现代化建设不可或缺的首要基础，发展农业现
代化就必须发展农田水利现代化。漳平在今后一
个时期内，也必将农田水利建设作为现代化农业
建设的重点内容。本文通过对漳平现有的农田水
利情况做一个简单的介绍，并逐步分析农田水利
建设的必要性和当前漳平市农田水利建设存在的
不足，旨在能够较有针对性地为加强漳平农田水
利基本建设提出建设性意见，用科学的方法来管
理和经营漳平市的农田水利。

【关键词】漳平　农田水利　建设

漳平市，地处福建西南部，位于我省龙岩市内，现有国土
面积约 2975km²，森林覆盖率 76.3%，低山丘陵面积占全市
面积 75.29%。据有关资料显示，漳平市农田水利建设在相关
领导的大力支持下，截至 2010 年，已经建成的各类水利工程
有 4268 处，有效灌溉面积达 16.23 万亩，占全市的有效耕种
面积 64.73%。同年，漳平市有节水灌溉面积 10.52 万亩，解
决漳平市 11.55 万人的供水问题，其中，引水工程 4019 处，
提水工程 23 处，集中供水工程 168 处，蓄水工程 46 座，包括
中型水库 2 座，小（1）型水库 4 座，小（2）型水库 12 座，
小山塘 28 座，总蓄水量达 10406 万 m³。此外，据统计，漳平

市现有防洪堤 13 处，总长 25.54km，现状灌溉水利用率 45％ 左右，截至 2010 年漳平市已经初步形成蓄引提调并举、开源节流并重的水利工程体系。

正是因为漳平市现有的农田水利条件仍处在不断发展中，农田水利建设又能极大地促进漳平农业发展，并保证漳平防御自然灾害的能力，漳平农田水利建设才需要不断也理应可持续发展下去。

一、漳平农田水利建设的必要性

水利是农业的命脉，农田水利建设不仅关系农业的可持续发展，还关系到地区，乃至国家的粮食安全，在一个地区的经济可持续发展中有着举足轻重的地位，农田水利建设更是能够在特大旱灾面前，增加自然灾害的抗御能力。加强农田水利建设，旨在夯实农业发展基础，促进农民增收和漳平经济稳定持续增长。在当前农田水利建设薄弱，防灾减灾体系脆弱，抗御自然灾害能力低下的情况下，加强农田水利建设必须提上日程，切实发展农田水利建设，推动漳平市水利发展。

（一）有利于增强防灾减灾的能力

加强农田水利建设，是增强防灾减灾能力的必要手段。农田水利设施能有较好地防御自然灾害，增强防灾减灾的能力，是当前农业发展道路上的首要任务，只有能力增强了，农业才能不断增收。近年来，漳平市也在大力发展工业化和城镇化建设，漳平市农田水利发展便面临着严峻的考验，频繁的自然灾害不断挑战着漳平的农田水利建设。在漳平，农田水利建设和经济社会发展的要求相比较，其政府各方面的投入都不具有可比性，因而进展相对落后，且没有等到保障。然后，近几年我国发生的特大自然灾害的数据显示，凡是农田水利建设较好的地方，抗灾能力加强，受自然灾害影响则较小，反之亦然。

（二）有利于发展农业现代化

加强农田水利建设，是漳平市发展农业现代化的迫切需求。水利建设是现代化农业建设不可或缺的重要组成部分，是支撑农村农业经济发展的必要基础，更是实现农村农业化建设可持续发展的必要条件。水利支撑农业，农业要实现现代化，农田水利必须要实现现代化，加强农田水利建设，小型农田水利的基础建设更是农业现代化的首要任务。只有不断改善农田的水利条件，才能真正促进农业发展，保障农民收成和粮食安全。

（三）有利于扩大内需

水是生命之源，是生态之基。加强农田水利建设是扩大漳平内需的迫切需要。加强农田水利建设能够较好地改善农村防洪安全，促进农业生产，推进农村饮水安全建设，改善生态环境，显然，农田水利基础设施建设的工程量也是相当浩大，而完成这些工程也同样需要大量的资金和建材，以及必要的劳动力，这在无形中不仅增加了就业机会，而且拉动了经济增长，扩大了内需，不论是从长远利益还是站在短暂的角度来看，都具有重要的意义。

二、漳平市农田水利建设现存的不足

漳平农田水利建设在现有的管理机制下，存在着三个主要不足。

（一）管理方式滞后

漳平市水利管理机制起步晚，所以管理方式相对滞后，大多水利项目也因为管理方式滞后导致部分设施毁坏严重，特别是分布在乡镇局部村庄的水利设施，存在长期无人监管现象，而其他地区即便有人管理，也因为责任心和技术落后等原因，导致水利设施徒有虚名，并不能在必要时候发挥作用。

（二）财政支持不足

尽管漳平市逐年在财政方面加大对农田水利建设的投入，现实和需求仍然存在着巨大的差距，而在较多乡镇，特别是各乡镇争取到的农田水利建设项目都需要地方配套的资金支持，而各乡镇因财政困难并没有足够的资金进行配套，为此水利部门增添不少压力，甚至是，跨流域、跨乡镇的水电站电费和维修等问题都得不到正常的解决。

（三）水利设施老化

漳平市农田水利建设也同样存在着水利设施老化，排水灌溉的效益低下等问题。经久维修的、已经老化了的水利设施常年带病运行，导致漳平局部地区排涝抗旱成本高、效益低。漳平地处福建西部，是个自然灾害相对较多的地方，特别是台风和洪涝灾害。每年台风天气和干旱以及大雨等自然灾害制约着我市农业的生产和农民的增收。而水污染和水环境日益恶化，没有得到根本的解决，甚至有部分地方饮用水达不到合格标准，也存在因为长期在农业生产过程中不合理施肥和使用农药，造成农业生态资源水环境的恶化。

三、进一步改善漳平农田水利建设的基本建议

水是农村之根本，水利是农业的命脉。随着社会的复杂程度的不断加大，漳平经济增长方式也不再单一，漳平政府必须意识到社会的需求，确切地说，必须意识到发展社会主义新农村的水利需求，并且在现有的条件和政策扶持下，力助漳平农田水利建设发展。

（一）落实意识宣传，力助农田水利建设科学发展

漳平全市上下必须深刻意识到，农田水利会直接影响到我市社会主义农村建设的进程，完善漳平市农田水利建设，不仅有利于农业的增效和农民的增收，而且能更加稳定地发展农村经济，合理利用漳平水资源，解决局部地区水缺水问题，保证

民生。认真落实农村水利建设，强调意识形态的养成，不是空喊口号，而是要落到实处，对农田水利发展要有良好的战略部署和统筹规划，整合各乡镇水利资源，提高水资源利用率。同时还需要加强漳平水土保持和水污染的防治工作，切实解决漳平各乡镇农业和农村生活缺水、怕水以及水污染等问题，切实维护好、发展好、巩固好广大农民群众的根本利益，实现漳平市农田水利建设的科学发展。

此外，强调执法力度，要依法保护漳平农田水利基础设施。不仅要对漳平各个水利建设项目严把质量关，而且对在建工程和已完成项目要定期进行检查，对农田水利设施严格排查，把责任落到实处，及时发现问题，及时处理问题，做到"谁毁坏、谁修复"。一方面，需要在各个乡镇加大《中华人民共和国水法》、《中华人民共和国防洪法》以及《中华人民共和国水土保持法》等法律的宣传和执行力度，宣传推广农田水利设施保护意识，另一方面，还需要对各个工作岗位上的人员进行不定期培训，提高业务素质，确保漳平农田水利设施建设的有序、有效进行。

（二）完善管理机制，力助农田水利建设稳定发展

陈旧的管理机制，不能有效地推动漳平市农田水利建设的稳定发展，只有在探索的过程中不断完善农田水利的管理机制，才能进一步保证农田水利建设的稳定发展。

首先是加强农田水利资金管理。漳平市各个乡镇每年农田水利项目较多，不论是大项目还是小项目都需要认真对待，严格把好资金审批程序和拨款程序，力求做到"年初有计划，年中有检查，年底有验收"。各乡镇要严厉执行各种财政报账制度，资金要用在刀刃上，集中水利资金办实事，办好事，坚决杜绝挤占、挪用水利建设资金等违法行为，对于专项资金，务必做到专款专用，保证各项水利建设项目资金足额到位。

其次是推进管理体制的改革。推进管理体制的改革，一方

面要引入必要的市场竞争，一定程度上放开政府的建设权，让农田水利建设经营权活跃在各个乡镇上，通过承包和租赁等方式，将农田水利工程的经营和管理权落实到农户手中；另一方面，还要管理好具有经营权或管理权的农户，通过一定的奖励方式鼓励农户经营好农田水利。

最后，完善管理体制还要将水利项目做成平民化项目。将项目平民化，就是要对水利项目民主化，从分发挥村民自治组织，全面推进"民建水利，民管水利，民用水利"的"三民机制"进一步促进农田水利建设的健康发展。

（三）加大全面投入，力助农田水利建设持续发展

漳平市各乡镇要加大农田水利建设的全面投入，力助农田水利建设持续发展。一方面要加大农田水利的管理机制投入，包括政策投入和管理的投入。漳平各乡镇要指定一定的优惠政策，鼓励农民和民间投资小型农田水利建设，并对这些农民投资的水利建设给予专人管理，把握好尺度。另一方面还要加强资金投入。包括力求将漳平农田水利建设纳入财政支持范围和积极争取上级资金投入。近些年，漳平市农村公益事业投入渠道在不断缩小，农民对农田水利的投入十分苦难，政府的作用便显得格外重要，并且占有农田水利建设投入的主导地位。各个乡镇政府应该加大公共财政对农田水利建设的支持力度，稳定农田水利建设资金增长，有效保证其维修和改造时的资金需求。

此外，上级要加大全面投入，力助农田水利建设持续发展，还应该扩大农田重点水利项目建设。加大农村自来水和农用水改造，抓紧修复老化失修工程，农田堤坝和防洪措施要进行不定期排查和维修，重视河道工程的加固和绿化。

四、结语

加强漳平农田水利建设，旨在改善漳平农民的生活条件，

促进漳平经济又好又快发展。做好农田水利建设，能够加快漳平建设社会主义新农村，提供农业生产力，加快农村经济持续稳定发展。此外，对漳平各乡镇防御自然灾害也具有重要现实意义。漳平政府以及各水利相关部门，理应加大投入，抓住机遇，提高专业素质，力求漳平农田水利建设更上一个新台阶。

（作者单位：漳平市水利局）

如何吸引和鼓励社会资金
投资水利建设

黄振明　　徐晟

【摘　要】本文通过对目前水利建设资金的现在进行分析，
　　　　　总结出制约水利建设的因素。从社会资金的角度，
　　　　　分析其投资于水利建设的可能性，探索吸引和鼓
　　　　　励社会资金投资于水利建设的多元化渠道。
【关键词】水利建设　社会资金　融资平台　投资渠道

引言

《中共中央 国务院关于加快水利改革发展的决定》（以下
简称《决定》）于 2011 年 1 月 29 日正式公布。《决定》明确
提出要加大公共财政对水利的投入，要多渠道筹措资金，进
一步提高水利建设资金在国家固定资产投资中的地位，大幅
度增加中央和地方财政专项水利资金，将水利作为公共投资
的重点领域，力争今后 10 年全社会水利平均投入比 2010 年
高出 1 倍。这是千载难逢的大好机遇，水利事业迎来了又一
个春天，在加大中央和地方财政的同时如何有效地吸引和鼓
励社会资金投资于水利建设，成为决定水利投资是否扩展的
关键因素。

一、我国水利建设投资现状与存在的问题

（一）水利建设投资现状

近年来，为支持水利工程建设，中央财政专项水利资金规

模逐年增加，2009 年，中央预算内水利投资 637 亿元，2010 年中央支持中小型水利专项资金达到 258 亿元。目前，中央预算内固定资产投资中水利的比重约为 18%。但要满足江河治理、水资源配置等重大工程建设需要，不论是总量还是结构，与实际需要均有较大差距。

农村税费改革前，全国农民一年在水利上的投工投劳曾超过 100 亿个工日，若按每个工 50 元计算，就是 5000 亿元。虽然从 2008 年 2 月起，国家出台了"一事一议"财政奖补试点政策，但一事一议开展得很不理想。据调查，能够议起来的村不到 10%。即使用足政策所规定的筹资筹劳上限，通过一事一议所能筹集的资金和劳务远远不能满足农田水利建设的需求。

目前，我国金融业扶持水利建设投入的力度还不够。据资料，在 2009 年全国水利投入资金来源中，国内银行贷款为 152.9 亿元，占总投资的 8.1%。截至 2010 年末，中国农业发展银行扶持水利建设贷款余额仅为 1037.41 亿元，仅占总贷款余额的 6% 左右；截至 2009 年 5 月末，中国农业银行对农田水利基本建设和农村基础设施建设贷款余额 2407 亿元，仅占贷款总额的 5% 左右，而且贷款期限都比较短。

（二）水利建设投资存在的问题

1. 落后的投资不能满足水利的发展需求。第一是单一的政府型水利投资不能满足水利发展需要。目前水利投资的计划配置模式根深蒂固，水利建设基本上依靠政府投资为主。尽管水利建设资金在国家基本建设投资中占有相当的比例，资金缺口仍然巨大。据统计进入 21 世纪的 10 年中，仅中央级水利建设项目，每年投资缺口达数十亿元；且一般都要求地方财政按一定的比例安排配套资金，对于地方性的水利建设项目，还必须安排投入。实际上，地方财政投资是很有限的。

第二是地方财政资金投入不足。现有建设资金投入普遍为中央和省财政投入，市级地方财政资金投入明显不足，资金缺口较大，影响了项目推进质量和进度。除国家和省投资外，部分乡村存在等、靠、要思想，各地各部门在创新投入机制、市场运作筹资等方面办法不多。国土资源部规定10％的土地出让金收入应用于农田水利建设的政策未能有效落实。

第三受多种因素影响，金融机构参与意愿不强。由于水利是公益性极强的基础设施，投资规模大、建设周期长、投资回报慢，财务收益率低。有些纯公益性的水利建设投入只有社会效益，工程自身收益性低，因此，融资筹资十分困难。

2. 建设成本较高，农民参与意识淡薄。水利建设属于公益性、群体性项目，具有投入资金大、工期长、见效慢等特点。目前部分农民对生存和发展现状认识不够，只顾个人和眼前利益，对集体和公共事业缺乏热情和参与意识。农民通过水利基本建设而实现的增产幅度较小，产值效益也不高，如原农田产值1000元，通过水利基本建设增产能达到1200元，仅200元的附加值，与投入的水利基本建设成本相比微不足道，因此农民主动参与农业基础设施建设的意愿不强。

3. 水利建设投资没有形成良性循环。水利资金良性运行，是指水利资金投入水利建设项目并最终通过项目的运用转化产生预期效益，实现有效的增值这一完整的动态过程。而现实是，水利建设在筹资阶段，没有足够的资金投入。在项目施工阶段，又常常因为资金到位率低或配套资金不落实而导致工期延长，水利建设投资不能顺利转化为预期的水利资产，不能产生经济效益。即使已完工交付使用的水利工程，也由于水利价格机制和公益性补偿机制尚未建立，致使水利建设资金无法实现增值。

二、社会资金投资特性及其可行性分析

(一)社会资金投资特性

1. 逐利性强,对项目的赢利性要求高。以追求投资回报为目的,重视项目的赢利能力和经济效益。社会资本投资水利工程,必然要求获得相应回报,实现资本投资收益,但大多数水利工程是公益性或低盈利性项目,获得投资收益能力不强。因此,目前社会资本投资水利建设总体上热情不高、规模有限,倾向于选择投资回收期短、收益高的项目,而避免选择那些以社会效益和公益性为主的项目。

2. 强调自主性,难以符合水利规划约束。水利工程由于其巨大的工程量以及之后的维修工程,所以资金的投入量相对较大,所以对于社会资金而言,往往是多个投资者共同完成一个项目。而投资主体都具有自己独立的投资目标、完全自主的投资意识和自由的投资选择权,使得各投资主体的投资和撤资选择协调成本较高,资金难以形成合力。

3. 民间资本规模小且分散,投向稳定性差。民间资本虽然总规模庞大,但是十分分散,单个资本实力有限,且组织化程度较低,难以形成较大的资金规模。这个特征使得民间资本不得不选择那些投资规模相对较小、上马快、易扩散、周期短的"短平快"项目,因此,民间资本很容易给人以缺乏方向感和目标性的"游资"形象。水利工程建设的要求资金投向具有很高的协同性,且能承担较长时期低回报甚至无回报运营周期。因此,民间资本不愿意投向那些社会融资能力较弱的公益性、大型水利工程建设项目,国家和社会也很难将关系人民群众生命财产安全的重要水利工程建设任务交给民间资本来承担。

(二)社会资金投资水利建设的可能性分析

尽管社会资本在水利投资中存在种种局限,但是,水利基

础设施建设类型较多，在投资规模、影响范围、收益情况上存在较大差异。一般地，从项目获益能力上看，水利建设项目大致可划分为三类。

第一类具有较高盈利能力的项目。这类项目主要包括水电项目、城市供水项目、部分水库工程（含水电或供水项目）等。此类项目产品定价较高，收入除能弥补成本支出外，还能为项目法人带来利润。此类具有较高盈利能力的项目一般可以在项目建成发挥效益后形成收入并获得利润、回笼投资资金，给投资者带来收益。

第二类具有较低盈利能力的项目。这类项目主要包括部分水源项目、灌溉项目、部分常规水资源利用项目等。此类项目产品（价格主要依靠行政定价或实行政府限价，项目收入仅能勉强弥补成本，项目收入也没有形成规模优势，不具备为项目提供持续赢利的能力。但是，对较低盈利能力的项目，如果政府加大支持力度，能够在一定时期内获得明确的政策支持或财务资金支持，通过合理引导，也能成为民间资本进入的重点领域。

第三类无盈利能力的项目。无盈利能力并不是项目本身无法获得收入，而是项目的收入不能弥补工程运行、维护、管理的成本。这类项目主要包括：防洪、除涝、水土保持以及部分灌溉、生态工程项目等。

三、国内外水利建设融资的经验与借鉴

（一）水利建设融资的国际经验

国际上的水利建设的融资经验主要包括：法律制度保障、投资和融资政策明确以及风险补偿政策比较完善。很多国际发达国家，通过立法保障水利建设，并有法定专门机构负责，立法保证资金投入，较大程度上明确界定各级财政投资范围和投资主体及其事权划分，并按职责管辖范围。此外，例如美国，

还广辟融资渠道，主要有各级政府财政拨款、联邦政府提供优惠贷款、向社会发行债券、建立政府基金、向受益区征税、项目业主自筹资金、社会团体或个人的捐赠等。

并且在风险补偿政策上，美国也相对较为完善。美国十分重视水利项目运营成本的补偿，以保持水利项目的可持续利用。防洪和改善生态等公益性项目的维护运行管理费用主要由各级政府财政拨款或向保护区内征收的地产税开支；以供水和发电为主兼有防洪、灌溉等功能的综合水利工程，维护运行管理费用由管理单位通过征收水（电）费补偿并自负盈亏；灌溉工程在使用期限内，其运行管理费由地方政府支付，对于水利工程的折旧费，实施严格提取，并专门用于水利项目的更新改造和再投资。

（二）国内建设中可借鉴的融资经验

20 世纪 90 年代以来，铁路部门通过改革投资体制，完善投资机制，创新融资模式，投资规模大幅增加，实现了基础设施建设的重大跨越。

目前，铁路建设资金来源渠道有国家预算内资金、铁路建设基金、国内贷款、铁路建设债券、合资铁路建设等；投资来源渠道由过去单一依靠国家投资为主，逐步转变为建设资金来源多元化。为扩大建设基金征收规模，铁道部调整铁路建设基金征收标准，经国务院批准，自 1991 年 3 月 1 日起开征铁路建设基金，平均征收 0.002 元/（t·km），之后经五次提高征收幅度，现铁路建设基金的征收水平为 0.033 元/（t·km）。在银行贷款方面，铁道部的银行贷款不仅有国家开发银行等政策性银行提供的贷款，也有四大国有商业银行以及其他股份制银行提供的商业贷款，保证其建设需要。与此同时，铁道部还加大铁路建设债券发行数量，这些债券不仅成为铁路建设的重要融资手段，而且也成为金融市场上除国债、政府性金融债以外最重要的一类债券，在市场上形成了一条铁路建设债券收益率曲线，成为其他企业发债利率定价的参考基准。

此外，铁道部还实行合资铁路建设，打破了铁路建设长期以来形成的单一国家投资、铁道部独家建路经营的格局，开辟了由多个投资主体合资建路、共同管理的新路。在不断成长道路上，铁道部还探索先进的融资模式，通过股权融资、租赁融资、上市融资、ABS、BOT等等融资模式探索吸纳社会资本参与建设，并取得较好的效果。

四、吸引和鼓励社会资金投资水利建设

（一）建设水利投资平台

搭建省级水利投融资平台，依托水利投资公司，开展多种投融资活动。争取金融机构对水利建设和水利经营的合作与支持，特别是政策性银行、外国政府和国际金融组织的支持，争取发行水利建设债券和股票，争取扩大水利项目财政贴息范围、延长贴息期限，探索水利项目"收益权"质押贷款等，扩大投资来源渠道，逐步实现水利投资多元化，形成"国家投资、地方筹资、社会集资、利用外资"的投融资格局。建设投融资平台构建目前主要从以下两个方面着手：

一方面，要创新全社会水利建设投融资新机制。加快城市水利建设的发展，应充分发挥财政贴息融资的优势，逐步加大对城市水利建设的信贷规模，引导各种社会资金参与城市水利建设。鼓励社会、企业、集体、个人按照城市水利部门统一规划和制定的政策进行合资、股份制、独资等多种形式合作兴办城市水利工程，激励大集团、大企业、上市公司进入城市水利基础设施的投资领域。

另一方面，要探索多种水利建设投融资方案，可以从下几个方面进行了探索：发行政府贴息的水资源保护建设债券；组建新型水利投资公司；启动民间资本投资水资源保护基础设施建设；利用BOT、BT等方式募集水利建设资金；设立水资源

保护产业投资基金，投资长江镇江段白鳍豚自然保护区；研究采取发行防洪减灾建设彩票等方式。

（二）开拓多元化的投资渠道

首先，建设中小型水利工程设施，增加项目供给总量。过去几十年中，政府十分重视大江大河治理和具有控制性、关键性的水利工程设施建设，而对量大、面广、点多的小型工程和农田灌溉"最后一公里工程"，投资则相对较小，近几年发生的几次洪旱灾害，都暴露了这一问题，凸显了中小型水利工程的重要性。随着重大水利工程建设任务的逐渐完成，中小型水利工程和农田水利建设将逐渐成为水利建设投资的重点。这些工程数量多、投资总规模大，能为民间资本提供广阔的投资空间和机会。

其次，挖掘水利项目内在价值，催生民间资本进入动力。发挥市场优势理顺定价机制，加强费用征收力度，利用"打捆开发"、"特许经营"等模式，挖掘项目潜在赢利能力，积极推动水利服务的价值重造，将更有利于民间资本投资水利。此外，还要适当利用外资，增大水利投入提高外资比例，优化外资结构。

然后，创新财务金融手段，引导社会资本投向低收益项目。应利用产品（服务）需求量大、需求弹性小，具有较稳定的现金流，且项目获取收入的风险较低等特征，积极创新财务金融手段，引导那些具有高回报、高资本投入的产业（如房地产开发等）进入。这样做既可以利用水利工程形成的稳定收入作为其他项目的融资抵押，也可以以水利工程形成的收入作为其他项目的流动资金，以其他项目的高收益弥补水利工程项目收益的不足，从而避免短期融资带来的财务支出，降低整个企业的财务成本。

最后，扩大信贷资金的利用。政府可以通过提供资本金、提供信用增级、提供财政贴息等方式扩大信贷资金的利用。水利项目以公益性为主，难以产生稳定的现金流，不符合银行的信贷准入条件，这是制约水利建设利用信贷资金的内因。此外，财政金融政策的支持力度不够水利作为特殊行业，没有得到特殊的财政、金融政策支持。在此背景下，政府对于公共设施融资问题，要有新思路。

通过构建融资平台，对社会资金进入水利建设进行有效引导；多元化的投资渠道，转变水利建设公益性的特点，更有利于吸收社会资金投资，进行资源的合理配置，扩大水利建设资金的规模，在政策的引导下水利建设必将迎来又一个春天。

（作者单位：漳平市水利局）

漳平市水土保持生态建设研究

黄振明　徐晟

【摘　要】漳平，地处戴云山、玳瑁山和博平岭三大山脉结合部。全县以低山为主，丘陵次之，中山不多，盆地最少，近年来，滑坡、泥石流等自然灾害频繁发生，使得漳平水土流失严重。尽管不断努力中的漳平水土保持生态建设已经初见成效，但在一系列的水土保持问题仍然为当局者造成较大的困扰。针对漳平市水土保持生态建设的现状，本文对其存在的主要问题进行阐述，分析并加以研究当前水土保持的形式，探讨针对漳平市的水土保持生态建设方案，争取把漳平市的水土流失降到最低。

【关键词】水土保持　生态建设　环境

　　位于福建闽西的漳平市，年均温度 20℃，年降水量 1311.2mm，九龙江横穿中部，水力资源十分丰富，有赤水、双洋等十个重点预防保护区域，芦芝、永福等四个水土流失重点监督区。近年来，漳平市大力发展水土保持生态建设，投入资金 6000 万余元，治理水土流失面积 7.38 万亩，2010 年末全市水土流失面积更是降至 28.875 万亩。"十二五"期间，漳平市计划投入 1.2454 亿元综合治理水土流失，包括南洋梧溪、永福镇永福溪等 13 条小流域治理工程以及 7000 亩坡耕地面径流调控、6000 亩水源地水土保持生态建设等。计划至 2015 年，全市规划综合治理水土流失面积 25.7 万亩。

一、水土保持生态建设的背景

水土流失是生态环境遭受破坏的结果。20世纪初，受自然气候和几千年来人类活动的破坏影响，我国从森林茂密的国家逐渐成为世界上水土流失最严重的国家之一。而水土流失也将造成严重的后果。

首先，水土流失，会造成土地严重退化，进而降低农作物产量；其次，河床的抬高会增加了洪涝灾害的发生，影响水土资源的综合开发和有效利用；最后，滑坡、泥石流的频繁发生更是给社会带来严重的损失。为了保持良好的生态环境，减少各种自然灾害，水土保持生态建设有着很大的必要性，国家也逐渐对其加以重视，不断地加强管理加大投资力度。

（一）漳平市水土保持生态建设进展与存在的问题

漳平市多为石质山地，土层薄，一旦表土蚀去，容易形成石漠化，恢复较为困难，而且遭到强度较大的风力和雨的侵蚀极易流失，汛期降雨集中且强度较大。漳平市年降水量1311.2mm，多集中于雨季时节，且全市水土流失主要发生在中部丘陵区。中部低山丘陵区地势起伏较大，有利于流水冲刷。不合理的人为活动。

（二）当前漳平市水土保持生态建设的进展

为了更好地做好漳平市水土保持生态建设，当前主要从以下几个方面着手：

1. 山地封禁免破坏。漳平市水力资源十分丰富，人为对生态环境的破坏直接造成水土流失，山地封禁是防治水土流失的直接措施，首先，山地封禁的第一要务就是在建立合理的规章制度，明确封山育林育草的目标、任务、范围、措施、责任、队伍、考评等的基础上，对违约行为加以处罚；其次，组建专业的护林队伍保障山地封禁切实到位，形成"市指导、乡统筹、村自治、民监督"的"十二字护林机制"；最后，禁伐之后，通过建立疏导用燃的渠道，对封禁区群众的能源问题进行补贴，并提供沼气池建设补助，力求改变农民的靠山吃山的生活方式。

2. 人才管理肯培养。实地调查是综合治理的基础，科学的管理是综合治理的保障，而人才则是水土保持生态建设的关键。为了更好开展水土保持的综合治理工作，漳平市重视人才的管理和吸收，肯于培养。漳平水利局设有水保办，负责水土保持相关工作，时刻关注各区域水土保持的动态，专抓治理工作。在实际的水土保持项目中，更是经过深入调查和研究，根据当地的生态环境、土壤等实际情况，编制最为合理的水土保持方案，为更好的水土保持奠定基础。

3. 生态建设重宣传。加大宣传是漳平市水土保持工作中的任务之一。水土保持生态建设是一项关系全民幸福生活的工作，它需要全民参与，全民行动。为提高全市广大干部群众的水土保持生态环境意识，漳平市始终把水土保持生态建设的宣传工作作为一项基础性工作常抓不懈。一是加大宣传力度，强化干部群众"守土有责"意识，主要做好面向公众、校园、企业的宣传活动；二是加大审批力度，对新上的生产建设项目和资源开发项目，执行水土保持设施"三同时"；三是加大对造成水土流失的案件查处力度，重点整顿稀土矿点、采石矿点。通过采取多种形式的宣传活动，培养和提高群众水土保持的全民意识和法制观念。

二、当前漳平市水土保持生态建设存在的问题

当前漳平市水土保持在各方面的配合和努力下，初见成效，但是水土保持依旧存在着以下问题。

（一）借鉴方案不实际，成效不佳

随着漳平市人口的增加，对生态环境的破坏也在不断加剧，水土流失也日益加重，水土保持生态建设更是刻不容缓。

由于漳平市的大部分地区水土保持建设起步晚，为在水土保持建设中取得一定的进展，急于借鉴长期进行水土保持生态建设的成功经验，而忽略地方特色，没有根据当地实际情况改进方案就将借鉴过来的成功经验实施，导致其水土保持生态建设的成效不够显著。

（二）经验不足，资金投入效率不高

水土保持工作相应的资金投入，理应得到理想的成效。但由于很多地方水土保持工作才刚起步，没有进行详细的实地调查、研究和分析，也因为经验不足，考虑不全面，仅看到地势或土壤类型等的单方面因素就直接下结论，编制水土保持方案，尽管这样一定程度上可以起到水土保持生态建设的作用，但是不能够取得最佳的效果，达到资金投入的最大利用效率。

（三）后期处理不够完善

漳平市水土保持生态建设需要不断完善后期处理工作。水土保持工作是一种持久坚持性的项目，它不仅包括编制方案，还需要对所编制的方案严格地实施，更重要的是，要在实施过程中做到严监督，在实施过后做到勤观察。漳平市当前的水土保持工作就是缺乏勤观察，只有通过各个时期不断的观察和调整，才把水土保持生态建设方案实施到最好，进而达到长期的经济效益与生态效益双丰收。

三、新时期水土保持生态建设的思路及措施

当前，漳平市水土保持生态环境建设面临着新的形势，呈现出新的特点。政府的高度重视，以及人们对水土保持生态建设的地位和作用认识的进一步统一，都在很大程度上支持水土保持工作的开展。面对新时期的水土保持生态建设的局面，漳平市水利局更是要理好基本思路，坚持正确的政策和采取积极有效的措施，将漳平市的水土保持工作提上一个新的台阶。

（一）基本思路

漳平市具有较好的生态环境，在水土保持建设中，要把保护和改善生态环境放在首位，以建设秀美山川为目标，以坡耕地改造、减少泥沙危害为重点，以基本农田和水利设施建设为基础，以小流域为单元，山、水、林、田、路统一规划，综合治理，工程措施、生物措施和耕作措施合理配置。加大封育管护力度，依靠生态自我修复能力，加快治理进度，把治理水土流失同调整农村产业结构，发展地方经济、促进群众致富有机结合起来。深化改革，创新机制，促进水土保持现代化的转变。依靠科技进步，提高水土保持科技含量，以科技促效益。坚决贯彻预防为主的方针，强化执法，遏制人为新的水土流失。

（二）对策和措施

沿着新时期漳平市水土保持生态建设的基本思路，漳平市水利局可以采取以下措施，积极开展水土保持工作。

（三）因地制宜，借鉴成功

漳平是一个以山地丘陵地貌为主的市区，山地丘陵地貌强烈地改变着水平地带性的生物气候特征，亚热带海洋性季风湿润气候，有着暖、温、凉、冷不同的生态环境，构成山地生态环境的垂直分异特点。因此，漳平市的土壤和植物也有明显的垂直地带性。漳平市水土保持生态建设的重点是对现有坡地的整治，治理要借鉴几十年来积累的成功经验，结合水土保持生态建设的新形势，实地调查，根据当地实际，因地制宜，借鉴成功，充分发挥生态自我修复能力，设计最佳方案，加快治理进度。

（四）防治结合，加快治理

随着水土保持工作研究的不断深入，经验的不断总结，漳平市水土保持生态建设规划也愈加成熟。在发现一些好的水土保持方案的同时，漳平水土保持工作应该采取防治结合的有效措施，加快水土保持治理速度，总结各种不同类型的土壤、地势、气候以及降雨等因素对水土保持生态建设的影响，提高水土保持科技含量，同时不断提高对水土保持生态建设的要求。这样，才能在新时期背景下，相应提高漳平市水土保持生态建设水平，适应水土资源需求量的不断增加，才能满足更多人的更高的要求，真正做到得生态效益和经济效益的双丰收。

（五）典型引路，全民参与

广大群众对项目的理解认识程度和参加项目的积极性直接关系到项目的成效。典型引路，示范带动是一个必要的环节，要想法设法提高群众的水土保持的生态建设的参与率。成功的水土保持生态建设区域可以给当地人们带来各种效益，让村民们看到经济和生态效益，积极地参与到水土保持建设中去。一方面应通过多种宣传渠道向项目区群众进行多形式、多层次的宣传发动，让他们深入认识了解项目的特点、内容和性质；另一方面，应通过多种保障措施，赋予参与农户更多的权利，确保农户公平、持久的参与和分享经营成果。全民参与的水土保持生态建设，不仅能够减少洪涝等自然灾害，也能在一定程度上给当地的生产、旅游等产业带来了效益，促进地区发展。

（作者单位：漳平市水利局）

漳平市水土流失现状及防治对策

黄仲恺　张友照

【摘　要】本文从漳平市水土保持现状入手，分析现有水土流失存在的问题，提出加大宣传和监督执法力度，科学规划，综合防治，多方筹资、加大投入，加快水土流失防治步伐的对策措施。

【关键词】水土流失；现状；防治对策；

一、概况

漳平市地处福建省西南部，九龙江北溪上游；东毗永春、安溪、南连华安、南靖，西邻新罗，北接永定、大田、处于闽东南地区的边沿，是闻名的"三乡"（花乡、茶乡、画乡）；土地总面积 2975km²，其中山地面积 2711km²，占土地总面积的 91.11%，耕地面积 162km²，占 5.45%，水域面积 102km²，占 3.44%，素有"九山半水半分田"之称；地势由南、北向中部河谷倾斜，以低山为主，中山不多，盆地最少。地质构造甚为复杂，其东以火山岩、花岗岩为主，其西地层复杂，主要以上古生界沉积岩为主。由于地层完整，侵入岩、火山岩发育构造复杂，因而外生、内生矿产都较为丰富。

漳平市属亚热带季风气候，中部河谷地带受海洋性季风影响，为南亚热带气候。具有温热湿润，雨水充足，冬短无严寒，夏长无酷暑，垂直气候显著，干湿季节分明，灾害性天气时有发生。境内年平均气温 21.2℃，极端最高气温为

40.3℃，最低气温可达－8℃，年平均降水量在 1450～2100mm 之间，无霜期 310 天，年平均日照时数 1890.3h，年平均风速 1.2m/s；漳平的地带性土壤为红壤，非地带性土壤有紫色土和水稻土。因生物、气候、母质、地形和风化时间、熟化程度的差异，形成土壤的垂直分布和区域性分布。森林植被属亚热带常绿阔叶林，森林覆盖率 75.8%，植被大多为次生植被和人工植被，多数以常绿阔叶林、马尾松、杉木、毛竹为主，林下植被为芒萁和胡枝子及少量小叶赤楠、黄瑞木、石斑木等。

二、水土流失现状及成因分析

(一) 水土流失现状

根据 2011 年底卫星遥感调查结果，漳平市水土流失总面积达 198.24km²，占土地总面积的 6.66%，其中，轻度流失面积 116.14km²，占流失总面积的 58.58%，中度流失面积 48km²，占流失总面积的 24.21%，强烈流失面积 30.99km²，占流失总面积的 15.63%，极强烈流失面积 2.79km²，占流失总面积的 1.41%，剧烈流失面积 0.32km²，占流失总面积的 0.16%。

从水土流失强度来看，水土流失以轻、中度为主，轻、中度水土流失面积占全市水土流失总面积的 82.8%，强度以上水土流失面积占全市水土流失总面积的 17.2%。

从各地类水土流失面积上看，林地最多 156.62km²，占流失总面积的 79.01%，其次是园地 18.25km²，占流失总面积的 9.21%，再次是草地 7.35km² 和旱地 7.33km²，分别占 3.71% 和 3.7%。

从地域上看，水土流失面积最大的是在永福镇，占全市水土流失面积的 1/3 以上，流失面积达 68.46km²，占流失总面积的 34.54%，流失率高达 12.78%，其次是菁城街道办事处、桂林街道办事处、和平镇、拱桥镇和西元乡，占全市水土流失面积的 1/4 以上，流失面积达 50.14km²，占流失总面积的 25.24%，流失率高达 12.56%。

从水土流失动态变化情况看，与 2007 年卫星遥感调查数据对比，水土流失总面积、中度、强烈、剧烈水土流失面积有所减少，轻度、极强烈水土流失增加，其中水土流失总面积减少了 43.47km²，但极强烈流失面积增加了 2 倍多，见表 1。

表 1　　漳平市 2011 年与 2007 年水土流失情况对比表　　单位：km²

年份	轻度	中度	强烈	极强烈	剧烈	合计
2011	116.14	48	30.99	2.79	0.32	198.24
2007	113.47	70.18	55.84	1.3	0.92	241.71
增减	+2.67	−22.18	−24.85	+1.49	−0.06	−43.47

（二）水土流失成因分析

引起漳平市水土流失的原因主要有两方面：一是自然因素，二是人为因素。

1. 自然因素。自然因素造成水土流失的主要原因有：①地形地貌。漳平市地势南北高中部低，南部海拔多在 800m 以上，全市总体以低山、中山为主，河床纵坡较陡，河流强烈切割地形，造成地形破碎、岭谷相间而坡度陡的特点。山高坡陡的地貌地形特征易于强降雨引起的水力冲刷，客观上为水土流失的发生和发展创造条件。②降水。漳平市的降水是产生水土流失的原动力。漳平市雨量充沛而时空分布不均，降水强度大，年降水量在 1450～2100mm 之间，一半以上集中 3～6 月份，还有近 1/3 集中在 7～9 月份，年际变化大，山地降雨多于河谷平地、上游多于下游、迎风坡多于背风坡，呈现出随海拔升高而增加的空间分布规律。降水量充沛而时空分布不均使漳平市容易产生水力侵蚀引发的水土流失。③土壤。土壤是水土流失的主要对象。从成土母岩来看，在漳平分布最广的花岗岩上发育的红壤，石英含量高，胶结物质含量少，抗冲性能差，结持力弱，在高温多雨的周期性反复作用下，土壤分化剥蚀，在径流冲刷作用下形成沟蚀至崩岗等严重流失。这样的土壤特性，不利于植物生长，一旦原地表植被遭遇破坏就难于恢复，形成大面积侵蚀，裸露地"地不保水，土随水流"的现象随处可见，难以依靠自然的力量来改变。

2. 人为因素。自然因素是漳平市水土流失发生的潜在危险，而不合理的人为活动是造成水土流失的主要原因，而且随着人口增长和经济发展，呈现出不断增长的趋势，主要有：①森林采伐和森林火灾。群众乱砍滥伐、过量采伐森林、炼山造林、毁林开荒和用火不当发生森林火灾等是造成林地水土流失的重要原因。主要分布在赤水镇、双洋镇、灵地乡和吾祠乡等。漳平市林地水土流失面积为 156.62km²，占全市水土流失面积的 79.01%，其中有林地水土流失面积为 129.29km²，占林地水土流失面积的 82.55%。②园地无序开发。漳平市园地水土流失面积为 18.25km²，占全市水土流失面积的 9.21%，其中茶果园水土流失面积为 10.46km²，占园地水土流失面积的 57.31%。主要是开发建设单位或个人在禁止开发坡度上开发茶果园而没有采取有效的水土流失防护措施，造成山地水土流失。主要分布在南洋、永福、官田三个乡镇。③矿产开发、道路建设造成的水土流失。山区、丘陵区矿产开发、道路建设等开发建设项目动土面广、量大、流失重，没有采取水土保持措施或水土保持措施不到位，造成大量的水土流失。矿山流失主要分布要吾祠乡、新桥镇、灵地乡、双洋镇、赤水镇和芦芝乡等 6 个乡镇。新建公路未采取水土保持措施，弃土弃渣未按水土保持方案实施往河道堆积，既造成水土流失，同时又影响河道行洪安全。漳平市采矿用地和交通用地水土流失面积为 5.73km²，占全市水土流失面积的 2.89%，其中采矿用地水土流失面积为的 3.465km²，交通用地水土流失面积为

$2.265km^2$。④项目建设过程中造成的人为水土流失。近年来，漳平市在加大经济建设、园区开发力度，园区开发大量开挖土地，造成裸地面积大，流失重。未及时采取水土保持措施，也是造成水土流失的一个重要原因。漳平市裸地水土流失面积为$1.01km^2$，占全市水土流失面积的0.5%。

三、存在问题

（一）水土保持意识不强

近年来，虽然漳平市在水土保持法律法规的宣传上做了很多工作，但许多单位和个人，包括职能部门的水土保持意识还很淡薄，只看重眼前利益，对水土保持工作的重视力度不够，还未能从战略的高度认识到"水土保持是我们必须长期坚持的一项基本国策"，还没意识到"水土流失是中国的头号环境问题"。"重开发、轻治理"、"只开发、不治理"、"边治理、边破坏"、"一方治理，多方破坏"的现象还较突出，造成新的人为水土流失不断发生。

（二）水土保持监督、监测体系不健全

漳平市水土保持监督站，有机构但无编制，与水土保持委员会办公室合署办公，仅有4名工作人员，无法对全市开发建设项目水土保持方案编报及贯彻实施情况起到监督检查；水土保持监测体系还不健全，水土保持监测工作一片空白，无机构，无人员，无监测器材，使水土流失动态监测工作很难开展，无法对造成水土流失的单位、个人进行有效监控，给全市水土保持工作带来一定的影响。

（三）水土保持执法难度大

随着经济的发展，大规模的城镇、开发区建设日益增多，一些单位和个人不按规定编制水土保持方案或不按水土保持方案实施，造成严重的水土流失。水土保持执法队伍力量薄弱，得不到有关部门的理解和支持，水土保持监督执法队伍自身在

队伍力量、经费保障和执法能力方面还存在问题。

（四）水土保持投入不足

漳平市属中央苏区县，经济基础差，群众收入低，没有足够的资金用于水土流失治理，且列入中央、省级补助项目少，而政府的治理补助资金有限，因此综合治理投入相对不足。"项目少、投入不足"是制约漳平水土流失治理跨越发展、科学发展的主要瓶颈。

四、对策与建议

（一）加强宣传，营造氛围，努力提高全社会水土保持意识

要把水土保持国策宣传教育作为生态文明建设的一项重要内容来抓，开展形式多样的水土保持宣传教育活动。要充分利用报刊、电视、广播和网络等新闻媒体，大力宣传《中华人民共和国水土保持法》；要提高干部群众的水土保持意识，将水土保持法学习列入漳平市委市政府中心组、干部和村主干培训的学习内容，不断提高全社会的水土保持国策意识和法制观念。同时要开展水土保持进乡村、进学校、进社区、进生产建设单位宣传教育活动，积极营造自觉遵守和履行水土保持法律义务的良好社会氛围。

（二）建立健全机构，加强监督执法力度

水行政主管部门要建立健全水土保持监督机构，增加监督站编制和人员，保障经费来源，配备必要的设备，加强监督执法队伍建设，提高执法能力，加大监督执法力度，切实落实水土保持"三同时"制度，严肃查处水土流失违法案件，对单位和个人造成水土流失重大危害构成犯罪的由司法机关依法追究刑事责任。

（三）预防为主，综合治理

坚持"预防为主，保护优先"的水土保持工作方针，加强部门协作，要建立联合审批制度，严把项目准入关，从源头上

预防水土流失，正确处理经济建设与生态环境保护的关系，做到在开发中保护、在保护中开发，真正把水土保持工作贯彻好、落实好。要从漳平实际出发，认真学习借鉴长汀经验，因地制宜，做到生物措施、工程措施、民生措施和农业耕作相结合，以自然修复为主、人工建设为辅，实行"大封禁、小治理，大面积、低成本"，做到标本兼治；要有成本意识，严格控制治理成本，提高治理成效，确保有限的资金发挥最大的效益。

（四）科学规划，统筹施策

坚持以科学发展观为指导，以控制水土流失改善生态环境为手段，以改善民生、增加农民收入为根本出发点和落脚点，以小流域为单元，山水田园路村统一规划，综合治理。要把水土保持规划与土地利用规划、基础设施建设规划、产业发展规划、村镇建设规划结合起来，坚持"一地一策"原则，按照"突出重点、逐步推进、分步实施"的原则，编制好漳平市水土保持中长期规划和各类专项规划，划定重点治理片区，重点乡镇，确保规划有序实施。

（五）多方筹资，加大资金投入

漳平市水土流失点多、面广、强度高，治理任务重，难度大，治理后的经济效益在短时期内得不到充分体现，影响到投入治理的积极性，进而制约了全市水土流失治理的速度，要改变这种不利局面，一是要借助中央、省、市对水土流失治理工作极为重视的有利时机，积极向上争取水土流失治理项目资金及整合各相关部门的项目资金，做好示范项目建设。二是从水利建设基金和地方财政中，按国家有关规定，按一定比例投入水土流失治理工作。三是要充分发挥群众参与的主体作用，落实"谁治理谁拥有"政策，并在资金、技术、税收等方面予以扶持，明晰林地和林木产权，充分调群众参与水土流失治理的积极性和创造性。积极引入企业和个人开展产业化、规模化治理开发，培育农村专业合作社、专业协会、种植大户进行引导治理，动员机关干部带头参与治理，组织农民群众积极承包治理形成政府主导、群众主体、社会广泛参与的局面。

（作者单位：漳平市水利局水土保持办公室）

农村饮水安全工程运行管理调研报告

蓝善祥　　刘礼东

【摘　要】本文从上杭县农村饮水安全现状入手，分析目前饮水安全建设存在的问题，提出了进一步创新体制，聚力共为，全面加快了村镇供水工程建设步伐的对策措施。

【关键词】农村饮水安全　工程运行管理　对策措施

农村饮水安全是当前农村首要的、基本的民生问题。近年来，上杭县把行政村通水和实施农村饮水安全工程，作为实践"三个代表"重要思想，为民办实事、办好事的德政工程、民心工程、富民工程来抓，坚持以人为本，进一步创新体制，聚力共为，全面加快了村镇供水工程建设步伐，取得了显著成效。

一、基本情况

上杭县地处福建省西南部，闽粤二省交界处，是著名的"古田会议会址"和毛泽东主席开展"才溪乡调查"的所在县，地处东经 $116°16′\sim116°57′$，北纬 $24°46′\sim25°28′$ 之间，北与长汀、连城县毗邻，西与武平县接壤，东靠新罗区，东南与永定县相依，西南与广东省梅州市交界。县境内东西宽 69km，南北长 78km，全县面积 2848km²，林地面积 342.7 万亩（占土地总面积的 80%）。全县多年平均水资源总量 27.87 亿 m³，人均占有水量 5603m³（全国人均 2150m³，全省人均 3300m³，全市人均 6574m³）。境内主要河流有汀江、旧县河、黄潭河及 26 条集水面积 50km² 以上的溪流，其中属汀江水系占 95%，其余占 5%。全县辖 22 个乡（镇），342 个行政村（其中社区居委会 11 个），总人口 49.0443 万人，其中农村人口 44.7059 万人，农业人口 39.2237 万人。

2007～2009 年，我县实施了全国农村饮水安全工程示范县建设。3 年来，累计解决了 10.1507 万人的不安全饮水问题，基本完成了全国农村饮水安全工程示范县项目建设。截至 2010 年 12 月底，我县新建或续建集镇供水工程 20 处，新建村级供水工程 305 处，共建成各类集中饮水工程 325 处，完成工程总投资 4681.39 万元，日供水总规模达 5.8 万 t，工程建成后投入使用效果较好，解决了部分农村人饮困难，农民的健康状况得到了进一步提高。根据今年 2 月份的农村饮水安全普查复核，我县农村目前还有 289951 人存在饮水不安全问题，其中规划外涉及 21 个乡镇 259 个村，人口 128544 人；已通水未达标涉及 21 个乡镇 285 个村，人口 161407 人。按照现行国家规定的建设标准（487.5 元/人），项目总投资为 1.41 亿元。

二、投融资模式

近年来，我县坚持"国家引导、配套投入、民办公助、滚动开发"的投入机制，积极探索"政府引导、社会共建"的路子，努力形成"政府投资、政策集资、社会融资、个人出资、银行贷资、利用外资"的多元化投资格局。按照"统一规划、分段实施、渠道不变、整合职能、各记其功"的原则，将有关部门的项目资金捆绑，集中财力办大事。通过政策引导、资金扶持等措施，鼓励个人集资、联合投资、招商引资、企业独资等方式，有力地推动了我县供水事业的发展。

目前，主要有 6 种投融资模式。

1. 政府全资模式。①古田镇集镇自来水工程，水厂供水规划近期为 5000t/d，远期为 10000t/d（2020 年古田集镇人口预计将达到 2.3 万人），近期工程投入资金 800 万元，资金主要来源：中央国债补助 150 万元，省、市补助 60 万元，县财政补助 230 万元，古田镇政府自筹 360 万元，拟组建供水公司进行管理。②白砂镇集镇集中式供水工程，已建清水池 2 座（每座容积 150m³），安装日处理 720t 不锈钢一体化净化设备 1 台，工程总投资约 300 万元，全部由白砂镇政府通过各种途径由财政资金投入，解决了集镇及周边村 8000 余人安全饮水问题，工程建成后采取招标承包管理，现行水价 0.8 元／t（其中学校 0.4 元／t），承包人上缴镇政府 0.3 元／t（作折旧、扩容改造、大修等费用），其余由承包人自负盈亏，承包期暂定 5 年（2010~2014 年）。③城区第二水源工程，由县国有资产投资公司出资 1050 万元建设大坝，由三和集团（香港）有限公司出资 2000 万元建设隧洞、管道、水处理厂，实行股份制投资和经营。2009 年收归国有，由县鑫源自来水有限公司管理。

2."三个一点"模式，即"上级补助一点、村财政投入一点、群众自筹一点"。步云乡在 1999~2001 年的 3 年间，全乡累计投入 134.5 万元，其中国家补助 34.5 万元，群众自筹 78 万元，村财政投入 22 万元，兴建村级供水工程 15 处，在全县率先实现村村通水目标。桂和村 100 户 400 多人，分上、下两村，较分散，需分两处兴建，在上级扶持 3 万元的基础上，村财政投入 1 万元，另每户出资 150 元筹资，总投入 10 多万元，建成该村供水工程。茶地乡、中都镇、下都乡、蛟洋镇等乡镇较多村级供水工程采用此种模式。在村集体投入中，村财较好的，从现有资金支出；村财较紧张的，通过盘活闲置资产或林木出售、林果场及其他经营资产租赁、承包等方式获取资金。

3.股份制模式。①股份私营企业。珊瑚乡上珊瑚村村民陈松祥等四人出资 14.5 万元兴建上、下珊瑚村第一水厂。

②个人与集体的股份合作制。又可细分为三种：第一种是股份分红型，通贤乡集镇供水工程，日供水 450t，总投资 102 万元，受益通贤、周源等 5 个村 3950 人（设计受益 8000 人），由三和集团（香港）有限公司阙炎和出资 71.5 万元（占投资比例 70%）和乡政府出资 30.6 万元（占投资比例 30%）合股兴建。湖洋乡古楼村供水工程，省水利厅挂钩扶持 4 万元作为村委会股份，由梁玉锋和吴华旗联合出资 8.4 万元占 70% 股份；第二种是固定收益型，庐丰乡上坊村供水工程，省水利厅挂钩扶持 5 万元作为村集体股份投入，村民赖国荣、赖宗宝两人投入 7.5 万元由其经营和管理维护，每年上缴村财政 1000 元作为村集体股份收益；第三种是让利型，白砂镇岭背村供水工程，已建水池 100m³，日供水 350t 左右，由民营企业家刘寿琪投资 58 万元和镇政府投资 20 万元合股兴建，核定水价 1 元/t，在 2008 年前由私人自主经营、自负盈亏，2008 年后镇政府参与股份分红。蓝溪镇集镇供水工程，已建小（2）型水源水库一座及清水池 300m³、净水工程等，日供水 800t 左右，总投资 440 万元，由民营企业家廖敬荣等人合股 330 万元、蓝溪镇政府投资 110 万元，水价 1 元/t，承包期 50 年，由私人自主经营、自负盈亏，镇政府在 2008 年以前的投资 50 年后再分红，2008 年以后投入的资金重新测算股份参与股份分红。

4. 租赁协作模式。古田五龙村供水工程，除各级水利部门补助 4 万元和村集体再投入 5 万元外，剩余 12.2 万元作为租赁金由廖祐华投入，工程建成投入运行后，由廖祐华租赁经营 20 年，期满后该供水工程产权归村集体所有。现行水价 0.5 元/t，水费由廖祐华收取，不计租金，租赁期内自主经营、自我维护、自负盈亏。

5. 社会捐资模式。以社会捐资为主、村集体及群众自筹投入为辅。古田镇上郭车村供水工程，由当地 7 家企业每个企业支持水泥 100t 共折币 13 万余元，私营企业主王德新除赞助水泥 100t 外还个人捐资 5 万余元，村财及群众集资投入 10 万元，镇政府专项拨款 5 万元及县水利局 1 万元、老区办 0.5 万元，建成投资 34.5 万元、日供水 300t 的自来水工程。现由上郭车村王元丰承包管理，承包期 10 年，10 年租金共 3.05 万元上交村委会，现实行阶梯水价，农民每户每月核定基本用水量 6t，水价 0.15 元/t；用水量超过 6t 时，水价 0.5 元/t。高速公路征费站、机关事业及工矿企业等用水水价 0.8～1.0 元/t。水费由承包人收取，实行自主经营、自我维护、自负盈亏。

6. 个人独资模式。珊瑚乡上珊瑚村个体户胡光生投资 18 万元兴建的上、下珊瑚第二水厂。现行水价 1.0 元/t，水费由胡光生收取，自主经营、自我维护、自负盈亏。

三、存在的主要问题

1. 水量不足，供水保障能力低。早期建设的饮水工程（包括集镇供水工程），缺乏科学规划，加上资金不足等原因，水源水库建设滞后，普遍存在供水保证率低等突出问题，造成饮水困难。部分边远山村，自然条件较差，群众生活较为困难，人口居住分散，水源点偏远，输、供水管线长，施工难度大，工程造价大，加上单个工程可覆盖的供水受益人口少，经济效益较低，投资回报率低，很难吸引社会资金投入，融资难度大，目前也存在饮水困难。经调查我县已建简易供水工程投资情况，并考虑近年来材料、人工工资上涨因素，人工工资约占 30％，管材、水泥、钢筋及水质净化消毒过滤设施设备等材料约占 70％。对于村民小组多、居住分散的村以及集镇供水，无法满足工程建设投资需要，无法从根本上解决农村居民特别是乡镇集镇用水需求。即使受益区群众投工投劳出资解决部分资金，但自筹能力毕竟有限，资金缺口较大。由于工程不完善，水源水量不足问题是我县农村饮水的最突出问题，群众迫切要求政府帮助解决。

2. 建设标准较低，管材等设施设备老化严重。我县的农村供水建设理念经历了从自流水到自来水的转变。以往，实施人饮工程主要是通过简易陂坝水池加水管龙头的方式，解决群众肩挑手提或没水吃的问题。从 2001 年以来的十年间，水利、发改、财政、老区扶贫、民宗等相关部门的投资补助标准各不相同。水利部门补助每个集镇供水项目 20 万元、行政村通水 4 万～5 万元，发改部门补助每个集镇供水项目几十万元、个别乡镇 100 多万元（如：2008～2009 年补助古田、才溪集镇供水工程改扩建各 150 万元），老区扶贫部门补助革命基点村、老区村人饮工程建设 2 万～5 万元，2007～2010 年县财补助每个革命基点村人饮建设 3 万元，民宗、库区移民等相关部门对每个少数民族乡村及库区移民乡村也有几万元的补助。2007～2009 年实施的全国农村饮水安全工程示范县建设项目补助标准也相差较大，2007 年项目（古田、步云、临城、庐丰、才溪等 5 个乡镇）：中央补助 62.4 元/人、省级无配套、市级 30 元/人、县级配套补助 62.4 元/人；2008 年项目（蓝溪、湖洋、官庄、南阳、稔田镇一期等 5 个乡镇）：中央补助 162.5 元/人、省市无配套、县级配套补助 62.4 元/人；2009 年项目（稔田镇二期 4 个村、中都、下都、茶地、溪口、太拔、白砂、蛟洋、泮境、通贤、旧县、珊瑚等 12 个乡镇）：中央补助 162.5 元/人、省级配套补助 97.5 元/人、市级配套补助 30 元/人、县级配套补助 62.4 元/人。2012～2013 年计划实施的 21 个乡镇 259 个村 28.9951 万人整乡推进饮水安全工程项目，人均投资 487.5 元/人，全部由县级以上解决，补助标准：中央补助 390 元/人、省级配套补助 24 元/人、市级配套补助 30 元/人、县级配套补助 43.5 元/人。

早期建成的简易供水工程，工程规划、设计和工程质量要求等建设标准较低，管材多选用价廉的镀锌管、塑料管，内壁粗糙，管壁薄厚不均，而且管径选择普遍偏小，管件与管材不配套，多数都由受益农户自行安装，施工工艺简单、粗略，工程质量较差。经过近一二十年的运行，金属管件锈蚀、管材自然老化造成管网破损、渗漏、堵塞严重，已达不到设计供水能力。以往，实施人饮解困工程主要是通过简易水源（简易陂坝水池）加水管龙头的方式，解决群众肩挑手提或没水吃的问题。

3. 建后管理亟待加强。大多采用村组集体管理的方式，产权归集体所有，水费按人头收取。农民群众普遍节水意识淡薄，用水浪费现象时有发生，经常出现上游用水多，而下游无水的情况；部分工程管理人员自身素质较低，责任心不强，缺乏对工程设备性能的认识，造成设备在工程运行中不必要的损坏；个别村组没有制定相应的管护责任制度，或没有严格执行管护责任制，工程设施无专人管理，因管理不善，使部分设施寿命缩短，提前老化；部分供水工程（特别是个人投资兴建的人饮工程）财务制度不健全，管理混乱，没有设专户储存，出现了钱有人收，事没人管的现象。乡（镇）、村对个人投资兴建或私人控股的人饮工程在运行管理服务方面缺乏有效的监管措施，造成群众不满意甚至上访，如珊瑚乡南片供水厂和蓝溪镇集镇供水工程。

4. 水费计收难，管护乏力。现行水费多按人收取，水价很低，基本上只计取了管理人员基本工资，工程维修费、折旧费用无从计取，因此没有积累，维修、更新改造的经费无从着落，大部分工程处于带病运行状态而无力修复。部分群众误认为，建设人饮工程是政府的事，所有的建设资金都应该由政府出，非但不积极投劳出资支持人饮工程建设，还理所当然地把自来水当作"福利水"、"大锅水"，导致一些饮水工程未能安装计量水表，出现有人用水、没人交费、无人管水局面，工程老化失修难以为继。对不交水费的用水户缺乏必要的措施和有效的手段。一些即使实行了按吨计费的供水工程，由于水价明显偏低，加上来水量不足，供水能力低，连最基本的管理人员工资也难以支付，工程运行困难。

5. 水质检测不规范。大部分供水工程只在规划设计时对水源水质进行了检测。2007 年，县财共投入 76 万元，组织卫生部门对各乡镇自然村居民生活饮用水水质进行采样检测，受到乡镇、村干部的高度赞许。乡村干群普遍反映，水质检测费用较高（每次约需 700 元），难负担，导致工程建成后，出厂水及管网末梢水基本上没有再次送检，对水质变化情况不甚了解。即使卫生部门抽样监测发现存在水质超标问题，也因种种原因，没有着力解决。由于工程建设资金不足，已建工程基本上是自然沉淀或简易过滤设施，没有必要的消毒净化措施，水质达不到饮用水标准。目前，全县仅推广应用净水设施 20 多台套。

6. 农村的生态保护意识不强。较大的集中供水工程（如集镇供水工程），一般有划定水源保护区，并由专人监督管理。大部分分散供水工程，没有建立水源保护制度，没有划定水源保护区，也无人监管，水源环境卫生普遍较差。由于生态环境的变化，农民自身的生态保护意识不强，多数地方因养殖业的无序发展、化肥农药的过度使用、生活污水的随意排放，群众生活取水所依赖的小溪流、小沟渠的水质已经不符合饮用水水源标准。

7. 基层技术服务力量不足。长期以来，由于水利专业大中专毕业生回杭少、原聘水利员年老退休等原因，乡（镇）村水利工作人员严重不足。22 个乡镇现有水利工作人员中只有临江、庐丰两个乡镇有水利专业 2 人，其他均为非水利或建筑工程类专业。全县有农田水利的 336 个村（社区）中，只配备了 53 名农民水利技术员，还有 283 个村（社区）未配备，欠账较多，给做好水利工作带来极大困难，就是日常工作也难以做到位。基层水利工作难以开展，在一定程度上影响了职能的有效发挥，影响了农村饮水安全工程的有效监管。

四、对策建议

1. 科学规划，合理确定工程建设方案。各乡镇要因地制宜，科学制定农村饮水安全工程建设规划。根据各地要解决的问题以及自然、经济条件和社会发展状况，合理选择饮水工程的类型、规模及供水方式，提高饮水安全工程建设标准。首先考虑当前的现实可行性，同时兼顾今后长远发展的需要。水源选择应符合当地水资源管理的要求，根据区域水资源条件选择水源，优质水源优先满足生活用水需要。对水源有保证、人口居住较集中的大村，应建设集中式供水工程，并尽可能适度规模，供水到户。极个别建设资金不足、农民收入比较低的自然村，供水系统可暂先建到集中给水点，待经济条件具备后，再解决自来水入户问题。居住分散、人口较少的小山村，可考虑采用分散式供水工程。本村水源不符合饮用水要求的，可考虑利用外村水源建造联村、联片供水工程，以确保实现饮水安全目标；也可以直接采用终端用户净水工程。当确无好水源时，根据当地水源状况，考虑采取一体化净水处理设备等净水工程措施。

2. 坚持政府投入为主，拓宽融资渠道。农村饮水安全工程是首要的、基本的民生工程，要坚持政府投入为主，不断拓宽融资渠道。根据我县实际，按照中央、地方和受益群众共同负担，困难大的多补、困难小的少补等原则制定有效的资金筹措计划。按照城乡统筹的科学发展观要求，县、乡两级政府要通过公共财政增加投入，确保饮水工程所需资金足额、及时到位。受益农户也要在负担能力允许的范围内，承担一定的投劳投资责任。通过政策引导、资金扶持等措施，鼓励个人投资、联合投资、招商引资、企业独资等方式，推动全县供水事业的持续、健康发展。同时可创新思路，加快组建水务集团步伐，统筹解决城乡水务工作。

3. 严格管理，保证工程质量。要加强饮水安全工程建设质量监督，强化对工程项目的审查审批，强化对项目计划落实、资金到位、建设管理、安全监控和水质卫生检测的全程检查督导，确保工程进度与质量。县监督与效率委员会要加强农村饮水安全工程的监督，定期通报各乡镇建设工程进度与质量情况。各乡镇各部门要根据总体规划任务，因地制宜、分类指导，突出重点、注重实效。既要着力解决当前的应急问题，又要科学规划稳步实施。不能因为时间紧、任务重，而忽视工程质量。要强化项目管理，建立健全质量保证体系，确保工程质量。要通过加快推进乡镇水利工作站建设，切实加强农村饮水安全工程项目建设管理，提高管理水平。要认真落实项目法人责任制、建设监理制和招标投标制，投资达到规定要求的要实行招投标，其余工程也要坚持公开、公平、择优的原则，选择好施工队伍，把好资金关、材料关、资质关、验收关。要大力推广新技术、新材料、新工艺、新设备，提高工程科技含量，更好地发挥工程效益，真正做到建一处，成一处，管好一处，受益一处，让广大农民得实惠。

4. 健全机构，加强工程建后管理。成立上杭县饮水安全管理中心，负责全县农村饮水安全工程的监督、指导等工作。各乡镇要重点抓好以下工作：一是落实责任主体。各乡镇人民政府对本行政区域内农村饮水安全工程运行管理负总责，要落实饮水安全保障乡（镇）长负责制，逐个供水厂（站）落实包厂（站）行政领导和相关责任人。按照"产权归属明晰、管理主体到位、责权利相统一、工程持续利用"的要求，理顺管理关系，健全服务体系，完善运行机制，促进农村饮水安全工程管理规范化、供水商品化、服务社会化。对于单户工程可实行自建自管；对于联户工程成立管护小组，签订管护公约，明确管护责任；对集中供水工程，要理顺管理体制，组建管理机构，按照《村镇供水站定岗标准》合理确定管理编制，同时，要扩大建立农民用水户协会，深化用水户参与式管理改革。二是实行有偿供水。农村饮水安全工程实行有偿供水、计量收费，有条件的地方可逐步推行两部制水价、用水定额管理、超定额累进加价等制度。严格按照"一户一表一龙头"计收水费。供水成本结合水量合理核定水价，解决按成本收费等相关问题。集中供水工程要求全部按成本加微利核定水价，实行有偿供水，计量收费。三是提高管理水平。供水单位（农村饮水安全工程运行管理责任单位）应通过"送出去、请进来"的方式，对农村安全饮用水管理人员进行业务培训，使他们能够了解水质净化及工艺流程，规范使用净化消毒设施，做好水质监测，提高饮用水水质卫生合格率。四是加强运行管理。各乡镇人民政府严格按《村镇供水工程技术规范》（SL 310—2004）开展辖区内农村饮水安全工程的运行管理。建设立起包括水源保护、卫生防护、水质检验、岗位责任、运行操作、交接班、维护保养、计量收费等在内的良性运行管理制度。各乡镇要统筹组建饮水安全工程管护专业队伍，加强人员培训，提高管护人员素质，同时要建立健全城乡供水抢险救灾和应急救援保障机制，确保农村饮水安全工程供水安全和长效运行。

5. 加强管理，设立农村饮水安全工程管护奖励基金。为全面提高农村饮水安全工程的管理水平，实现管理专业化、供水商品化、服务社会化，达到可持续利用的目标，使农村饮水安全工程发挥最大的经济效益和社会效益，按照"谁投资、谁所有，谁受益、谁管理"的原则，明晰农村饮水工程产权，落实管理主体，健全用水户协会，建立健全各项规章制度，并对工程运行管理、计量收费、养护维修、水源保护、水质监测等工作进行管理和监督，保障工程正常运营，不断提高供水保证率。设立上杭县饮水安全工程管护奖励基金，引导乡（镇）村饮水安全工程的健康运行，发挥长久效益。奖励补贴专项资金设立专户，专款专用，纳入县级财政专项预算。

6. 强化意识，保护生态水源环境。保障饮水安全，首先要从源头抓起，要保护好饮用水源。在县环保局的指导下，各乡镇政府要按照有关规定，对乡镇集镇及村级供水水源地和供水工程设施划定明确的保护区，并设立明显的保护标志牌，制定水源地保护措施。要按照《饮用水水源保护区污染防治管理规定》的要求，划定规划项目供水水源保护区，加强对水源周边环境的保护，防止污染，要采取有效措施保护好饮用水源。要加强对作为农村生活用水水源的小河、小溪、水库、山塘的保护。要大力保护农村供水水源地，加强对农村生活污水、生活垃圾、养殖业污水和工业废水及固体污染物的排放管理，加强对农业生产使用化肥和农药的管理，提倡科学施肥用药。

7. 加强监测，完善水质保障体系。对农村饮水安全工程，应根据具体情况，设置必要的水净化设施，向用水户提供水质达标、卫生的生活饮用水。同时，应建立社会化的水质监测服务体系，对供水水质进行监测，提供水质检测服务，完善供水水质保障体系。要以县疾控中心为依托，建立和完善水质监测中心；以乡镇供水厂为依托，分区域设立监测点，做到机构、人员、任务、责任、仪器设备、经费的落实，并实现信息畅通、资料数据准确及时。对于集中供水工程，加强水源、出厂水和管网末梢水的水质检验和监测；对于分散供水工程，分区域定期进行水质监测。

（作者单位：上杭县水利局）

村级（灌区）水利协会的调查与思考

蓝希政　刘礼东

【摘　要】本文从上杭县村级水利协会建设现状入手，分析目前农村水利协会建设存在的问题，提出了推进水利协会建设的对策措施。

【关键词】农村水利协会　水利工程管理　对策措施

一、上杭县村级（灌区）水利协会建设现状

近几年来，我县针对小山塘、小灌渠等量多、面广、规模小、经营性差的现状，从改革体制、创新机制入手，通过推行以农民用水合作组织为主的一系列改革，建立了农村小型水利工程建设和管理新机制，激活了农村水利发展市场，走出了适应市场经济体制和农村经济发展要求的建管新路子。曾在全省率先成立村级水管服务组织的通贤乡通贤村，推进"一把锄头管水"，于 2001 年 11 月成立水利协会。2006 年 11 月 9 日，县民政局批准登记了通贤乡通贤村水利协会，该水利协会从此具有了合法独立的社团法人资格，标志着我县农民用水户协会建设向制度化、规范化管理迈进了一大步。2006 年 12 月 26 日，福建省水利厅在我县召开全省农民用水户协会工作经验交流会。我县以此为契机，扎实推进村级水利协会登记管理工作。至 2011 年 12 月底，县民政部门已批准组建村级水利协会289 个，涉及 22 个乡（镇）288 个村（居）委会，占全县有农田水利设施行政村总数 336 个的 86%；有专职管水员 850 人，

管护水利设施 4100 余处；参与农户 9 万多户，受益人口 31 万多人、耕地 30 万亩。《上杭县人民政府关于切实做好 2011 年农业农村工作加快推进新农村建设的若干意见》（杭委发〔2011〕1 号）和 2011 年 6 月 3 日重新修订的《上杭县小型农田水利工程设施管护办法》（杭政〔2011〕8 号）规定，对运作良好的水利协会，每年在水利、财政等部门验收确认后，按水利协会所管护的农田水利工程设施的受益农田面积亩数计算，由原规定的每亩县财奖励补助 5 元改为每亩县财政奖励补助 10 元。2011 年下达县级补助经费 281.546 万元。根据各乡镇提供的报表统计，2011 年全县水利协会实收农业水费为 156 万元，水费实收率为 97％；工程完好率为 83％。大部分协会基本上有运作，水利设施有落实专人管理，重大事件有通过"一事一议"，财务制度基本建立，上级下拨的补助资金有落实到具体项目，能发动群众修复水毁工程，按时完成上级布置的各项任务。部分协会的水利工程维护费用的出入账，协会均有明细记录，并张榜公布。

调研表明，农民用水合作组织的组建推广，得到了广大乡村干部和群众的普遍欢迎和充分肯定，初步解决了我县农村小型水利设施管理难、投入难、效益发挥难问题，凸现了一系列积极的效应。主要表现在以下 5 个方面：

一是解决了主体"缺位"问题，保障了工程效益的发挥。如：旧县镇主干渠九曲渠道全长 3.4km，在龙溪、河西和河东村三个水利协会的联合管理下，九曲渠道的清淤、水毁修复工作有序进行，保障了三个村 400 多亩良田的灌溉，为当地群众的农业生产发挥着很好的作用。

二是提高了水费征收率，扩大了农田水利融资渠道。如：官庄乡贵和村从 2007 年 12 月成立水利协会以来，群众每年缴交水利粮折合人民币 6500 多元，占应交水利粮的 96％以上。协会不仅把全村的水利设施管理得井井有条，还发动协会理事成员争取社会各界的扶助，以补助砂石、水泥等建筑材料的形式，通过村民义务投工投劳，村里被水毁的渠道均能得到及时修复。

三是促进了节约用水，提高了水资源利用效率和效益。如：庐丰乡丰济村供水工程由村水利协会负责管理，在水费计收方面采取标水价、阶梯水价等办法，水价 1 元/t，每户每月用水基数为 3t，超额加价，确保供水工程长效运行。

四是规范了用水秩序，减少了用水纠纷。协会成立后，年初编制用水计划，统一管理，按协会章程和用水管理制度办事。用水过程中，根据实际情况，及时调整水量分配，上下游统一协调，为用水户提供了优质服务，很多矛盾在用水协会和管水小组内部得以化解，形成了良好的用水秩序。

五是为"一事一议"提供了载体，提高了农民参与的积极性，营造了和谐氛围。如：通贤乡通贤村采取"民主听证，一事一议"的方式，形成了每亩受益田每年 12 元的水费收缴办法；聘请具有从业资格证书的会计人员整理账目，专款专用并定期公开收支；理事会成员由农户代表选举产生，自觉为协会无偿服务；乡政府还为通贤村水利协会划拨 150km 的土地用于建立协会办公大楼。该乡文坑村水利协会通过"一事一议"对村内河道进行整治，建立了河道管理新机制，协会共投资 1.63 万元（其中：协会投入 0.3 万元，群众投工投劳折资 0.63 万元，发动乡贤捐资 0.7 万元）对河道清淤清障 1.5km，完成土石方 0.5 万 m^3；同时，制订河道管理公约，计划每人每年收取 1 元的河道管理费，由协会统一收取和管理。

从目前的实践与成效看，我县农民用水户协会初步建立了农村水利工程建设管理的新体制与新机制。

二、存在问题与原因分析

我县农民用水户协会的建设和发展虽然取得一定成效，但发展不平衡，目前尚处于探索提升阶段，省内乃至我国南方水量较充沛的省市还没有成熟的经验可借鉴，工作中还存在一些困难和问题，从近期调研情况看，主要表现在以下 8 个方面：一是由于我县灌区大多建设于 20 世纪 50～70 年代，历史欠账及田间工程管理缺位，造成很多田间工程配套差、破损严重、计量设施缺乏，在目前农业效益比较低的状况下，大部分乡镇的农民基本上不可能拿出余钱去投资对水利工程进行改造，工程基础的薄弱和经济拮据直接制约协会的发展。二是部分协会组建不够规范，没有严格按规定程序组建，协会理事会由村两委指定产生，而不是民主选举产生，部分灌区用水户不太清楚有水利协会这个组织，这样的协会班子能否真正代表用水户的利益有待商榷，同时也违背了组建农民用水户协会的初衷。三是由于水利协会属新生事物，各级对协会的政策支持尚未完善，资金扶持未与协会建设挂钩，未与工程类别、规模挂钩；由于各级水利资金补助有限，依然存在"会叫的孩子多奶吃"，造成部分水利协会工作难以开展，不少村民认为，兴修水利与水利管护经费应由村两委和水利协会积极向上争取，若争取不到是村两委干部和水利协会理事无能，对计收水费存在抵触情绪，等、靠、要思想仍较严重。四是虽然县财政采取了各种措施，扶持协会能力建设，但由于乡（镇）、村对协会投入很少，大部分协会水费收取率底，工程管护资金不足，协会运作成效不理想，协会运行机制不活、运行不正常，影响协会的发展。五是协会管理人员的素质还有待进一步提高，协会运行有待进一步规范，不少协会还缺乏有威信、有号召力、有责任心、有能力、具有无私奉献精神的带头人。六是水利协会组建后，协会与村委会各自在水利建设和管理中的职责划分不是很清楚，许多职能交叉重叠，许多村干部一时还不适应这种管理方式，自觉或不自觉地影响这项工作的开展。七是部分协会财务账目混乱，上级补助款及收取的水费未缴入协会银行账户，收入与支出未分清，手续不齐全，协会与村委会的账目未分离，个别协会的银行账户未启用或是已被销户，基本上是"空壳子"。八是个别乡（镇）对农民用水户协会的建设和发展重视不够，指导宣传力度不到位，村民（会员）对协会的职能作用不了解。产生这些问题，既有客观因素，也有主观原因，需要我们在今后的工作实践中认真探索加以解决。

三、对策与建议

农民用水户协会是以某一灌溉、供水区域为范围，由农民自愿组织起来的自我管理、自我服务的农村生活供水、农业灌溉组织，属于具有法人资格、实行自主经营、独立核算、非营利性的群众性社团组织。农民用水户协会是保证农村群众的知情权、参与权、监督权，让农民用水户真正当家做主，拥有自主管理权的具体体现，也是建立新型农业社会化服务体系的具体形式之一。2012 年中央 1 号文件指出，培育和支持新型农业社会化服务组织，扶持农民用水合作组织等社会力量参与农业产前、产中、产后服务。因此，我们要进一步提高认识，加快农民用水户协会建设步伐，建立健全农村水利建设管理新机制，切实提升农村水资源综合管理水平。

（一）要统一思想，提高认识

水利是农业的命脉，加强农田水利基础设施建设是增强农业抵御自然灾害的能力，改善农业生产条件，保证粮食安全、农业增效、农民增收的重要途径。水利又与人民群众的生命生产生活息息相关，是关系民生的重要工作，建设好为人民群众生命安全、生产发展、生活保障、生态保护服务的民生水利，是适应全面建设小康社会的新要求。立足生命安全，要着力推进防灾减灾工作。立足生活保障，要着力推进新农村饮水安全工程建设。立足生产发展，要着力推进农田水利基础设施建设。立足生态保护，要着力推进农村水环境建设。这些都要求我们要进一步深化农村水利工程建设与管理的体制、机制改革，而农民用水户协会就是适应农村水利体制、机制改革的重要形式之一。

让农民用水户协会参与工程建设，监督工程资金使用，承担工程建成后的水费收取、工程管护等职责，形成群众建前、建中、建后全程参与的民主化制度，把群众由单纯的、被动的受益者，转变成为复合的、主动的参与主体，使工程从建设到管理始终处在群众的参与和监督之下，能有效地提高工程规划建设和管理水平，促进农村水利工程的科学实施、规范建设、持续利用、滚动发展。实践证明，在自愿和民主的原则下组建的农民用水户协会，适应了农村水利管理体制改革的需要，解决了许多政府管不了、管不好、农民又不愿意管的事情，解决了农村水利管理上的农民主体"缺位"问题，面广量大的农村水利基础设施发挥了显著的效益，为新农村的建设做出了应有的贡献。因此，推进农民用水户协会的建设与发展是加强和改进农村水利工程建设与管理的一个有效途径。

（二）要加强领导，落实责任

县委、县政府对农民用水户协会工作非常重视，成立了机构，出台了一系列政策扶持协会的组建与发展。出台政策之多，扶持力度之大在全省是少有的，得到了省水利厅的充分肯定和推广。但目前的现状是部分乡镇存在"上面热、下面冷"或"时冷时热"现象，乡（镇）及乡（镇）以下的积极性还未被调动起来。为此，各乡镇要切实加强领导，一是要成立机构。乡镇主要领导要亲自抓，分管领导要具体抓。二是要充分发挥包村干部的作用。调动包村干部的积极性，通过加强对包村干部的学习培训，让包村干部熟悉协会组建与运作的各项工作，然后到所包村去宣传发动。未组建村要负责包协会的规范组建，已组建的要负责包协会的正常运作，帮助协会想办法、出点子、管好水利工程。三是乡（镇）政府要加大对水利协会财务的监督力度。四是要加强协会建设管理力度，加大发挥协会的职能作用。

（三）要规范运作，逐步完善

对我县农民用水户协会的建设和发展，从现阶段存在的主要问题及其成因来看，今后一段时期，农民用水户协会规范化建设的工作重点是"五个着力"，即：着力加强协会班子建设、着力提升会员参与热情、着力推进协会民主管理、着力完善协会运行机制、着力发挥协会建设成效。

1. 着力加强协会班子建设。一是选出一个好的协会班子。筹备小组对农户情况进行调查和登记，划分用水小组，选举用水户代表，推选理事会成员候选人，召开用水户代表大会，选举理事会成员和负责人，表决通过协会章程以及供水管理、工程维护、水费收缴、财务管理等规章制度和办法，办理水利资产移交手续，明确有关各方权利、责任、义务。农民用水户协会负责人的产生严格按章程规定，民主选举，选出有较强组织和管理能力、办事公道、热心公益事业、农民信得过的人。协会理事一般3～7人，协会负责人在理事中选举产生，任期原则上与村两委同步（一般在村两委换届后进行）。村级农民水利技术员、小（2）型以上水库专管员可兼任协会理事。二是提高协会班子管理能力。加强协会班子的自身能力建设，包括组织协调、业务技能等综合素质。分层次举办各类培训班、研讨班，尤其是加强协会理事会成员的培训，每年举办1～2次。

2. 着力提升群众参与热情。一是做好宣传发动工作，努力扩大会员队伍。加强对乡、村干部和农民群众的宣传培训。各乡（镇）水利工作站、村两委在组建协会之前，在灌区范围内或供水区域内广泛开展宣传发动工作，将组建协会的目的、意义、作用、迫切性让受益区广大农民群众和基层干部家喻户晓，人人明白，激发农民自觉申请入会的积极性。在宣传方法上，通过走访农户、广播电视、座谈讨论、宣传栏、散发宣传材料等多种形式，解除农民的思想顾虑，实事求是地解答他们提出的问题，达成共识，使他们积极主动地参与协会的建设与管理。同时加大对农村妇女的宣传，鼓励和支持农村妇女参加农民用水户协会工作，有意识地发现和培养妇女骨干，更多地发挥妇女在用水户参与灌溉、供水管理中的作用。二是转变思想观念，引导农民把自己的事情办好。坚持把群众作为水利建设的主体和力量源泉，调动群众参与的积极性和创造性。对小型水利设施的投入主要采取"一事一议，民办公助"的方式，对农民用水合作组织等自愿开展小型农田水利工程设施建设项目，给予专项资金补助，重点支持灌溉20亩以上的小型水库、山塘、陂坝、渠道、机电泵站等工程设施的修复、新建、续建与改造；灌溉20亩以下的小型水利工程设施原则上由灌区群众自行解决。只有认识到位了，群众参与协会建设的热情才能提高。

3. 着力推进协会民主管理。一是规范组建程序。坚持自愿组织、自愿参加、民主议事、民主决策、合作互助、互利互惠的原则，避免行政机构越俎代庖，强迫命令，实现民办、民管、民受益。协会的规模与承担的任务相适应，方便用水户之间互助、合作，力求低成本和高效率。以村（联村）或村民小组为单元组建的用水户协会，管辖所在区域内的陂头、塘库、渠道、河道、电灌站、集体所有的供水工程等水利设施。以单项工程或村民小组为单元组建的用水户协会，其所在区域内的服务面积应在20亩以上。以单项工程为单元组建的用水户协会，管辖该单项工程。要求农民用水户协会在取得县民政部门颁发的登记证书后，要及时到县质量技术监督部门办理代码证书，申请银行开户，实行专户存储，专账管理。二是公开协会事务。农民用水户协会领导班子通过民主选举产生，并按协会章程规定进行换届选举，有关会议记录必须建立在册。农民用水户协会的财务收支情况必须公开，及时公布各用水户的水费收缴情况、水费使用情况、出工出资情况、上级补助资金使用情况等涉水事务，自觉接受会员监督，提高协会公信力。各水利协会积极创造条件，通过采取"民主听证，一事一议"的方式来决定农业水价和水费收缴与管理问题，积极探索农村水务"一事一议"的实施办法。以会员的满意度来检验协会理事会工作成效的好坏。

4. 着力完善协会运行机制。一要建立健全规章制度。规范化建设必须健全协会管理机构，用水户代表大会必须制度化、规范化，并定期召开（如每季一次）。农民用水户协会规范化建设的核心是能力建设，包括硬件建设（如议事场所、量水设施等）和软件建设（如章程、规章制度、运作程序等）。必须在符合国家有关法律法规的基础上，在农民用水户协会的内部以民主协商的方式制定与协会章程相配套的规章制度。二要建立多元化的投入机制。①计收农业水费。②将水库、山塘、人饮工程、电灌站等水利工程外包，盘活水利资产，增加收入。③通过"一事一议"筹集水利建设与管理工程配套投入。④动员外出乡贤、企业家捐资。⑤争取上级补助收入。三要完善协会的监督机制。包括协会内部监督、政府监管。让农民用水户协会参与工程建设，监督工程资金使用，承担工程建成后的水费收取、工程管护等职责，形成群众建前、建中、建后全程参与的民主化制度，把群众由单纯的、被动的受益者，转变成为复合的、主动的参与主体，使工程从建设到管理始终处在群众的参与和监督之下。各乡镇水利工作站、财政所监督农民用水户协会要遵守法律法规和政策，根据农民用水户协会章程开展活动，依法依规管好、用好协会资金，健全协会财务制度。

5. 着力发挥协会建设成效。协会理事会应负责好协会日常工作的开展，做好灌溉供水管理、工程维护、协调水事纠纷等相关事宜，确保各项水务工作有人抓、各主要工程有人管、工程效益能发挥。一要确保主要工程有人管。为合理调配水量，及时有效组织开展工程维护，提高水的利用效率和效益，对辖区内各水库、山塘、电灌站、主干渠道等重要水利设施均要安排专人负责日常管理，签订管理合同，明确权利、义务。要以水利设施管理的好与坏作为检验协会运作成效的主要标志。二要确保河沟有人管。制订村规民约，落实专人巡查，建立健全河道管理制度，及时制止随意往溪河倾倒垃圾、弃土等不良行为，确保河畅水清。三要协助做好防汛保安工作。按照上级政府的统一部署，协助做好乡村防洪预案的修订完善、防汛值班等防汛保安工作。四要及时化解水事纠纷。及时解决用水户协会组建、运行和发展过程中出现的问题，避免争水、盗水、毁坏水利设施事件的发生，做好基层息访工作，促进村民自治。

（作者单位：上杭县水利局）

农村水利现状、存在问题与对策建议

吕伟旗

【摘　要】本文围绕贯彻落实中央1号文件、中央和全省水
利工作会议精神,加强农业水利基础设施建设与
管理,解决当前农村水利的主要困难和问题,通
过深入基层调查、座谈、走村入户等形式开展调
研,提出加强农村水利建设的对策措施。

【关键词】水利工作　建管现状　对策建议

上杭县现有22个乡镇、342个行政村(居委会),49万余
人。位于福建省西南部,地处闽、粤两省交界处,位于北纬
$24°46°\sim25°28'$,东经$116°16'\sim116°57'$之间,总面积
$2860km^2$,其中河流面积$319km^2$,占总土地的11.2%;山地
与丘陵面积$2291km^2$,占总土地的80%;耕地面积$250km^2$,
占总土地的8.8%,大致为“八山一水一分田”的分布。境内
山脉连绵,海拔千米以上的高山有90座。县境内群山重叠、
丘陵起伏、溪河纵横,主要有汀江、旧县河、黄潭河和26条
集水面积$50km^2$以上溪流,其中汀江水系占95%;九龙江、
梅江支流占5%。干流汀江自北向南纵贯本县,流经县城及10
个乡镇,汀江主要支流旧县河和黄潭河分别流经南阳镇、旧县
镇和溪口乡、太拔乡、蓝溪镇、稔田镇等乡镇。汀江流经我县
境内有100多km,主要景点有棉电库区“千岛湖”、摩陀寨
等风景区等,汀江城区河道以其宽广、笔直、水流平缓等诸多
天然优势逐渐成为远近闻名的水上活动竞赛场所,天然丰富的

水利资源成为我县的一个品牌，成为推动我县经济又好又快发展和建设和谐社会的重要物质基础。

上杭县属亚热带季风气候，雨量充沛，各地年平均降水量在 1520～2130mm 之间。全年降水量集中在 4～9 月，占年降水量的 75%，境内各地平均气温在 17.5～19.5℃ 之间，极端最高气温 39.7℃，极端最低气温在零下 5～8℃。

一、当前农村水利的现状

（一）防汛抗旱设备设施日益完善

建成城区防洪堤 16.9km、乡镇防洪堤 16 余 km。保护人口 12.21 万人。经过近些年防汛抗旱硬件和软件建设，防汛抗旱作为一项重要社会性工作，为社会经济建设和人民财产保驾护航起到了重要作用，防汛工作得到各级领导的重视和支持。作为防汛抗旱一线机构的乡镇也日益重视防汛工作，建立健全机构组织，各乡镇成立了防汛抗旱领导小组和防汛抢险队伍，全县 342 个村（居委会）都已制订防汛抢险救灾应急预案。各类水库落实了以行政首长负责制的防汛责任制外，防汛抢险队伍保障有力，乡村防洪预案相对完善，做到预警到乡、预案到村到户到人。

（二）农村水利设施建管水平逐年提高，但形势不容乐观

1. 农村饮水安全建设标准不高，管理形势不容乐观。一是建成工程多数标准不高。通过近几年实施行政村通水工程项目，大部分村均有实施自来水工程，工程建设标准基本符合要求，运行管理状况基本较好。行政村已大部分解决了饮水问题，切实为当地群众解决了实际问题。但这些人饮工程规模相对较小，覆盖面不大，效益不够明显。还有一大部分自然村还未建人饮工程，已建工程未受益的农户均已单户或联户用软管接山涧水或者挖井取水，但水量和水质没有保证，管道容易损坏。二是管理现状不容乐观。全县大多数人饮工程运行正常，

有专人收费、专人管理。对已实施人饮工程并通水的行政村、自然村实行承包管理，一般水价在 0.4～1.0 元/t。水费收取资金 60%～70% 作为管理人员工资及管护维修费用，30% 上缴村财作大修基金。但也有部分村通过实施通水项目后，管理不够完善，许多供水工程尚缺乏规范的管理制度和市场经济的运作，部分村级供水工程建设单位未能实施有效的股份制、拍卖、租赁、承包等各种产权制度改革形式，致使供水工程的管理者责任不明确，工作积极性不高，使供水工程在运行过程中存在许多体制不健全或管理不到位的方面，造成人饮工程供水不畅，使群众用水经常遇到诸如缺水、断水，以及水质受污染等方面的饮水不安全问题，严重影响供水工程效益的正常发挥。

2. 农田节水灌溉主干工程仍然不足，管理仍然不够到位。大部分渠道渗漏、坍塌淤积严重。原有的灌区干、支渠建设时大部分建于"大跃进"的历史时期，且多为盘山渠道，岩石裂隙发育，土质多为沙壤土，渗透系数大，部分干、支渠渠底和边坡虽用浆砌石防渗处理，但由于是发动群众分段包干施工，经过多年运行，渠道坍塌、渗漏较严重。同时部分未采取防渗措施的土渠段，淤积严重，渠道中杂物和水生植物众多，影响了渠道过水，部分深挖方渠段地下水排除不畅，引起渠道滑坡，造成堵塞。此外，由于山洪暴发水土流失带来的泥沙及沿渠企业、居民往渠中倒废弃物、垃圾等，造成渠道淤积相当严重，导致干渠个别渠段过水能力不足。

3. 农民用水户协会运作管理参差不齐。至目前，县民政部门已批准组建村级水利协会 289 个，占全县有农田水利设施行政村总数 336 个的 86%；有专职管水员 850 人，管护水利设施 4100 余处，工程完好率达 85%；参与农户 9 万多户，受益人口 31 多万人、耕地 30 万亩。根据各乡镇提供的报表统计，2011 年全县水利协会实收农业水费为 156 万元，水费实收率为 97％；工程完好率为 83％。协会运作情况基本正常，水利设施有专人管理，但参差不齐。

（三）农村小水电开发建设基本完成

全县水力资源蕴藏量 46.031 万 kW，可开发量 26.079 万 kW，年发电量可达 9.9826 亿 kW·h。目前已开发水电站 234 座装机 21 万 kW，多年平均发电量 7.35 亿 kW·h。

（四）水土保持面临一些新情况

旧县镇、稔田镇要求加大投入对水源保护、河岸绿化、必要地段的防洪堤建设等。通贤乡、官庄乡要求加强水土保持管理，加大宣传力度，制止乱弃土、乱建房、采砂等现象。泮境乡希望对矿区水土保持进行管理、督查。蛟洋镇由于工业集中区开发，植被破坏较为严重，建议上级部门加大投入，避免或减少水土流失。

（五）河道采砂逐步走上规范有序管理的轨道

1. 河道采砂基本情况。境内溪流密布，砂石资源丰富，集雨面积在 50km^2 以上溪流有 26 条，以"一江两河"为主，其中汀江河境内流域面积为 2715km^2，河长 112km，理论蕴藏量 186 万 m^3；旧县河境内流域面积为 1701km^2，河长 45.9km，理论蕴藏量 98.2 万 m^3；黄潭河流域面积为 1222km^2，河长 98.1km，理论蕴藏量 41.1 万 m^3。近年来，随着我县国、省道及高速公路及城市建设等一批重点工程、项目的相继开工建设，砂石资源需求量与日俱增，价格持续上涨，采砂场也从 2000 年的十余家猛增到现在的 77 家。

2. 砂场管理现状。2005 年 6 月前，我县的河道采砂由水利、国土部门分别发证监管，由于多头管理、多家发证，职责不明，曾一度导致我县河道采砂管理混乱，未经许可采砂、违章采砂、乱堆乱放弃渣现象严重。2005 年，县人民政府明确我县河道采砂由县水利局一家监管后，我县的河道采砂才从无序、纷乱逐步转变为有序、规范管理。2006 年 2 月《福建省河道采砂管理办法》出台施行后，进一步明确了河道采砂由水利部门统一管理，结束了我省河道采砂多龙管理，多家发证，职责不明的局面，也为我局规范管理河道采砂提供了法律依据，强化了我县河道采砂管理。

二、制约水利科学发展的突出问题

1. 防汛抗旱设备设施投入仍然不足，防洪工程体系亟待完善。一是乡镇自主购置防汛抗旱设备少，依赖县级防汛部门投入，很多乡镇只有县级配备的防汛物资。二是对防汛抗旱设备管理和维护不到位。很多乡镇到县防汛办借用设备后，没有及时维修、归还，要由县防汛维修，造成维修成本高、甚至丢失。三是防汛物资仓库缺乏。很多乡镇没有相应的物资仓库。四是河道淤积严重，防洪工程未建，防汛压力大。五是乡村预案可操作性不强。

2. 水利设施建设与管理亟待加强。一是农村饮水安全方面。已建工程入户率低，主要原因是居住分散，管道长，投资大，损耗大，管理成本高，业主效益不好。体制与机制有待进一步创新，饮水工程是公益性项目，社会效益大于经济效益。宜公建私营、民办公助、股份合作等体制建设，建后应承包经营或私营，产权宜私有（人饮工程的寿命一般10~15年），政府宜采用按户数或人口的方式补助，并建立长效的补贴机制，像农田灌溉渠道水毁工程管理经费的补助方式。原有人饮工程大多运营十几年，建设标准低，规划不合理，输水管道破损严重，急需维修，费用大，乡村及管理户筹资难度大。二是节水灌溉方面。近年来，各乡镇认为渠道标准化建设项目是个为民办实事的好项目，但是3万元/km的标准太低，建设任务偏少，建议提高补助标准、加大建设力度，继续每年运作实施。三是水库山塘方面。全县山塘数量多、面广，除险加固任务大，县级补助标准较低特别是较大的山塘。四是山地水利方面。非专业村得不到补助和立项支持。

3. 农民用水户协会需要加强运作，发挥作用。大部分协会运作情况基本正常，但有小部分协会流于形式，运作情况一般，没有发挥应有的作用。很多用水户协会均存在着水费征收难度大，一事一议筹资投劳难度操作，管护工作真正正常运转比较困难，只能维持正常的急需的水利建设开展工作，老百姓参与协会的积极性不高。部分村部积极成立水利协会的主要目的是为了得到补助。

4. 农村小水电要监管有待加强。农村小水电是水资源可持续利用的重要内容，是治水办电、中小河流治理和水利工程综合利用的产物，是水利事业的重要组成部分，直接为农业、农村、农民服务。但由于 2000 年以来农村水电开发迅猛，存在思想认识、流域综合规划和政策措施上的滞后，也暴露出一些必须重视的问题：一是径流式电站多，调节性能都很差。二是农村水电开发大多在山区的小流域，原有的流域开发规划不够科学，水资源利用不充分。三是一些新建、技改、改建的小水电没有严格按照建设项目安全设施与主体工程同时设计、同时施工、同时投入生产，存在一些无立项、无设计、无验收、无管理的"四无"水电站。四是 2002 年农电体制改革后，实行厂网分开，小水电上网电价又普遍偏低，致使企业效益低下，安全生产管理不到位，带来一些隐患。

5. 河道采砂需要进一步规范，加强执法监管。由于种种原因，法律、法规宣传不够，当事人法律意识不强，受利益驱使，无证采砂或违章采砂行为或现象还时有发生。"一江两河"采砂场点多面广，部分乡（镇）怕得罪人，对辖区内的河道采砂监管不够支持。"一江两河"河道岸线至今未划定，河道具体管理范围不明确，给河道采砂监管带来负面影响。有些法律、法规可操作性不强，如《采砂管理办法》出台了，但对未经许可采砂的处罚还要引用《省防洪条例》。

6. 河道管理问题仍较突出。近年来，随着我县经济的发展和人们生活水平的逐步提高，人们生产生活中产生的废水和废物也不断增加，部分群众、企业环境意识不高，贪图便利把污水、垃圾随意排入河道，水质恶化和河道被填、塞、堵现象屡见不鲜，水环境污染问题较为严重，河道管理面临着新的压力和挑战。主要存在的问题有：一是水质恶化。我县部分中小溪流水质较差，许多河段的河水已无法使用，成了"废河"。主要的原因是：工业废水不达标排放和大型养殖场废水、污水直排。二是垃圾入河。有不少村暂无垃圾处理池，有些有建未用，不少群众将垃圾堆放在河道旁，有些直接倒入河流里，导致境内河床不断提高，给防洪带来较大压力。重点项目建设施工，如建高速公路、建铁路等也容易引发大量泥沙流入河道，造成河道污染、河床淤积、水流不畅。三是水浮莲泛滥成灾。四是流域内电站工程多，由于库区蓄水，导致许多河段经常干枯，影响生态环境。

三、推进水利科学发展的对策与建议

（一）实施乡镇进行防汛规范化建设，建设乡村防洪工程。

大部分的乡镇没有专门的防汛办公场所、没有设备、没有人员等，要强化乡镇防汛办规范化建设，完善乡镇防汛办公条件，提高应急能力。加强防汛物资使用管理。建设一批乡村防洪工程，如中都、下都、通贤、官庄、泮境、太拔、茶地、步云等乡镇要求帮助集镇防洪堤工程的建设。

（二）水利设施建设管理要有新的突破。

一是农村饮水安全方面。随着农村经济的发展和增长，农村居民生活水平和经济承受能力不断提高，居住条件逐渐改善，对用水也提出了更高更新的要求，用水供需矛盾日益加剧，供水紧张已成为制约农村经济发展的重要因素之一，农村居民迫切希望和城市居民一样用上卫生方便的自来水。因此，大部分乡镇和群众都对兴建人饮工程的积极性很高，但项目村人口居住分散，自然村与自然村之间相隔很远，人均投资大。要充分利用全省农村饮水安全工程建设的契机，切实抓好这项惠民工程建设。二是节水灌溉方面。要加大对边远村、山区村的节水项目支持。

（三）农村小水电监管需要加强

为加强农村小水电项目的建设管理，促进水能资源的科学有序开发，严格执行《中华人民共和国水法》、《中华人民共和国防洪法》以及福建省人民政府《加强水能资源开发利用管理规定（试行）》、福建省水利厅关于《福建省农村水电项目建设管理暂行办法》等有关规定，加强农村水电站建设监管工作的组织领导，突出安全监管，确保工程建设安全和防洪安全，进一步强化农村水电站管理，抓好现有电站的挖潜改造工作，力争提高小水电上网电价。

（四）水土保持需要持续推进

要做好水土保持宣传教育工作，进一步提高全民的水土保持意识。加强水源地水土保持生态建设，随着我县农村农民饮用水工程的不断完善，水源地保护的必要性和重要性显得尤为突出。要依法行政，加强水土保持监督监测，防治并举控制人为造成水土流失，全面落实水土保持"一方案、三同时"制度；建立联合执法机制。要加强水土流失综合治理，落实相关农村经济优惠政策，争取重点项目资金给予补助，对水土流失严重区，采用水土保持工程和植物措施相结合的办法，因地制宜进行合理性规划，上报小流域综合治理项目，进行立项治理。

（五）河道采砂监管需要强化

要加大投入，加强法律、法规宣传普及，努力提高广大人民群众的水法律、法规方面的知识，树立依法采砂意识。完善《福建省河道采砂管理办法》，提高可操作性，如在办法中补充规定无证或非法采砂应承担的法律后果，强化完善行政强制措施方面规定，如对非法或无证采砂的当事人，明确电力部门不得对非法行为供电，工商部门对无证经营行为加强处罚，地方政府或乡（镇）政府从安全生产角度对其非法行为予以取缔，多管齐下，形成强大合力。建议省、市部门尽快牵头组织实施河道岸线规划工作，划定河道岸线，划定具体河道管理范围，以利水政执法工作顺利开展。要进一步调动乡（镇）人民政府及村委在河道采砂监管中的积极性。

（六）河道管理要形成长效机制

一是以科学规划为先导，发挥规划前期的"龙头"作用。按科学发展观的要求，组织水利、建设、发改、环保等部门高标准编制河道建设管理规划。要正确处理好经济发展与水环境保护，短期政绩与长远功绩，经济效益与社会效益的关系，确保规划的科学性、前瞻性、合理性。二是实施"清水工程"建设，再塑"河面宽、河水清、河岸绿"的美好景象。重视水源地的保护，发挥森林涵养水源的积极作用。加大垃圾污水治理力度，推行清洁生产。开展养殖污染的清理整治。科学调度库区排水，确保河流的生态用水需求。要加大对水浮莲的整治力度。三是完善长效管理机制，动员全社会齐抓共管，共同建设美好环境。建立健全考核奖惩制度，充分发挥汀江环境保护协会的作用，加大宣传和监督的力度，提高社会河道管理的意识，建立健全河道环境监管网络，完善村民自治。四是增强全社会河道保护意识和法制观念，进一步改善河道保护管理的软环境。五是加强执法队伍建设，提高执法水平。

（作者单位：上杭县水利局）

农村水利基础设施存在问题及建议

刘礼东

【摘　要】本文围绕贯彻落实中央1号文件、中央和全省水
利工作会议精神，加强农业水利基础设施建设与
管理，解决当前农村水利的主要困难和问题，通
过深入基层调查、座谈、走村入户等形式开展调
研，提出加强农村水利建设的对策措施。

【关键词】水利工作　建管现状　对策建议

一、基本情况

全县已初步形成蓄、引、提并举的水利灌溉体系，工程措
施和非工程措施相结合的防灾减灾体系。已建成各类水利工程
4977处，有效灌溉面积达31.62万亩，占总耕地面积36.77
万亩的85.73％。其中引水工程4441处，有效灌溉面积21.98
万亩；蓄水工程258处，其中小（1）型水库4座、小（2）型
水库49座、小山塘205座，有效灌溉面积5.45万亩；提水工
程216处，有效灌溉面积4.18万亩；发展山地水利蓄水池
430个容积4.62万 m^3，解决了1万多亩高优经济作物的灌溉
用水问题。建成城区第二水源、新水源及22个乡镇饮水工程
以及村级人饮工程342处。

二、主要成效

（一）病险水库山塘治理工程初见成效

完成了中央安排的重点小（1）型水库除险加固项目，投资 1261 万元的稔田白砂埔、临城深陂、珊瑚杨梅山 3 座小（1）型重点水库除险加固项目，于 2010 年 11 月通过了主体工程投入使用，计划近期组织竣工验收。完成了省、市级安排的铁东水库及庐丰乡新山、蓝溪镇龙山等 17 座小（2）型水库除险加固项目，完成了 13 座小山塘除险加固。水库山塘防洪安全保障能力不断提高。

（二）粮食安全保障能力不断增强

针对我县农业灌排设施基础薄弱，农业用水紧缺与浪费并存，大多数灌区工程已运行 30～50 年，干旱缺水已成为制约农业生产的突出问题。我县通过多方争取项目，实施水库、山塘、山地水利和农业节水工程建设，抓好灌区改造和农田灌渠标准化建设（从 2005 年开始，县政府每年把 100km 标准化渠道建设纳入为民办实事项目）、"烟基"项目建设、水毁工程修复等建设，为我县粮食用水安全提供了保障。临城镇雁子滩泵站、官庄乡回龙泵站得到更新改造。小型农田水利重点县项目 2010 年度完成了旧县、古田、湖洋 3 个乡镇建设任务，总投资 2335.81 万元（其中中央财政补助 800 万元、省级财政配套补助 740 万元、县级财政配套补助 400 万元、群众自筹 395.81 万元），主要实施了渠系改造 110.4km、渠系建筑物改造 48 处、塘坝整治 12 处、引水堰闸整治 72 处、泵站改造 5 处装机 81kW，建设雨水集蓄工程 33 处 0.315 万 m^3、高效节水管灌 0.07 万亩、喷灌 0.1 万亩，排水闸更新改造 3 处、排涝沟改造 5.3km。2011 年项目涉及才溪镇、通贤乡和珊瑚乡等三个乡镇实施，项目计划投资 2331.95 万元，其中中央补助资金 800 万元，省级补助资金 900 万元，县级配套资金 400 万元，群众自筹资金 231.95 万元，目前正在开展施工招标等前期工作。

（三）饮水安全保障能力不断提升

一是积极探索建管模式。饮水安全工程是一项民心工程、德政工程。2001 年，我县在省水利厅挂钩扶持下，出台了《上杭县村级通水实施办法》，在实施过程中，积极探索"政府引导、社会共建"的路子，形成了"政府投资、政策集资、社会融资、个人出资、银行贷资、利用外资"的多元化投资格局，2004 年省水利厅在我县召开千万农民饮水工程建设现场会，在全省加以推广。从 2008 年开始我县根据上级政策，采取整乡镇推进的方式实施自然村通水工程及乡镇供水扩容改造与续建工程建设，提高自来水供水覆盖率，为我县饮水安全提供了保障。二是开展全国农村饮水安全工程示范县建设。通过2007～2009 年 3 年努力，累计解决了 10.1507 万人的不安全饮水问题。截至 2009 年 12 月底，我县新建或续建集镇供水工程 20 处，新建村级供水工程 305 处，共建成各类集中饮水工程 325 处，完成工程总投资 4681.39 万元，全县农村 21 个乡镇和 335 个行政村村部所在地基本解决了通自来水问题，日供水总规模达 5.8 万 t，受益人口 27 万多人，工程建成后使用效果明显，得到了广大群众的好评。完成全国农村饮水安全工程示范县建设竣工验收资料整理，并通过了省级验收。

（四）工业用水安全保障能力显著提高

目前，已经完成蛟洋等部分乡镇工业区供水规划编制，对蛟洋工业区 20 万 t 铜冶炼厂的水资源开发利用进行了规划并实施建设竹背、田螺坑两座水库，现已基本达到蓄水条件，即将发挥效益。此外，还规划了松光礤水库等水源工程建设。2006 年组织编制的 30 条溪流流域综合规划的编制报省水利厅、省发改委审查、审批，部分工程正在实施。

（五）积极探索水利工程管理模式，促进工程长久发挥效益

针对农村税费改革后，农村小型水利工程管理弱化、年久失修及效益下降等问题，从 2001 年开始，我县积极探索创新水利工程管护体制，于 2002 年培育成立了通贤乡通贤村水利协会，在试点工作取得成效的基础上向全县推广，从 2003 年始在全省推广，省水利厅 2006 年 12 月在我县召开了全省农民用水户协会经验交流会。到目前止，县民政部门已批准组建村级水利协会 289 个，占全县有农田水利设施行政村总数 336 个的 86％；有专职管水员 965 人，管护水利设施 4000 余处，工程完好率达 85％；参与农户 8 万多户，受益人口 30 多万人、耕地 34 万亩。农民用水合作组织的组建推广，得到了广大乡村干部和群众的普遍欢迎和充分肯定，初步解决了我县农村小型水利设施管理难、投入难、效益发挥难问题，凸显了一系列积极的效应。

三、当前农村水利基础设施存在的突出问题

（一）农村安全饮水工程建设任务艰巨，运行管理亟待加强

一是建成工程多数标准不高。通过近几年实施行政村通水工程和全国农村饮水安全工程项目，大部分村均有实施自来水工程，工程建设标准基本符合要求，运行管理状况基本较好。行政村已大部分解决了饮水问题，切实为当地群众解决了实际问题。但这些人饮工程规模相对较小，覆盖面不大，效益不够明显。还有一大部分自然村还未建人饮工程，但村民直接从溪沟取水饮用的情况已不存在，已建工程未受益的农户均已单户或联户用软管接山涧水或者挖井取水，但水量和水质没有保证，管道容易损坏。二是管理现状不容乐观。全县大多数人饮工程运行基本正常，有专人收费、专人管理。对已实施人饮工程并通水的行政村、自然村实行承包管理，一般水价在 0.4～1.0 元/t。水费收取资金 60％～70％作为管理人员工资及管护

维修费用。30％上缴村财政作大修基金。但也有部分村通过实施通水项目后，管理不够完善，许多供水工程尚缺乏规范的管理制度和市场经济的运作，部分村级供水工程建设单位未能实施有效的股份制、拍卖、租赁、承包等各种产权制度改革形式，致使供水工程的管理者责任不明确，工作积极性不高，使供水工程在运行过程中存在许多体制不健全或管理不到位的方面，造成人饮工程供水不畅，使群众用水经常遇到诸如缺水、断水，以及水质受污染等方面的饮水不安全问题，严重影响供水工程效益的正常发挥。还有些供水工程供水规模较小，收取的水费还不够保持运转，负债也增加了，变成村里的一个包袱。个别工程用水户未装水表，未收水费。三是建设任务十分艰巨。根据全县农村饮水安全问题普查资料，全县尚有规划外饮水不安全人口 2.7789 万户 12.8544 万人、已通水未达标3.5174 万户 16.1407 万人。省委、省政府决定加快解决全省农村饮水安全问题，要求 3 年基本解决，5 年全面解决。我县是全省唯一试点县，要求提前一年，从现在开始通过两年（即 2011 年 10 月至 2013 年 9 月）的努力，以乡（镇）为单元，实行整乡（镇）整村推进建设集中式供水工程的方式，全面解决我县 289951 人农村饮水安全问题。2012 年解决 20 万人农村饮水安全建设任务，余下约 9 万人 2013 年 9 月底前全面完成。时间紧、任务重、标准高、责任大。目前，县政府已下发《上杭县农村饮水安全建设整乡推进工作实施方案》，明确县直有关单位职责，省水利中心、省水科院、莆田水利设计院 3 家设计单位已完成外业测量，正在编制总体规划报告、实施方案，各项工作任务已按照时间计划表有序推进。四是供水水源点建设问题凸现。随着新农村、小城镇、集镇化、工业化建设发展，对农村饮水的水源要求越来越高，乡镇集镇供水、工业集中区供水水源点建设摆上重要议事日程，各乡村要求建设具有一定供水调蓄能力的水库，以解决枯水期供水不足。目前，我县水源点工程建设相对滞后，难以满足人民群众日益提高的生产生活要求。

（二）水库山塘带病运行

上杭水库山塘数量多，病险水库山塘也多，病险水库山塘的除险摘帽任务艰巨。全县的水库山塘绝大部分建于 20 世纪 50～70 年代，建设时期标准低，工程隐患不少，且后期管理和维修欠缺，经过数十年运行，大部分工程老化，长期带病运行。近几年来，虽然加大了治理除险的力度，但目前的小（2）型水库和小山塘仍存在不同程度的病险隐患，病险水库山塘不仅使灌溉面积大幅减少，而且防汛压力越来越大，成了防汛工作的心腹之患。2011～2013 年要完成中央安排的 15 座重点小（2）型、2012～2015 年要完成省级安排的 12 座一般小（2）型病险水库除险加固任务艰巨。

（三）灌溉工程破损老化

我县灌溉工程灌区续建配套任务重，由于过去建设标准低、运行时间长，老化破损，输水能力下降。全县灌区干渠能达防渗标准的不多，小型灌区工程标准更低，水资源浪费极为严重，灌溉面积日益缩小。大部分渠道渗漏、坍塌淤积严重。灌区干、支渠建设时大部分处于"大跃进"的历史时期，且多为盘山渠道，岩石裂隙发育，土质多为沙壤土，渗透系数大，部分干、支渠渠底和边坡虽用浆砌石防渗处理，但由于经过多年运行，渠道坍塌、渗漏较严重。同时部分未采取防渗措施的土渠段，淤积严重，渠道中杂物和水生植物众多，影响了渠道过水，部分深挖方渠段地下水排除不畅，引起渠道滑坡，造成堵塞。此外，由于山洪暴发水土流失带来的泥沙及沿渠企业、居民往渠中倒废弃物、垃圾等，造成渠道淤积相当严重，导致干渠个别渠段过水能力不足。近年来，各乡镇认为渠道标准化建设项目是个为民办实事的好项目，但是 3 万元/km 的标准太低，每年 100km 建设任务规模指标偏少，建议提高补助标准、加大建设力度。

（四）小型农田水利设施薄弱

近年来，虽逐年加大了小水库、小山塘、小渠道、小机井、小河坝等"五小"工程建设，但是，就全县整体而言，小型农田水利设施还是比较薄弱，防汛抗旱能力不强。主要表现为山塘河坝淤塞比较严重，渗漏较为明显，渠道淤积，过水不畅，机井设施失修，利用效率低。自农村承包责任制体制改革以来，由于管理缺位，投入不足，导致塘内淤塞，塘堤破损，蓄水急剧减少。

（五）农民用水户协会能力建设有待提高

至 2011 年 10 月 15 日，县民政部门已批准组建村级水利协会 289 个，占全县有农田水利设施行政村总数 336 个的86%；有专职管水员 965 人，管护水利设施 4000 余处，工程完好率达 85%；参与农户 8 万多户，受益人口 30 多万人、耕地 34 万亩。大部分协会运作情况基本正常，但有小部分协会流于形式，运作情况一般，没有发挥应有的作用。大部分用水户协会均存在着水费征收难度大，一事一议筹资投劳难操作，管护工作正常运转比较困难，老百姓参与协会的积极性不高。部分村部积极成立水利协会的主要目的是为了得到补助。个别协会的财务制度还不够健全。县级下拨的 10 元/亩补助资金虽有专款专用，但由于历史欠账较多，发动群众投工投劳困难很大，无法全面修复水毁工程，影响了部分水利工程效益的发挥。

（六）山地水利需求增大

近年我县大力发展山地经济作物，用水量猛增，山地水利基础设施建设任务繁重，每立方米水池建设投资在 100 元左右，县级按 50 元/m³ 的补助，资金缺口大。县级每年安排 1 万立方米山地水利水池建设额度，远不能满足"一村一品"专业村及规模种植户的用水需求。油茶种植户也强烈要求享受县级山地水利水池补助政策。

农村水利基础设施存在上述突出问题的主要原因有：一是运行时间长，年久失修，水利设施的病险状况已经处于多发期。二是资金严重不足，水利投入与需求的差距太大，虽然各级政府加大了水利投入，但仍然是杯水车薪。三是20世纪80年代以来，农民生产积极性高了，但水利设施建设的积极性低了，一些小型农田水利设施管理维护不够到位。

四、加强农村水利基础设施建设的建议

(一) 全力以赴抓好农村饮水安全工程

按照《上杭县农村饮水安全建设整乡推进工作实施方案》（杭政综〔2011〕480号）要求，根据省、市水利部门和县委、县政府的统一部署，全力抓好这项民心工程、德政工程。一是科学规划，坚持政府投入为主，创新融资体制。对于乡镇集镇及工业集中区的生产生活用水要制定长远发展规划，通过新建水源水库及实施跨流域引调水工程解决。同时可创新思路，加快组建水务集团步伐，统筹解决城乡水务工作。二是合理确定工程建设方案。根据各地要解决的问题以及当地自然、经济条件和社会发展状况，合理选择饮水工程的类型、规模及供水方式，提高饮水安全工程建设标准，彻底解决我县剩余饮水不安全人口。三是出台农村饮水安全工程运行管理办法，设立农村饮水安全工程管护奖励基金。四是健全机构，加强工程建后管理。成立上杭县饮水安全管理中心，负责全县农村饮水安全工程的业务指导和监督管理等工作。各乡镇要重点抓好以下工作：一要落实责任主体，二要实行有偿供水，三要提高管理水平，四要抓好运行管理。五要严格水源保护工作。在县环保局的指导下，各乡镇政府要按照有关规定，对乡镇集镇及村级供水水源地和供水工程设施划定明确的保护区，并设立明显的保护标志牌，制定水源地保护措施。要大力保护农村供水水源

地，加强对农村生活污水、养殖业污水和工业废水及固体污染物的排放管理，加强对农业生产使用化肥和农药的管理，提倡科学施肥用药。六要完善农村饮水安全监测体系。要以县疾控中心为依托，建立和完善水质监测中心；以规模较大的集中供水站（供水工程）为依托，分区域设立监测点，做到机构、人员、任务、责任、仪器设备、经费的落实，并实现信息畅通、资料数据准确及时。七要加强技术培训。通过分层次举办培训班，提高各级项目执行人员的业务水平和管理水平，提高规划、设计、施工、监理人员的技术水平，提高工程管理人员的运行管理和维修水平，为保证项目顺利建设、工程良性运行提供较高水平的人力资源。

（二）加快小型水库山塘除险加固

巩固深陂、白砂埔、杨梅山、铁东等 4 座小（1）型病险水库除险加固成果，加快小（2）型病险水库和重要山塘除险加固步伐，尽快消除水库、山塘安全隐患，恢复正常功能，确保安全运行和发挥效益。到 2015 年，完成 27 座小（2）型病险水库除险加固，完成小山塘集中整治。列入中央安排的 15 座重点小（2）型病险水库除险加固确保在 2013 年前完成。

（三）切实加强农田水利建设

积极争取国家、省、市的资金投入。认真研究国家投资政策，做好项目的规划和申报工作，积极争取中央、省、市对上杭农田水利建设的投入。要加大县乡两级财政的投入力度。逐步建立乡村两级水利投入机制，县、乡财政预算要逐年加大对农田水利设施建设的投入，县政府要研究制订出台水利建设实行以奖代投的政策措施办法，加大以奖代投力度，充分调动和激发群众建设水利的积极性。要按照"统一规划，渠道不变，分步实施，项目管理"的原则，进一步整合老区扶贫、以工代赈、农业综合开发、国土整理、商品粮基地建设、棉花滩水电站库区坡改梯综合治理建设等专项用于农村水利的资金，实行捆绑使用，集约投入，通过规划整合项目，通过项目整合资金，提高资金使用效率。到 2020 年，力争完成回龙、黄潭河流域、湖洋、中都、下都等各乡镇中小型灌区农业综合开发节水配套改造任务。加快水利骨干工程建设，新建一批灌区，增加农田有效灌溉面积。继续实施湖里大型灌溉排水泵站更新改造，完成稔田、蓝溪、庐丰、官庄等 4 个乡镇 73 座电灌站（水轮泵站）更新改造。整合县直有关部门的涉农水利资金，健全农田水利建设新机制，争取中央、省、市级财政大幅增加我县专项补助资金，县、乡（镇）两级政府也要切实增加农田水利建设投入，引导农民自愿投工投劳。加快推进小型农田水利重点县建设，确保在 2012 年前全面完成旧县、古田、湖洋、通贤等 10 个乡镇的建设任务，恢复灌溉面积 0.06 万亩，改善灌溉面积 7.05 万亩，新增节水灌溉面积 3.3 万亩。支持山丘区小水窖、小水池、小塘坝、小泵站、小水渠等"五小水利"工程建设，突出抓好水源工程、田间工程配套与末级渠系节水改造，力争 120 座小型泵站及稔田、下都、中都等乡镇山地水利项目列入中央、省、市级扶持计划。建议县级提高补助标准和增加规模指标，每年安排山地水利蓄水池建设 2 万 m³（补助 50 元/m³）、标准化渠道建设 200km（补助 5 万元/km），重点向易旱乡村、边远山区、"一村一品"专业村倾斜。大力发展节水灌溉，推广渠道防渗、管道输水、喷灌滴灌等技术。要广筹资金、落实责任，加快修复水利水毁工程，保证城乡居民生活用水和农业灌溉用水。

（四）推进小型水利工程管理体制改革

要按照"谁投资，谁受益，谁所有"的原则，大力推进小型农田水利设施产权制度改革，明确小型农田水利设施的所有权。发展休闲、养殖业，筹措水利建设资金，鼓励农民、集体和社会民营资本参与农村水利设施建设投资，盘活现有水利工程资产存量。要配备村级水利管理员并补助经费，加强水利工程建后管护，并由县乡各级财政核拨工资补贴。要切实加强水利协会能力建设，用足用好扶持政策，对运作良好的按所管护水利工程设施灌溉农田面积，继续给予每亩补助10元并逐年提高。要加强对村级水利协会的建设、运作进行指导，协助解决遇到的各种问题。要建立严格的财务制度，实行专款专用，并接受村民的监督。立足"五个着力"（着力加强协会班子建设、着力提升会员参与热情、着力推进协会民主管理、着力完善协会运行机制、着力发挥协会建设成效），加强协会能力建设。

（作者单位：上杭县水利局）

农电小水电现状与管理对策探讨

刘兰新

【摘　要】本文从农村小水电建设现状实际出发，分析小水电建设管理存在的问题，提出加强农村水小电建设管理的对策措施。

【关键词】农村水电　建设管理　对策建议

一、农村小水电在中央苏区和革命老区的地位和作用

党中央、国务院历来高度重视农业、农村、农民问题。上杭县水电农村电气化、小水电代燃料的建设取得了显著成绩。一是农村水电站的建设促进了农村基础设施和公益设施建设，改善了山区群众的生产生活条件。农村用电、饮水、卫生、文化、教育、广播、电视、通信、交通等基础设施条件都得到明显改善，农村面貌发生了深刻的变化，从根本上解决了农民出行难、生产资料调入难、产品运出难的"三难"问题，结束了肩挑背驮的历史，为农村的土地、旅游开发、山水田林路综合治理和商品流通奠定了良好基础；二是实现了城乡同网同价，减轻了农民负担，实现了农民增收；三是利用农村水电资源优势，大力发展农村水电，增强了农村造血功能，带动了农村工业化、城镇化，大量农村劳动力转移到第二、第三产业，促进了农村产业结构调整和升级，促进了国内生产总值增长和县财政增收，推动了我县农村经济社会全面发展；四是改善生态环境，促进了和谐社会的建立。水电农村电气化县建设解决了我

365

县无电人口的用电问题，特别是深山区的群众在发展水电及电气化建设中得到实惠。山区群众利用小水电开展以电代燃、电炊、取暖不再砍树烧柴，有效地控制了对森林乱砍滥伐，有利于促进生态建设，减少了空气污染，提高了森林覆盖率，保持了水土，改善了生态环境，促进了人与自然和谐相处。

二、我县农村小水电资源与开发现状

我县水力资源丰富，溪流纵横，主要河流有汀江、旧县河、黄潭河，以及集雨面积 50km² 以上的溪流 26 条。全县水力资源理论蕴藏量 46.031 万 kW，可开发量 26.079 万 kW，年发电量可达 9.9826 亿 kW·h。

1. 已开发情况。据统计，从建国初期的 10kW 小火电厂发展至今拥有各类小水电站 234 座，装机容量达 20.329 万 kW，占可开发量的 77.95%，2010 年发电量达 6.7179 亿 kW·h（占全县全年用电量 8.78 亿 kW·h 的 76.51%），见表 1。

表 1　　　　　上杭县农村小水电资源与开发现状表

所在流域	理论蕴藏量（万 kW）	可开发量（万 kW/处数）	已开发量（万 kW/处数）	开发率（%）
汀江干流	15.71	14.1/5	6.45/4	45.74
旧县河	6.29	4.36/8	3.574/7	81.79
黄潭河	8.49	2.193/14	1.791/13	81.67
芦园溪	2.8	1.55/9	1.161/9	74.9
丘山溪	0.989	0.945/5	0.9115/5	96.4
50km² 以上溪流	10.8193	7.4666/33	5.5185/33	73.9
50km² 以下溪流	3.789	2.495/163	0.995/163	39.88

2. 未开发情况。汀江干流回龙水电站原规划装机 5.1 万 kW，由于涉及到长汀县的土地征用、淹没补偿、移民搬迁难以协调等原因，经省水利厅规划调整为长汀的美西（装机 1 万

kW）、汀州（装机 2.5 万 kW）和上杭的回龙（装机 1.2 万
kW）三级开发。城关电站原规划装机 5 万 kW，由于各方面
原因未建，将原城关电站分级开发为城关闸坝电站（装机
0.25 万 kW）、砂帽石电站（装机 1.5 万 kW，已不可建）和
涧头电站 1.0 万 kW。其他溪流未被开发的小水电资源也因牵
涉灌溉、饮水、淹没、环保、土地、林业等问题，实际都已无
法进行开发。至此，全县能开发的小水电项目已基本上开
发完。

三、我县农村小水电建设管理存在的主要问题

1. 拦河蓄水大坝的修建，造成区间断流和社会矛盾。拦
河蓄水大坝的修建，采用引水式和混合式水电开发方式，有的
改变了原来的水流流向，造成部分或局部河段区间季节性断
流，使水生态失衡，区间农田灌溉和人畜饮水受到影响，当地
群众有意见。在电站建设和运行管理中，电站业主和群众由于
未能妥善处理好建设项目上下游、左右岸各种涉水利益关系，
引起不少矛盾纠纷，造成群众上访事件不断，给社会带来不安
定因素等问题。

2. 供电格局改变和电价长期偏低对安全造成不利影响。
2002 年农电体制改革后，实行厂网分开，水电站失去了原有
的自供区，国家电力公司处于垄断地位，而小水电上网电价又
长期普遍偏低，致使企业效益低下。随着贷款利息、原材料、
设备配件、职工工资及其他费用的不断增加，其生存发展空间
和投入受到较大影响。电站业主千方百计降低各种费用，如裁
员和延长工作时间，缩减必要的安全设施投入、设备更新改
造、器具购置等。加上电站装机规模大小不一，所有权成分复
杂，管理、生产人员素质不高，这些电站大部分分散在偏僻的
山区，不少地方还存在单人单班，吃住在机房的现象，长此以
往，对电站安全生产管理带来诸多隐患。

3. 政府多头管理，造成监管乏力。①水电站监管职能的多次转变，造成"多龙治水"的局面，对水电站的监管缺乏主体。②电站上网未设准入关口。1998年底，"两改一同价"电力体制改革后，电网管理部门对水电站发电上网都未设准入条件，许多未按规划或未按基建程序建设的水电站都可以上网，古田镇、步云乡至今未全面完成农改，电站乃可上私人电网。由于有利可图且有机可乘，电站业主甩开审查、审批和建设管理部门擅自兴建电站并上网，且可结算到发电电费，这是出现违规小水电的一个重要原因。同时水电站作为水工程，其开发牵涉到水资源的利用、防洪度汛及公共安全和水环境水生态的可持续发展，而作为河道主管部门却缺乏有效的手段来约束和管理水电项目的有序开发利用。

4. 部分电站设施、设备严重老化，丰枯电量供需矛盾。20世纪六七十年代集体化时所建的小型水电站，经过几十年的运行，设备已严重老化，目前大部分处于带病运行或停运状态，建筑物年久失修，有的濒临报废。由于产权问题及技术、改造资金短缺等，同时上网电价偏低的问题长期未得到彻底解决，效益低下，部分水电站已处于举步维艰的地步。我县大部分电站为径流开发，电能调节性能差，丰枯电量悬殊，造成对本地电网枯水电量严重不足。

5. 电站业主、群众对电力公司的计量持怀疑态度。目前电力公司处于垄断地位，计量点、过网费、无功补偿费、电费决算计量表计的检测等均由电力公司一家操作，无第三方监督，电力公司既是购电者又是售电者，电站业主和群众对此持怀疑态度。

四、工作建议

1. 继续突出农村水电安全监管工作。一要强化农村小电站业主的安全意识、责任意识、法律意识。二要抓好"四无"

电站的清理整顿。对古田镇、步云乡等乡镇的"四无"水电站，按省政府有关要求抓好清理整顿工作。三要按省水利厅"关于福建省处置水利工程突发公共事件应急预案"要求，结合实际制定水电站、电站水库突发事件应急处理预案，开展经常性的安全生产监督检查，及时发现和排除事故隐患；四要及时审查审批度汛方案（防洪预案），督促电站业主认真落实各项防洪度汛措施。

2. 继续加强水电站运行管理。一是建立健全农村水电站各项规章制度，严格执行安全规程和运行规程，做到持证上岗；二是加强职工技术培训与安全教育，增强职工的安全意识，提高职工的技术水平与反事故能力；三是加强电站设备的监督管理，定期对设备进行检查试验，及时消除设备缺陷；四是进一步落实取水许可制度，加强取水许可的监督管理，用水应当计量，并按照批准的用水计划用水，对水电站实行年度取水计划申请制度；五是执行环保安全调度责任状，监督水电站采取工程措施和非工程措施，确保最小下泄生态流量，满足农田灌溉和人畜饮用水的需要，保护水生态环境，维护河流健康生命；六是充分发挥小水电行业协会的作用。

3. 做好级别评定和复核确认工作。做好企业的级别评定和复核确认工作是开展落实企业安全生产主体责任活动的重要环节。"A级抓巩固、B级抓提升、C级限期整改、D级给予挂牌督办"。级别评定、滚动管理、有升有降、常抓不懈。

4. 抓好现有电站的挖潜改造，提高水能资源的利用效率。按照以"科学规划，突出重点，先易后难，分步实施"的原则，对已建电站进行科学论证。一是选择自然条件、基础条件好，投资少、效益较好的水电站优先进行技术改造，提升科技含量，提高水能的利用率。二是加强电站调度管理，减少弃水损失，提高水资源利用率。同时建立分布合理、调度便捷、管理有序的城乡供电网络，降低发供送电环节中的电能消耗。三是提高设备完好率，实施技改增容。大力加强机电设备管理，消除设备安全隐患，减少停机损失，降低运行成本。

5. 调整电价，营建水电站良性发展环境。一是建议有关部门充分考虑水电站目前的现实困难，按照价值与价格相统一的市场经济规律，分门别类调整小水电上网电价，让小水电有一定的盈余空间；二是建议有关部门在税收、土地、融资等环节，尽量减少小水电企业的生存成本；三是建议电网企业在上网线损、力率损耗、计量办法等方面尽量提供更合理、优惠的条件，创造"双赢"的局面；四是建议电监会等上级职能部门有更强有力的手段协调发电与供电企业之间的利益平衡，建设新形势下符合实际的农电管理新格局；五是建议上级政府对目前农电管理中存在的"缺位"、"错位"等问题，进行更清晰、明确的职能划分，避免目前水行政主管部门在管理手段上心有余而力不足现象。

针对上杭县目前小水电发展存在的问题，只要加强水能规划的编制和完善，适应经济社会发展的需要，把农村水电开发与群众利益、地方发展、环境保护和生态建设有机结合起来，加强建设管理，加大技术改造力度，不断创新机制，提升行业管理水平，促使小水电发展进入良性循环，确保上杭县小水电事业健康可持续发展，为上杭县科学发展、跨越发展提供能源保障。

（作者单位：上杭县水利局）

加强小水电规范管理
提升水资源效益

【摘　要】本文根据小水电的工作实践，认真分析了小型水
　　　　　电站管理的现状，剖析了其存在的问题，提出了
　　　　　相应的对策和建议。

【关键词】小水电建设　管理　对策建议

　　小水电作为清洁、廉价的可再生利用资源，是能源投入产出比最高的电能，而且小水电由于技术成熟性和资源的当地可得性，比其他形式的电能更具潜力和发展后劲。同时农村小水电是绿色的可再生能源，生态效益明显，对解决农村无电、缺电人口的用电问题，改变老少边穷地区生产生活条件，改善农村能源结构，促进贫困山区经济和社会发展，实现城乡区域、社会经济、人与自然和谐发展，发挥了重要作用。

一、我县农村小水电资源与开发现状

　　我县水力资源丰富，溪流纵横，主要河流有汀江，汀江支流旧县河、黄潭河，以及集雨面积50平方公里以上的溪流26条。全县水力资源理论蕴藏量46.031万kW，可开发量26.079万kW，年发电量可达9.9826亿kW·h。全县水电企业可年创产值近1.6亿元，创税收2000多万元，小水电产业不容忽视。

（一）已开发情况

　　建国60年来，特别是改革开放30年来，在县委、县政府

的正确领导下，我县水电事业从无到有、从小到大，取得了令人瞩目的成绩。据统计，从建国初期的 10kW 小火电厂发展至今拥有各类小水电站 243 座，装机容量达 20.675 万 kW，占可开发量的 79.37％，2007 年发电量达 5.8471 亿 kW·h（占全县全年用电量 8.1955 亿 kW·h 的 71.35％），见表 1。

表 1　　　　　　　　上杭县农村小水电资源与开发现状表

流　　域	理论蕴藏量 （万 kW）	可开发量 （万 kW/处数）	已开发量 （万 kW/处数）	开发率 （％）
汀江干流	15.71	14.1/5	6.45/4	45.74
旧县河	6.29	4.36/8	3.574/7	81.79
黄潭河	8.49	2.193/14	1.791/13	81.67
苎园溪	2.8	1.55/9	1.161/9	74.9
丘山溪	0.989	0.945/5	0.9115/5	96.4
50km² 以上溪流	10.8193	7.4666/33	5.5185/33	73.9
50km² 以下溪流	3.789	2.495/172	0.995/172	39.88

（二）未开发情况

汀江干流回龙水电站原规划装机 5.1 万 kW，由于涉及到长汀县的土地征用、淹没补偿、移民搬迁难以协调等原因，经省水利厅规划调整为长汀的美西（装机 1 万 kW）、汀州（装机 2.5 万 kW）和上杭的回龙（装机 1.2 万 kW）三级开发。城关电站原规划装机 5 万 kW，由于各方面原因未建，将原城关电站分级开发为城关闸坝电站（装机 0.25 万 kW）、砂帽石电站（装机 1.5 万 kW）和涧头电站 1.0 万 kW。其他溪流未被开发的小水电资源也因牵涉灌溉、饮水、淹没、环保、土地、林业等问题，实际都已无法进行开发。至此，全县能开发的小水电项目已基本上开发完。

二、我县农村小水电建设管理存在的主要问题

我县农村小水电建设虽取得了巨大成绩，但对存在的问题

也不容忽视。由于流域综合规划相对滞后等历史原因，加上经济发展对电力用量的急剧增加，一些小型水电站仓促上马建设，由此也带来一些不容忽视的问题：

（一）部分电站未履行审批手续，违规建设，造成不少安全隐患和社会矛盾

（1）少数投资者只顾追求经济效益，不按规划进行开发建设；为了降低工程造价，获得较高利润，在建设过程中不按批复的设计进行施工，不严格执行工程建设"四制"，在工程建设中存在较大安全隐患。

（2）一些新建、技改、改建的小水电没有严格按照建设项目安全设施与主体工程同时设计、同时施工、同时投入生产和使用的要求进行建设与管理，出现了一些无立项、无设计、无验收、无管理的"四无"水电站。"四无"水电站是当前农村水电站安全度汛的一大隐患。

（3）拦河蓄水大坝的修建，采用引水式和混合式水电开发方式，有的改变了原来的水流流向，造成部分或局部河段区间季节性或全年断流，使水生态失衡，区间农田灌溉和人畜饮水受到影响，当地群众有意见。

（4）在电站建设和运行管理中，电站业主和群众由于未能妥善处理好建设项目上下游、左右岸各种涉水利益关系，引起不少矛盾纠纷，造成群众上访事件不断，给社会带来不安定因素等问题。

（二）供电格局改变和电价长期偏低对安全造成不利影响

2002年农电体制改革后，实行厂网分开，水电站失去了原有的自供区，国家电力公司处于绝对垄断地位，而小水电上网电价又长期普遍偏低，致使企业效益低下。随着贷款利息、原材料、设备配件、职工工资及其他费用的不断增加，其生存发展空间和投入受到较大影响。电站业主千方百计降低各种费用，如裁员和延长工作时间，缩减必要的安全设施投入、设备更新改造、器具购置等。加上电站装机规模大小不一，所有权成分复杂，管理、生产人员素质不高，这些电站大部分分散在偏僻的山区，不少地方还存在单人单班，吃住在机房的现象，长此以往，对电站安全生产管理带来诸多隐患。

（三）流域规划滞后，政府监管职能缺乏

（1）小流域规划工作滞后。以区域发展规划或电气化发展规划取代流域规划，特别是 50km² 以下的河流没有编制流域规划（注：2006 年 12 月按省水利厅的要求，200km² 以下流域由县级编制流域综合规划报告），导致产生下列一些不正常现象：有的水电站建设没有规划依据，建设业主选准了资源点就可以委托设计进行建设；有的流域建设业主按自身需要直接委托设计单位编制规划，形成业主"买单"，政府"认账"的不合理局面；水能资源的开发权界定和归属不明确，其获取、转让等无相应政策约束，出现抢占水能资源点的现象，助长了无序、掠夺性和破坏性开发的势头。

（2）水电管理职能多次转变，形成了"多龙治水"的混乱局面，无法对水电站建设与运行进行有效监管。

（3）电站上网未设准入关口。1998 年底，"两改一同价"电力体制改革后，电网管理部门对水电站发电上网都未设准入条件，许多未按规划或未按基建程序建设的水电站都可以上网，古田镇、步云乡至今未进行农改，电站还可上私人电网。由于有利可图且有机可乘，业主甩开审查、审批和建设管理部门擅自兴建电站并上网，且可结算到发电电费，这是出现违规小水电的一个重要原因。同时水电站作为水工程，其开发牵涉到水资源的利用、防洪度汛及公共安全和水环境水生态的可持续发展，而作为河道主管部门却缺乏有效的手段来约束和管理水电项目的有序开发利用。

（4）水行政主管部门难以行使有效的行业管理职能，小水电统计工作陷入困境，统计结果反映不出客观事实，缺少有效

的运行分析。对电站业主渴望多生产、注重电量、忽视安全生、拼设备、杀鸡取卵的运行方式无法进行有效的管理和监督。

（四）部分电站设施、设备严重老化，丰枯电量供需矛盾

20世纪六七十年代集体化时所建的小型水电站，经过三四十年的运行，设备已严重老化，目前大部分处于带病运行或停运状态，建筑物年久失修，有的濒临报废。由于产权问题及技术、改造资金短缺等，同时上网电价偏低的问题未得到彻底解决，效益低下，部分水电站已处于举步艰难的地步。我县大部分电站为径流开发，调节性能差，丰枯电量悬殊，造成丰水电量有盈，枯水电量严重不足。

三、加强我县农村小水电管理的对策建议

（一）加强安全监管

强化项目业主和各参建单位的安全意识、责任意识、法律意识。

1. 抓好"四无"电站的清理整顿。对古田镇、步云乡等乡镇的"四无"水电站，按省政府有关要求抓好清理整顿工作。

2. 对各类大坝进行安全鉴定。我县有大小电站两百多座，各类拦水坝遍布我县大小溪流。由于早些年"四无"电站的存在以及管理滞后等原因，大坝的安全状况堪忧。根据上级要求，对我县现有水电站库容在 100 万 m^3 以上或坝高在 15m 以上的大坝，逐一进行大坝安全鉴定，安全鉴定通过后，方可进行蓄水发电。

3. 建立农村水电站年检制度。进一步强化农村水电站管理，按照水利部《关于印发〈农村水电站安全管理分类及年检办法〉的通知》精神，由水利局汇同安监局开展全县农村水电站安全管理分类首次申报及评定工作。建立年检制度，通过年检对小水电站工程设施及设备，生产经营和安全管理等方面的主要问题进行评价，制定小水电站评价分类标准等级，实行动

态管理。达不到规定标准的电站，水行政主管部门可提请县政府，要求电网企业不准电站上网、工商行政部门吊销其营业执照，造成严重后果的，追究其法人代表及相关负责人责任。

4. 全县水电企业生产人员须全员持证上岗。农村私营水电站由于股权转让或法人（承包经营者）的变更，他们利用裙带关系，以家庭作坊式的生产经营模式，雇佣员工更换频繁，因此生产员工大多没有经过专业培训和安全教育，无证上岗。为此，加大农村电工的培训力度，在全行业进行强制性的持证上岗是十分必要的。

5. 制定和落实防洪调度预案。由于我县水电站分布点多面广，使得电站在汛期的集中调度存在一定的难度。要按省水利厅《关于福建省处置水利工程突发公共事件应急预案》的要求，开展经常性的安全检查，及时发现和排除事故隐患，要及时审查审批电站度汛方案（防洪预案），做好防洪调度，督促电站业主认真落实各项防洪度汛措施。

6. 规范小水电内部管理规章制度的建设。我县已建电站数量多、分布广、运行管理任务重。为此，规范电站内部管理制度势在必行。其一要健全各项规章制度，使电站严格执行安全规程和运行规程，保证持证上岗。其二是建立健全职工技术与安全培训教育制度。其三是设备定期检查试验制度。

（二）加强行业运作

做大做强水电产业，使水电产业成为上杭经济发展的强劲动力。上杭水电产业经过几十年的发展，至今已有一定的规模，装机20余万kW，发电量近6亿kW·h，产值过亿元。但就其个体而言，规模小，地域分散，形不成合力，以后甚至连竞价上网的资格都没有。如何进一步发掘小水电这一基础产业的潜力，大有文章可做，具体措施建议如下：

1. 成立水务集团公司。以资本为纽带，把我县现有涉水企业捆绑在一起，整合打包组建股份公司进军资本市场。新组建的水务集团以现有的上杭县汀江水电有限公司为核心,逐步将全县国有水电企业整合统一管理,收购或参股周边县市的一些水电企业。并包括现有的城区供水公司、新开工建设的城区水源企业、蛟洋工业区供水项目、城区污水处理厂等。建议由闽西兴杭国有资产投资经营有限公司持有的电力公司股份改由水务集团公司持有,由水务集团公司参与电力公司的管理,这样将有利于水电行业的利益保障,便于我县各项招商引资优惠政策的实施。水务集团公司如果能运作成功,极有可能成为我县继紫金矿业后的第二个上市公司。

2. 成立水电行业协会。针对目前小水电管理存在的问题,借鉴国内现有有关协会管理经验,建议尽快成立小水电协会。小水电协会由政府授权,又独立于政府之外,是沟通政府、会员和市场的桥梁和纽带,是农村小水电实行自我管理、自我协调、自我服务、自我监督的社会团体。是小水电的利益"代言人"。小水电协会可挂靠于水务集团公司,敦促物价部门对全县小水电企业的生产成本进行重新核算,核定上网电价,使水电企业有一定的合理利润空间,确保小水电企业逐步进行技术改造,发展壮大。

3. 借网过电。为最大限度地发挥小水电的经济效益,通过县电网将我县小水电企业借网过电。借鉴紫金矿业坝上电站的模式,在缴交一定数额的过网费后,由水电企业直接供电至工矿企业。这样既可以发挥小水电的效益,又能保证电力公司的利益,同时降低了工矿企业的用电成本。同时考虑到我县小水电大多为径流开发,丰枯电量悬殊的情况,适度发展一些季节性负荷,实施"小水电代燃料"工程,降低丰水期城乡用电价格,刺激工农业生产和生活用电的增加,确保电站在丰水期不限制发电,以保证小水电的效益。

4. 抓好现有电站的挖潜改造,提高水能资源的利用效率。
我县20世纪80年代以前所建的电站大部分主设备陈旧,

因受历史条件限制大部分为国外 20 世纪 50～60 年代的技术，科技含量低，此类电站约占全县小水电的 30％，而 90 年代以后所建的电站，也由于投资者的素质参差不齐，对小水电新知识知之不多，引进先进成果也不多，大部分在低水平上循环，导致水能利用率低，日复一日、年复一年地浪费着宝贵的资源。随着对外开放的深入，国外先进技术引进推动国内制造水平的提高，一大批先进成熟的技术正在推广应用。如将旧式水轮机改造为新式水轮机，水的利用率可提高 10％以上；采用新型节能变压器，可大幅度减少损耗；将微电子技术引用在保护、监控、励磁等系统，可极大地提高安全可靠性，减少值守人员，提高效益。按照以"科学规划，突出重点，先易后难，分步实施"的原则，对已建电站进行科学论证。一是选择自然条件、基础条件好，投资少、效益较好的水电站优先进行技术改造，提升科技含量，提高水能的利用率。二是加强电站调度管理，减少弃水损失，提高水资源利用率。经测算，仅此一项全县现有电站每年可增加发电量 5000 万 kW·h。同时建立分布合理、调度便捷、管理有序的县城供电网络，降低发供送电环节中的电能消耗。三是提高设备完好率，实施技改增容。大力加强机电设备管理，消除设备安全隐患，减少停机损失，降低运行成本。对年利用小时高、装机容量偏小的电站进行技改增容，不但能提高水资源的利用率，增加发电量，还能提高上网电价，增加售电收入，以较小的投入带来较大的效益，不失为一条投入少见效快的捷径。

5. 调整电价，发挥小水电的综合效益。电价对电站企业的经济效益具有决定性的影响，长期以来电站上网电价偏低。目前小水电上网电价上存在大规模与小规模、新电站与老电站、国有与民营、外资与内资性质电站上网电价不同的差异。现行的电价大体是老电站平均电价在 0.20 元/（kW·h）左右，而新电站也才 0.26 元/（kW·h）左右。偏低的电价和新老电站的电价差异，一是造成老电站由于效益低下，对技术改造和科技投入难度加大或根本不想投入，即使水资源得不到有效地利用，又进一步影响了电站的效益；二是近年来开发的新电站由于水资源较差，大都属低水头电站，开发电能单位成本高，单位千瓦投资一般在8000多元，而老电站仅需2000多元。如果仍按现行电价体制，对投资大效益相对较差的新电站而言，势必使其投资回收期过长，给整个经营状况和以后持续发展造成许多负面影响。因此，合理调整电价非常必要，有利于增强电站活力，促进电力生产的进一步发展。同时通过调整发供电价，使电价保持在合理的水平，我县的社会经济各项事业才能更好更快地发展，才能吸引更多的企业来我县安家落户。调整电价需公平合理，服从国家物价政策，使电价能正确反映电站生产成本，反映合理利润，反映供求关系，促进供求平衡，促进电源开发，利于节约用电。

（三）加强生态管理

小水电是国家鼓励发展的可再生能源，在强调科学发展观建立和谐社会的今天，如何发挥小水电的作用是大有可圈可点的文章来做。一是进一步扩大小水电代燃料的规模，争取上级配套资金，使这项利国利民的好事更广泛地惠及农民群众。农民群众用电做饭取暖，不再砍柴砍树，从源头上保护了森林植被，提高生态效益。同时，广泛开展对太阳能、风能等新能源的普及，使以电代燃有新的内涵。二是由于水电的季节性，在平水、枯水期，如果不注重用水调度，河道的工程性干涸往往不可避免。因此，如何使小水电按照统一的用水调度，保证河流的最小生态下泄流量已是现实的课题。而仅靠电网部门的生产调度显然是行不通的。为此，要求小水电企业编制年度用水计划，计划用水是最好的治本之策。三是随着各类水利水电工程的建成，在我县境内已形成大大小小的人工湖星罗棋布，如何利用好这些资源，发挥其综合效益，值得认真探讨和尝试。

如能成立专门的机构进行运作，将更能发挥其应有的效益。

（四）加强政府监管

严格执行农村小水电的有关法律法规，强化政府管理职能和组织领导。一要加强农村小水电项目的建设管理，促进水能资源的科学有序开发。严格执行《中华人民共和国水法》、《中华人民共和国防洪法》以及福建省人民政府《加强水能资源开发利用管理规定（试行）》、福建省水利厅关于《福建省农村水电项目建设管理暂行办法》等有关规定。对尚未开发的少数电站及老电站技改增容等项目，严格按有关法规进行报批和建设。二要加强农村水电站管理的组织领导。要明确一位领导具体负责，确保监管工作与其他工作同部署、同检查、同落实；要组织力量认真调查辖区内水电工程情况，逐座工程建立完整的档案；要经常派员深入建设工地检查指导，督促项目业主和各参建单位严格遵守法律法规和相关政策规定。三要严格并网发电审核。水电站建设项目接入电网设计必须报经供电部门审批，在水库下闸蓄水验收合格后，提供验收主持单位印发的《下闸蓄水验收鉴定书》申请并网发电，凡未提供《下闸蓄水验收鉴定书》的，供电部门不得与其签订《并网调度协议》和《购售电合同》。

针对上杭县目前小水电发展存在的问题，只要加强水能规划的编制和完善，适应经济社会发展的需要，处理好开发与保护的关系，加强建设管理，加大技术改造力度，不断创新机制，提升行业管理水平，促使小水电发展进入良性循环，实现上杭县小水电健康可持续发展，为建设新农村提供能源保障。

（作者单位：上杭县水利局）

编 者 后 记

　　2011年福建省委、省政府领导高度重视水利工作，从战略高度把水利列入福建发展和海西建设全局来统筹。确立了福建水利发展的战略定位，明确福建未来10年水利发展目标，落实2000亿元投资，实施"十百千万工程"，基本建成"四大体系"，为福建发展提供放心水、平安水、高效水、生态水。为全面贯彻落实这一发展思路，2012年全省水利系统各级领导、专家从实际出发，积极调研，广泛参与，认真研究和探索，提出一系列推进水利改革发展的思路措施建议。

　　本书编辑过程中，魏克良厅长高度重视，亲自为本书作序。厅有关领导认真组织、调研、精心指导，厅办公室政策法规、规划计划、财务审计、水政水资源、水利建设与管理、农村水利、农村水电等处室积极参与研讨，撰写调研报告。本书出版前，我们收到全省水利系统各级、各单位报送的调研论文80篇。为了认真总结交流全省水利系统干部职工的研究成果和实践经验，本着立意新、观念明、逻辑强，具有前瞻性、建设性、针对性和可操作性的收篇要求，精选了优秀论文41篇编辑出版，相信本书出版对学习研究探索当前和今后一段时期福建的水利改革发展工作起到一定的借鉴作用。

　　本书的编辑、出版得到了中国水利水电出版社左晓君同志的热情帮助，得到了全省水利系统各单位的大力支持，谨此表示衷心感谢！

福建省水利政策研究编委会

2013 年 11 月

福建水利改革发展研究